中華文化促進會主持編纂

國家“十一五”~“十四五”重點圖書出版規劃項目

中國社會科學院哲學社會科學創新工程學術出版資助項目

出品人 王石 段先念

今注本二十四史

後漢書

一三

傳〔九〕

南朝宋 范曄 撰　唐 李賢等 注

卜憲群 周天游 主持校注

中國社會科學出版社

後漢書　卷四九

列傳第三十九

王充　王符　仲長統

王充字仲任，會稽上虞人也，[1]其先自魏郡元城徙焉。[2]充少孤，[3]鄉里稱孝。[4]後到京師，受業太學，[5]師事扶風班彪。[6]好博覽而不守章句。[7]家貧無書，常游洛陽市肆，[8]閱所賣書，一見輒能誦憶，[9]遂博通衆流百家之言。後歸鄉里，屏居教授。仕郡爲功曹，[10]以數諫爭不合去。[11]

［1］【今注】會稽：郡名。治山陰縣（今浙江紹興市越城區）。　上虞：縣名。治所在今浙江紹興市上虞區。

［2］【今注】魏郡：治鄴縣（今河北臨漳縣西南）。　元城：縣名。治所在今河北大名縣東北。　案，王先謙《後漢書集解》引惠棟言："《論衡》云：'其先本魏郡元城，一姓孫。幾世嘗從軍有功，封會稽陽亭。一歲倉卒國絶，因家焉。'"

［3］【今注】案，王先謙《後漢書集解》言："惠棟曰：'《論衡》云：祖父汎"以賈販爲事；生子二人，長曰蒙，少曰誦。誦即

充父”。’錢大昕曰：‘《論衡·自紀篇》：“六歲教書，有匡人之志。父未嘗笞，母未嘗非”，不云少孤也。’”

［4］【今注】案，王先謙《後漢書集解》引惠棟言：“劉知幾云：‘王充《論衡》之《自紀》也，述其父祖不肖，爲州閭所鄙，而己答以瞽頑舜神，鯀惡禹聖。夫自敘而言家世，固當以揚名顯親爲主，苟無其人，闕之可也。至若盛矜於己，而厚辱其先，此何異證父攘羊，學子名母？必責以名教，實三千之罪人也。’棟案，充鄉里稱孝，此猶華耦稱其祖督之罪，魯人以爲敏，明君子所不許也。”

［5］【李賢注】《袁山松書》曰（山松，大德本作“崧”，本卷下同不注；書，大德本、殿本“書”之後有“曰”）：“充幼聰朗（朗，大德本、殿本作‘明’）。詣太學，觀天子臨辟雍，作《六儒論》。”【今注】太學：國家最高學府。西漢武帝元朔五年（前124）設置太學，設立五經博士，後因戰亂一度衰落，東漢光武帝建武五年（29）恢復了太學。

［6］【今注】扶風：即“右扶風”，政區名。治槐里縣（今陝西興平市東南），其長官也稱“右扶風”。　班彪：字叔皮，右扶風安陵（今陝西咸陽市東北）人。班固之父。傳見本書卷四〇。

［7］【今注】章句：通過對儒家經典進行傳注和闡釋來解説經義的方式。

［8］【今注】市肆：市場，商店。

［9］【今注】輒：即，就。　誦憶：誦讀，記憶。

［10］【今注】功曹：官名。漢代郡縣屬吏之首，掌官吏選舉、獎罰等，有功曹掾、功曹史，簡稱“功曹”。

［11］【今注】案，王先謙《後漢書集解》引沈欽韓言：“《論衡·對作篇》：‘建初五年，中州頗歉，潁川、汝南民流四散，聖主憂懷，詔書數至。《論衡》之人，奏記郡守，宜禁奢侈，以備困乏。言不納用，退題記草，名曰《備乏》。酒糜五穀，生起盜賊，奏記

郡守禁民酒，退題記草，名曰《禁酒》。’”

充好論説，始若詭異，[1]終有理實。[2]以爲俗儒守文，[3]多失其真，乃閉門潛思，絶慶弔之禮，户牖牆壁各置刀筆。[4]箸《論衡》八十五篇，二十餘萬言，[5]釋物類同異，正時俗嫌疑。

［1］【今注】詭異：奇特。

［2］【今注】理實：道理，事實。

［3］【今注】俗儒：膚淺迂腐的儒生。　守文：拘泥於文辭。

［4］【今注】刀：此指書刀，漢代書寫過程在簡牘上刻劃符號或削改文字的刀，書吏一般隨身携帶。《釋名·釋兵》：“書刀，給書簡札有所刊削之刀也。”案，王先謙《後漢書集解》言：“《初學記》二十四引《謝承書》云：‘於室内門户墻柱各置筆硯、簡牘，見事而作。’”

［5］【李賢注】《袁山松書》曰：“充所作《論衡》，中土未有傳者，蔡邕入吴始得之，恒秘玩以爲談助。其後王朗爲會稽太守，又得其書，及還許下，時人稱其才進。或曰：‘不見異人，當得異書。’問之，果以《論衡》之益，由是遂見傳焉。”《抱朴子》曰：“時人嫌蔡邕得異書，或搜求其帳中隱處，果得《論衡》，抱數卷持去。邕丁寧之曰：‘唯我與爾共之，勿廣也。’”【今注】箸：同“著”。撰寫、寫作。

刺史董勤辟爲從事，[1]轉治中，[2]自免還家。[3]友人同郡謝夷吾上書薦充才學，[4]肅宗特詔公車徵，[5]病不行。年漸七十，志力衰耗，乃造《養性書》十六篇，[6]裁節嗜欲，[7]頤神自守。[8]永元中，[9]病卒于家。

［1］【今注】刺史：官名。西漢武帝時始置，秩六百石，監察州二千石官員，東漢後期發展爲一州最高長官。詳見本書《百官志五》。　從事：即州從事，官名。秩百石。本書《百官志五》載：“皆有從事史、假佐。本注曰：員職略與司隸同，無都官從事，其功曹從事爲治中從事。”

［2］【今注】治中：即治中從事。

［3］【今注】案，王先謙《後漢書集解》引惠棟言：“《論衡》云：‘充以元和三年徙家，辟詣揚州部丹陽、九江、廬江，後入爲治中。材小任大，職在刺割。章和二年，罷州家居。’”

［4］【李賢注】《謝承書》曰：“夷吾薦充曰：‘充之天才，非學所加，雖前世孟軻、孫卿，近漢楊雄、劉向、司馬遷，不能過也。’”【今注】謝夷吾：字堯卿，會稽山陰（今浙江紹興市）人。傳見本書卷八二上。

［5］【今注】肅宗：東漢章帝劉炟，公元75年至88年在位。紀見本書卷三。　徵：即徵召，漢代選官形式之一，皇帝徵召有才能或有德望之人爲官。

［6］【今注】案，王先謙《後漢書集解》引惠棟：“《論衡·自紀篇》曰：‘章和二年，罷州家居。年漸七十，時可懸輿。仕路隔絶，歷數冉冉，庚辛域際，雖懼終徂，愚猶沛沛。乃作《養性》之書，凡十六篇。’”

［7］【今注】嗜欲：嗜好，欲望。

［8］【今注】頤神：養神。頤，保養。《爾雅·釋詁下》：“頤，養也。”

［9］【今注】永元：東漢和帝劉肇年號（89—105）。

王符字節信，安定臨涇人也。[1]少好學，有志操，與馬融、[2]竇章、[3]張衡、[4]崔瑗等友善。[5]安定俗鄙庶孽，[6]而符無外家，[7]爲鄉人所賤。自和、安之後，[8]

世務游宦，[9]當塗者更相薦引，[10]而符獨耿介不同於俗，[11]以此遂不得升進。志意藴憤，乃隱居著書三十餘篇，以譏當時失得，不欲章顯其名，故號曰《潛夫論》。[12]其指訐時短，討謫物情，[13]足以觀見當時風政，著其五篇云爾。

[1]【今注】安定：郡名。治臨涇縣（今甘肅鎮原縣東南）。

[2]【今注】馬融：字季長，右扶風茂陵（今陝西興平市東北）人。東漢經學家。傳見本書卷六〇上。

[3]【今注】竇章：字伯向，右扶風平陵（今陝西咸陽市西北）人。竇融玄孫。傳見本書卷二三。

[4]【今注】張衡：字平子，南陽西鄂（今河南南陽市北）人。東漢天文學家、科學家。他發明了地動儀和渾天儀。傳見本書卷五九。

[5]【今注】崔瑗：字子玉，涿郡安平（今河北安平縣）人。崔駰之子。傳見本書卷五二。

[6]【李賢注】何休注《公羊傳》云："孽，賤也。"【今注】庶孽：即庶子。《公羊傳》襄公二十七年何休注："庶孽，衆賤子，猶樹之有孽生。"

[7]【今注】外家：母親和妻子的娘家，用於帝王時專指外戚。　案，王先謙《後漢書集解》引惠棟言："《禮》，妾子爲君母之父母、從母服小功，而所生之母無文，是無服也。蓋賤妾子不以所生之父母爲外祖父母，且無服也，故云'無外家'。"

[8]【今注】和：即東漢和帝劉肇，公元 88 年至 105 年在位。紀見本書卷四。　安：東漢安帝劉祜，公元 106 年至 125 年在位。紀見本書卷五。

[9]【今注】游宦：離開家鄉到外地做官，漢代有避籍制度，州郡縣的長官一般不用屬地人員，但屬吏多用本地人。

［10］【今注】當塗者：身居要職的掌權者。

［11］【今注】耿介：爲人正直，不從流俗。

［12］【今注】案，王先謙《後漢書集解》引沈欽韓言："《一統志》：'潛夫山在平涼府鎮原縣北里許，相傳王符隱此。'"

［13］【李賢注】訐，攻也。讁，責也。【今注】訐（jié）：攻擊别人的短處。《説文·言部》："訐，面相斥罪，相告訐也。" 讁（zhé）：同"謫"。責備，指責。《小爾雅·廣言》："讁，責也。"

《貴忠篇》曰：[1]

［1］【今注】貴忠：曹金華《後漢書稽疑》言《潛夫論》作"忠貴"（第641頁）。本傳所引《潛夫論》文字多有節省、改易。

夫帝王之所尊敬者天也，皇天之所愛育者人也。今人臣受君之重位，牧天之所愛，[1]焉可以不安而利之，養而濟之哉？是以君子任職則思利人，達上則思進賢，故居上而下不怨，在前而後不恨也。[2]《書》稱"天工人其代之"。王者法天而建官，[3]故明主不敢以私授，忠臣不敢以虚受。[4]竊人之財猶謂之盜，況偷天官以私己乎！[5]以罪犯人，必加誅罰，況乃犯天，得無咎乎？夫五世之臣，以道事君，[6]澤及草木，仁被率土，是以福祚流衍，本支百世。[7]季世之臣，以諂媚主，不思順天，專杖殺伐。白起、蒙恬，秦以爲功，天以爲賊；[8]息夫、董賢，主以爲忠，天以爲盜。[9]《易》曰："德薄而位尊，智小而謀大，鮮不及矣。”[10]是故德不稱，其禍必酷；能不稱，其殃必大。[11]夫竊位之人，天奪其鑒。[12]雖有明察之資，仁義之志，一旦富貴，則背親捐舊，[13]喪其本心，踈骨肉而親便辟，[14]薄知友而厚犬馬，寧見朽貫千萬，而不忍貸人一錢，[15]情知積粟腐倉，而不忍貸人一斗，骨肉怨望於家，細人謗讟於道。[16]前人以敗，後爭襲之，誠可傷也。

[1]【今注】牧：管理，治理。《方言》卷一二：“牧，司也。”

[2]【今注】案，曹金華《後漢書稽疑》言《潛夫論·忠貴篇》“怨”作“重”，“恨”作“殆”（第641頁）。

[3]【李賢注】《尚書·咎繇謨》曰：“亡曠庶官，天工人其代之。”孔安國注云：“言人代天理官，不可以天官私非其才也。”又曰：“明王奉若天道，建邦設都。”孔安國注云：“天有日、月、北斗、五星二十八宿，皆有尊卑相正之法。言明王奉順此道，以立國設都也。”【今注】法：效法，效仿。《字彙·水部》：“法，則效也。”

[4]【今注】案，曹金華《後漢書稽疑》言《潛夫論·忠貴篇》“授”作“愛”，“虛受”作“誣能”（第642頁）。

[5]【李賢注】《左傳》介之推曰：“竊人之財猶謂之盜，況貪天功以爲己力乎？”【今注】案，正文及注引出自《左傳》僖公二十四年，有節省。

[6]【李賢注】五代謂唐、虞、夏、殷、周也。

[7]【李賢注】《詩·大雅》曰：“文王孫子，本支百世。”【今注】流衍：流傳，散布。　本支：大宗和旁支。

[8]【李賢注】《史記》曰，白起爲秦將，與趙戰於長平，阬趙卒四十五萬人。蒙恬爲秦將，北逐戎翟，築長城，起臨洮至遼

東，延袤萬餘里。此爲虐於人也。【今注】白起：傳見《史記》卷七三。　蒙恬：傳見《史記》卷八八。

［9］【李賢注】息夫躬字子微，哀帝時，告東平王雲事，封宜陵侯。董賢字聖卿，得幸哀帝，爲賢起大第於北闕下，封爲高安侯。【今注】息夫：即息夫躬，字子微，河内河陽（今河南孟州市西）人。傳見《漢書》卷四五。　董賢：字聖卿，左馮翊雲陽（今陝西淳化縣西北）人。傳見《漢書》卷九三。

［10］【李賢注】《易·繫辭》之言。【今注】案，《潛夫論·忠貴篇》所引與《易·繫辭》相同，但此處所引有節省。

［11］【今注】稱：相稱。　案，《潛夫論·忠貴篇》載："德不稱其任，其禍必酷；能不稱其位，其殃必大。"文字與此略異。

［12］【李賢注】《論語》孔子曰："臧文仲其竊位者歟?"《左傳》晉卜偃曰："虢必亡矣，天奪之鑒而益其疾也。"杜預注云"鑒，所以自照"也。

［13］【今注】捐：捨棄。《説文·手部》："捐，棄也。"　舊：代指舊有的親朋好友等。

［14］【今注】踈：同"疏"。疏遠。《玉篇·足部》："踈，慢也，不密。"《廣韻·魚韻》："疏，俗作踈。"

［15］【今注】貫：穿錢的繩子。　案，曹金華《後漢書稽疑》言《潛夫論·忠貴篇》"貸"作"賜"，認爲"賜"與下文"貸"爲偶，且"一錢"可"賜"不可"貸"（第642頁）。

［16］【今注】細人：平民。案，《潛夫論·忠貴篇》作"細民"，當爲唐人避李世民諱而改。　讟（dú）：毀謗。《方言》卷一三："讟，謗也。"

歷觀前政貴人之用心也，[1]與嬰兒子其何異哉?[2]嬰兒有常病，貴臣有常禍，父母有常失，人君有常過。嬰兒常病，傷於飽也；貴臣常禍，傷於寵也。哺乳多則生癎病，[3]富貴盛而致驕疾。愛子而賊之，[4]驕臣而滅之者，[5]非一也。極其罰者，乃有仆死深牢，[6]銜刀都市，[7]豈非無功於天，有害於人者乎？夫鳥以山爲埤而增巢其上，魚以泉爲淺而穿穴其中，卒所以得者餌也。[8]貴戚願其宅吉而制爲令名，[9]欲其門堅而造作鐵樞，[10]卒其所以敗者，非苦禁忌少而門樞朽也，常苦崇財貨而行驕僭耳。[11]

[1]【今注】案，王先謙《後漢書集解》引蘇輿言，《潛夫論》"政"作"世"，疑避唐諱。 貴人：此指權貴大臣。

[2]【今注】與嬰兒子其何異哉：案，《潛夫論·忠貴篇》此句作"與嬰兒等"。其何，大德本、殿本作"何其"，可從。

[3]【今注】癎病：即癲癎病。 案，王先謙《後漢書集解》引惠棟言："《潛夫論》小兒'哺乳太多，則必掣縱而生癎'。《藝文志》有'《瘲瘛方》三十卷'。"

[4]【今注】賊：傷害。《玉篇·戈部》："賊，傷害人也。"

[5]【今注】案，臣，大德本作"困"，《潛夫論·忠貴篇》作"臣"。

[6]【今注】案，曹金華《後漢書稽疑》言《潛夫論·忠貴篇》作"掊死深穽"，並引鄭注《周禮》"掌囚"："掊，僵尸也。"懷疑"仆"當作"掊"（第643頁）。

[7]【李賢注】趙將李牧爲韓倉所譖，賜死。將自誅，臂短不能及，銜刀於柱以自殺。見《戰國策》。【今注】案，注引見《戰國策》卷七《秦策五》"文信侯出走"條，作"銜劍徵之于柱以自刺"，與此略異。

[8]【李賢注】《曾子》之文也。亦見《大戴禮》。【今注】

埤（bēi）：通“卑”。低下。

［9］【今注】案，王先謙《後漢書集解》引惠棟言：“漢《圖宅術》云：‘宅有八術，以六甲之名數而第之，第定名立，宫商殊别。宅有五音，姓有五聲，宅不宜其姓，姓與宅相賊，則疾病死亡，犯罪遇禍。’又曰：‘商家門不宜南向，徵家門不宜北向。商金，南方火也；徵火，北方水也。水勝火，火賊金，五行之氣不相得，故五姓之宅門有宜嚮。嚮得其宜，富貴吉昌；嚮失其宜，貧賤衰耗。’案，《圖宅術》班氏《藝文志》不録載，見王充《論衡》。”《圖宅術》詳見《論衡·詰術》。

［10］【今注】樞：即户樞，舊式門的轉軸。《説文·木部》：“樞，户樞也。”

［11］【今注】驕僭：驕奢淫逸，僭越制度。

不上順天心，下育人物，而欲任其私智，竊弄君威，反戾天地，[1]欺誣神明。居累卵之危，[2]而圖太山之安，[3]爲朝露之行，而思傳世之功。[4]豈不惑哉！豈不惑哉！

［1］【今注】戾：逆，違背。

［2］【今注】案，卵，大德本作“卯”，不從。

［3］【今注】太山：即泰山，范曄避其父范泰之諱而改。

［4］【李賢注】朝露言易盡也。蘇子曰：“人生一世，若朝露之託於桐葉耳，其與幾何！”【今注】朝露：早上的露水，比喻存在時間短暫。

《浮侈篇》曰：

王者以四海爲家，[1]兆人爲子。[2]一夫不耕，天下受其飢；一婦不織，天下受其寒。[3]今舉俗舍本農，[4]趨商賈，牛馬車輿，填塞道路，游手爲巧，充盈都邑，[5]務本者少，浮食者衆。“商邑翼翼，四方是極。”[6]今察洛陽，資末業者什於農夫，[7]虚僞游手什於末業。是則一夫耕，百人食之，一婦桑，百人衣之，以一奉百，孰能供之！天下百郡千縣，市邑萬數，類皆如此。本末不足相供，則民安得不飢寒？飢寒並至，則民安能無姦軌？[8]姦軌繁多，則吏安能無嚴酷？嚴酷數加，則下安能無愁怨？愁怨者多，則咎徵並臻。[9]下民無聊，[10]而上天降災，則國危矣。

[1]【今注】四海：古人以爲中國四周有海，以此代指天下。

[2]【今注】兆人：即兆民，“人”或爲避李世民之諱而改。

[3]【李賢注】《文子》曰：“神農之法曰：‘丈夫丁壯不耕，天下有受其飢者，婦人當年不織，天下有受其寒者。故其耕不强者，無以養生，其織不力者，無以衣形。’”

[4]【今注】舍：捨棄。　本農：古代重農抑商，以農業爲本，商業、手工業等爲末。

[5]【李賢注】游手爲巧謂彫鏤之屬也。【今注】游手爲巧：言其不務本業，善於手工業、商業等。

[6]【李賢注】《詩·商頌》文也。鄭玄注云：“極，中也。翼翼然可則效，乃四方之中正也。”【今注】翼翼：形容繁榮興盛的景象。　極：正中，《廣雅·釋言》：“極，中也。”

[7]【今注】資：憑借。　什：同“十”。

[8]【今注】姦軌：作姦犯科。

[9]【今注】臻：至。《説文·至部》：“臻，至也。”

[10]【今注】無聊：無所依賴。

夫貧生於富，弱生於彊，亂生於化，危生於安。[1]是故明王之養民，[2]憂之勞之，教之誨之，慎微防萌，以斷其邪。故《易》美節以制度，不傷財，不害民。[3]《七月》之詩，大小教之，終而復始。由此觀之，人固不可恣也。[4]

[1]【李賢注】富而不節則貧，强而驕人則弱，居理而不修德則亂，恃安而不慎微則危矣。【今注】化：當爲“治”，避唐高宗李治諱而改，治指社會穩定，秩序井然。

[2]【今注】案，王，大德本、殿本作“主”，《潛夫論·浮侈篇》作“王”。

[3]【李賢注】“節以制度”以下，並《節卦·彖辭》也。鄭玄注云：“空府藏則傷財，力役繁則害人，二者奢泰之所致。”

[4]【李賢注】《七月》，《詩·豳風》也。大謂耕桑之法，小謂索綯之類。自春及冬，終而復始也。【今注】固：本來，原本。恣：放縱。《説文·心部》：“恣，縱也。”　案，王先謙《後漢書集解》引沈欽韓言：“《七月》箋以于貉取狐狸爲助女功，食鬱至剥棗爲助男功。大者，男女正功，農桑也。小者，男女佐功，皮裘、蔬果也。注云‘索綯之類’，非。”

今人奢衣服，侈飲食，事口舌而習調欺。或以謀姦合任爲業，[1]或以游博持掩爲事。[2]丁夫不扶犂鋤，[3]而懷丸挾彈，攜手上山遨游，或好取土作丸賣之，[4]外不足禦寇盜，内不足禁鼠雀。或作泥車瓦狗諸戲弄之具，以巧詐小兒，[5]此皆無益也。

[1]【李賢注】合任謂相合爲任俠也（謂，大德本、殿本作“爲”，不從）。【今注】合任：即任俠。任俠，《漢書》卷三七《季布傳》顔師古引如淳注“任俠”條言：“相與信爲任，同是非爲俠。”任俠具有兩面性。多指能爲人排憂解難、有俠義之氣的一類人；但其也經常“以武犯禁”，憑借武力破壞社會秩序。

[2]【李賢注】博謂六博，掩謂意錢也。《前書·貨殖傳》曰“又況掘冢搏掩犯姦成富”也。【今注】游博持掩：《漢書》卷九一《貨殖傳》顔師古注言：“搏掩謂搏擊掩襲，取人物者也。搏字或作博。一説搏，六博也，掩，意錢之屬也，皆戲而賭取財物。”六博是漢代的一種棋類游戲，北京大學藏西漢竹書有《六博》。

[3]【今注】丁夫：即丁男。漢代15歲至59歲爲丁男，60歲以上爲老男。

[4]【今注】案，曹金華《後漢書稽疑》贊成《潛夫論·浮侈篇》“好取土”作“取好土”（第643頁）。

[5]【今注】案，巧，殿本無此字，《潛夫論·浮侈篇》有此字。

《詩》刺“不績其麻，市也婆娑”。[1]又婦人不修中饋，休其蠶織，[2]而起學巫祝，[3]鼓舞事神，以欺誣細民，[4]熒惑百姓妻女。[5]羸弱疾病之家，[6]懷憂憒憒，[7]易爲恐懼。至使奔走便時，去離正宅，[8]崎嶇路側，風寒所傷，姦人所利，盜賊所中。或增禍重祟，[9]至於死亡，而不知巫所欺誤，反恨事神之晚，此妖妄之甚者也。

［1］【李賢注】《詩·陳風》也。婆娑，舞皃。謂婦人於市中歌舞以事神也。【今注】刺：指責，諷刺。　績：即“緝”，把麻或其他纖維搓捻成綫或繩。案，出自《詩·陳風·東門之枌》。

［2］【李賢注】《易·家人卦·六二》曰：“在中饋，貞吉。”鄭玄注云：“中饋，酒食也。”《詩·大雅》曰：“婦無公事，休其蠶織。”【今注】蠶織：養蠶織布，代指女紅。

［3］【今注】巫：裝神弄鬼以替人祈禱爲業的人，女稱巫，男稱覡。《説文·巫部》：“巫，祝也。女能事無形，以舞降神者也。”祝：男巫，祭祀時司祭禮的人。《説文·示部》：“祝，祭主贊詞者。”

［4］【今注】細民：小民，平民。

［5］【今注】熒惑：迷惑。

［6］【今注】羸弱：身體虚弱。

［7］【今注】憤憒：憤憒不平的樣子。案，王先謙《後漢書集解》言：“先謙曰：‘官本下“憤”作“憒”，當是。’”曹金華《後漢書稽疑》據今本《潛夫論·浮侈篇》等認爲當作“憒憒”（第643頁）。

［8］【今注】正宅：自己的家宅。

［9］【今注】祟：舊指鬼神爲禍。《説文·示部》：“祟，神禍也。”

或刻畫好繒，以書祝辭；或虚飾巧言，希致福祚；[1]或糜折金綵，[2]令廣分寸；或斷截衆縷，繞帶手腕；或裁切綺縠，縫紩成幡。[3]皆單費百縑，[4]用功千倍，[5]破牢爲僞，以易就難，坐食嘉穀，消損白日。[6]夫山林不能給野火，江海不能實漏卮，[7]皆所宜禁也。

[1]【今注】希：希求，冀望。

[2]【今注】糜：耗費。　折：毀壞。

[3]【今注】紩（zhì）：縫，用針綫縫合。《説文·糸部》："紩，縫也。"　幡：冠上的絲巾飾品。本書《輿服志下》："却非冠，制似長冠，下促。宮殿門吏僕射冠之。負赤幡，青翅燕尾，諸僕射幡皆如之。"　案，王先謙《後漢書集解》引沈欽韓言："蓋采勝五色，繒辟兵及續命縷之類。"

[4]【今注】單：通"殫"。盡。

[5]【今注】案，王先謙《後漢書集解》引蘇輿言："千倍，當從元書作'十倍'。"《潛夫論·浮侈篇》確爲"用功十倍"。

[6]【李賢注】損或作"捐"。【今注】案，曹金華《後漢書稽疑》言今《潛夫論·浮侈篇》"損"作"費"（第644頁）。

[7]【今注】漏卮：有漏洞的酒器。

昔孝文皇帝躬衣弋綈，[1]革舄韋帶。[2]而今京師貴戚，衣服飲食，車輿廬第，[3]奢過王制，[4]固亦甚矣。且其徒御僕妾，皆服文組綵牒，[5]錦繡綺紈，葛子升越，筩中女布。[6]犀象珠玉，虎魄瑇瑁，石山隱飾，金銀錯鏤，[7]窮極麗靡，[8]轉相誇咤。[9]其嫁娶者，車軿數里，緹帷竟道，[10]騎奴侍童，夾轂並引。[11]富者競欲相過，貧者恥其不逮，[12]一饗之所費，破終身之業。古者必有命然後乃得衣繒絲而乘車馬，[13]今雖不能復古，宜令細民略用孝文之制。

[1]【李賢注】《前書音義》曰："弋，皁也（大德本、殿本作'厚'，不從）。綈，繒也。"【今注】孝文皇帝：西漢文帝劉

恒，公元前 180 年至前 157 年在位。廟號太宗，謚號孝文。紀見《史記》卷一〇、《漢書》卷四。　躬：親自。　弋（yì）：黑色。《漢書》卷四《文帝紀》顏師古注：“弋，黑色也。”　綈：古代一種粗厚光滑的絲織品。《説文・糸部》：“綈，厚繒也。”

［2］【今注】舄（xì）：加木底的鞋。《釋名・釋衣服》：“複其下曰舄。”　韋：熟牛皮。　案，王先謙《後漢書集解》引惠棟言：“《潛夫論》：‘足履革舄，以韋帶劍。’”

［3］【今注】廬第：宅第。

［4］【今注】王制：國家制度。

［5］【李賢注】緤即今疊布也。【今注】文：同“紋”。花紋。　組：寬而薄的絲帶，多用作佩印或佩玉的綬。《説文・糸部》：“組，綬屬。”段玉裁注：“屬當作織。淺人所改也。組可以爲綬，組非綬類也。綬織猶冠織，織成之幘梁謂之纚，織成之綬材謂之組。”

［6］【李賢注】《説文》曰：“綺，文繒也。”《前書》曰：“齊俗作冰紈。”子，細稱也。沈懷遠《南越志》曰：“蕉布之品有三，有蕉布，有竹子布，又有葛焉。雖精麤之殊，皆同出而異名。”楊雄《蜀都賦》曰：“布則蜘蛛作絲，不可見風，筩中黄潤，一端數金。”盛弘之《荆州記》曰：“秭歸縣室多幽閑，其女盡織布至數十升。”今永州俗猶呼貢布爲女子布也。【今注】案，王先謙《後漢書集解》引沈欽韓言：“《吴都賦》注：‘升越，越之細者。’《廣東新語》：‘葛越，南方之布，用葛爲之，以其産於越，故曰“葛越”。’《御覽》八百二十《竹林七賢論》曰：‘南郡太守劉肇遺戎筒中布五十端。’”

［7］【李賢注】《廣雅》曰：“虎魄，珠也。生地中，其上及旁不生草，深者八九尺。初時如桃膠，凝堅乃成。其方人以爲枕。出罽賓及大秦國。”《吴録》曰：“瑇瑁似龜而大，出南海。”山石謂隱起爲山石之文也（王先謙《後漢書集解》言，“山石”當依

正文作“石山”）。【今注】虎魄：即琥珀。　錯：塗飾。　鏤：雕刻。

［8］【今注】案，靡，大德本、殿本作“美”，不從。

［9］【李賢注】郭景純注《子虛賦》曰：“詫，誇也。”咤與詫通也。【今注】吒：通“詫”。誇耀。

［10］【李賢注】《蒼頡篇》曰：“軿，衣車。”軿音薄丁反，又步田反。【今注】軿（píng）：婦女乘坐的有帷幕的車。《釋名·釋車》：“軿車，軿，屏也。四面屏蔽，婦人所乘牛馬也。輜、軿之形同。有邸曰輜，無邸曰軿。”　案，曹金華《後漢書稽疑》言《潛夫論·浮侈篇》“數里”作“各十”（第644頁）。

［11］【今注】轂（gǔ）：車輪中可以插軸的部分，也代指車。　引：牽引。

［12］【今注】逮：及，至。《爾雅·釋言》：“逮，及也。”

［13］【李賢注】《尚書大傳》曰（大，大德本作“夫”，不從）：“古之帝王者必有命。人能敬長矜孤，取舍好讓者，命於其君，得乘飾車軿馬，衣文錦。未有命者，不得衣，不得乘，乘衣者有罰。”【今注】命：古代帝王賜命臣民以官職、爵位的文書。案，曹金華《後漢書稽疑》言《尚書大傳》《潛夫論·浮侈篇》“命”皆作“命民”，《潛夫論·浮侈篇》“繒絲”作“繒綵”，注引《尚書大傳》有節省（第644—645頁）。

古之葬者，厚衣之以薪，葬之中野，不封不樹，喪期無數。後世聖人易之以棺椁，[1]桐木爲棺，葛采爲緘，[2]下不及泉，上不泄臭。中世以後，轉用楸梓槐柏杶樗之屬，各因方土，[3]裁用膠漆，使其堅足恃，其用足任，如此而已。今者京師貴戚，必欲江南檽梓豫章之木。[4]邊遠下土，亦競相放効。夫橋梓豫章，所出殊遠，伐之高山，引之窮谷，入海乘淮，逆河泝洛，工匠彫刻，連累日月，會衆而後動，多牛而後致，重且千斤，功將萬夫，[5]而東至樂浪，[6]西達敦煌，[7]費力傷農於萬里之地。古者墓而不墳，中世墳而不崇。仲尼喪母，冢高四尺，遇雨而崩，弟子請修之，夫子泣曰："古不修墓。"[8]及鯉也死，[9]有棺無椁。文帝葬芷陽，[10]明帝葬洛南，[11]皆不臧珠寶，不起山陵，墓雖卑而德最高。今京師貴戚，郡縣豪家，生不極養，死乃崇喪。或至金鏤玉匣，[12]橋梓楩枏，[13]多埋珍寶偶人車馬，造起大冢，廣種松柏，廬舍祠堂，務崇華侈。案鄗畢之陵，南城之冢，[14]周公非不忠，[15]曾子非不孝，以爲襃君愛父，不在於聚財，楊名顯親，無取於車馬。昔晉靈公多賦以雕牆，《春秋》以爲非君；[16]華元、樂舉厚葬文公，君子以爲不臣。[17]況於群司士庶，乃可僭侈主上，過天道乎？[18]

［1］【李賢注】《易·繫辭》之言也。【今注】中野：荒野之中。　不封不樹：封，聚土爲墳。《廣雅·釋丘》："封，冢也。"樹，植樹以標識位置。《周易·繫辭》孔穎達疏："不積土爲墳，是不封也。不種樹以標其處，是不樹也。"　喪期無數：服喪時間没有硬性要求。《周易·繫辭》孔穎達疏："哀除則止，無日月限數也。"　棺槨：古代棺材有兩重，在内曰棺，在外曰槨。

［2］【李賢注】《尸子》曰："禹之喪法，死於陵者葬於陵，死於澤者葬於澤，桐棺三寸，制喪三日。"《墨子》曰："舜西教乎

七戎，道死，葬南巴之中，衣衾三領，款木之棺，葛以緘之。”采猶蔓也。緘，束也。【今注】緘：用來捆綁的繩索。《説文·糸部》：“緘，所以束篋也。”案，王先謙《後漢書集解》言：“惠棟曰：‘緘，《占墨子》作“繃”，從系，崩聲。《説文》曰：“繃，束也。”《墨子》曰：“禹葬會稽，桐棺三寸，葛以繃之。”’沈欽韓曰：‘《墨子·節葬篇》“南巴之中”作“南己之市”。《吕覽·安死篇》：“舜葬於紀市，不變其肆。”高注：“九嶷山下亦有紀邑。”“己”與“巴”相似而誤。’”

［3］【今注】方土：此指一方土地所産物品。

［4］【李賢注】檽音乃豆反（豆，大德本、殿本作“居”），見《埤蒼》。《爾雅》曰：“栵檽。”音而。注云“檽似槲樕而痺小”（云，大德本作“反”，不從），恐非棺槨之用。豫章即樟木也。【今注】案，王先謙《後漢書集解》引沈欽韓言：“《類篇》：‘檽，或從耎，木名，一曰木耳。又尼主切，木名，可染。又兒兖切，木名，榑棗。’《字書》則‘栭’‘檽’爲二木。《爾雅》‘翼混檽棗與芝栭爲一’，故李注疑‘栵栭’不可爲棺。檽，疑楰字之借。《爾雅》：‘楰，鼠梓。’郭注：‘楸屬也。’今人謂之苦楸。”

［5］【今注】案，曹金華《後漢書稽疑》言今本《潛夫論·浮侈篇》作“重且千斤功將千萬”（第645頁）。

［6］【今注】樂浪：郡名。治朝鮮縣（今朝鮮平壤市土城里土城遺址）。

［7］【今注】敦煌：郡名。西漢武帝元鼎六年（前111）分酒泉郡西部所置，“敦煌”爲盛大之意，治敦煌縣（今甘肅敦煌市七里鎮白馬塔村）。

［8］【李賢注】孔子合葬母於防，曰：“吾聞之，古也墓而不墳。”於是封之崇四尺。孔子先反，門人後，雨甚至。孔子曰：“爾來何遲也？”曰：“防墓崩。”孔子泫然流涕曰：“吾聞之，古不修墓。”見《禮記》也。

［9］【今注】鯉：孔鯉，字伯魚。孔子兒子。

［10］【李賢注】縣名，屬京兆，文帝後改曰霸陵。【今注】芷陽：本鄉名，漢文帝葬於此而改稱霸陵，縣級，西漢時屬京兆尹，治所在今陝西西安市東北。

［11］【今注】明帝：東漢明帝劉莊，公元 57 年至 75 年在位。紀見本書卷二。　案，南，大德本作“陽”，《潛夫論·浮侈篇》作“南”。

［12］【今注】金鏤玉匣：即金鏤玉衣，漢代帝、王的殮服，按等級分爲金鏤、銀鏤、銅鏤。

［13］【今注】枬：同“楠”。即楠木。

［14］【李賢注】畢，周文王、武王葬地也。司馬遷云“在鄗東南杜中”，無墳隴，在今咸陽縣西北。孔安國注《尚書》云在長安西北。南城山，曾子父所葬，在今沂州費縣西南也。【今注】案：考察。　鄗：西周都邑名。故址在今河北柏鄉縣北。　南城：故址在今山東平邑縣南。

［15］【今注】周公：即姬旦，周文王子，周武王弟，封於魯，子伯禽代爲就國，成王年幼時代攝國政，平定三監之亂，制定禮樂制度，爲儒家所尊崇。世家見《史記》卷三三。

［16］【李賢注】《左傳》：“晉靈公不君，厚斂以雕牆。”杜預注云：“不君，失君道也。雕，畫也。”【今注】晉靈公：即姬夷，春秋時期晉國國君，晉襄公之子，公元前 620 年至前 607 年在位，生活奢侈，殘殺無辜，趙盾等進諫無果，後爲趙盾族弟趙穿所殺。事迹載於《史記》卷三九《晉世家》、《公羊傳》宣公六年等。　案，非，殿本、中華本作“不”，《潛夫論·浮侈篇》作“非”。

［17］【李賢注】《左傳》：“宋文公卒，始厚葬，用蜃炭，益車馬，始用殉，椁有四阿，棺有翰檜。君子謂華元、樂舉於是不臣，是弃君於惡也。”【今注】華元：春秋時宋國大夫，助宋文公即位，宋共公時主持第一次弭兵之盟，晉楚平分霸權，立宋平公。

樂舉：春秋時宋國大臣。事迹不詳。　文公：即宋文公，子姓，名鮑革，也作“公子鮑”。春秋時期宋國國君，宋成公之子，公元前610年至前589年在位。詳見《史記》卷三八《宋微子世家》。

[18]【李賢注】《前書》貢禹曰：“今大夫僭諸侯，諸侯僭天子，天子過天道，其日久矣。”【今注】群司：百官。　僭：超越本分。

《實貢篇》曰：

國以賢興，以諂衰；君以忠安，以佞危。此古今之常論，而時所共知也。然衰國危君，繼踵不絶者，豈時無忠信正直之士哉，誠苦其道不得行耳。夫十步之閒，必有茂草；十室之邑，必有忠信。[1]是故亂殷有三仁，小衞多君子。[2]今以大漢之廣土，士民之繁庶，朝廷之清明，上下之脩正，[3]而官無善吏，位無良臣。此豈時之無賢，諒由取之乖實。[4]夫志道者少與，[5]逐俗者多疇，[6]是以朋黨用私，背實趨華。其貢士者，[7]不復依其質幹，[8]準其才行，但虛造聲譽，妄生羽毛。[9]略計所舉，歲且二百。覽察其狀，[10]則德侔顏、冉，[11]詳覈厥能，[12]則鮮及中人，[13]皆總務升官，自相推達。夫士者貴其用也，不必求備。故四友雖美，能不相兼；[14]三仁齊致，事不一節。[15]高祖佐命，[16]出自亡秦；光武得士，[17]亦資暴莽。[18]況太平之時，而云無士乎！

[1]【李賢注】《説苑》曰：“十步之澤，必有芳草。”《論語》

曰“十室之邑，必有忠信”也。

［2］【李賢注】亂殷謂紂時也。三仁，箕子、微子、比干也。《左傳》，吴季札適衛，悦蘧瑗、史狗、史鰌、公子荆、公叔發、公子朝，曰：“衛多君子，未有患也。”又臧宣叔曰：“衛之於晉，不得爲次國。”杜預注云：“春秋之時，以彊弱爲大小，衛雖侯爵，猶爲小國。”

［3］【今注】脩正：德行端正。

［4］【今注】諒：料想，表推測。　乖實：違背事實。

［5］【今注】與：往來之人。

［6］【今注】疇：後作“儔”，同類。《字彙·田部》：“疇，類也。”

［7］【今注】貢士：上貢人才。漢代通過察舉制度，要求地方郡國定期向中央舉薦人才。

［8］【今注】質幹：品質才幹。

［9］【今注】羽毛：比喻人的聲譽。

［10］【今注】狀：此指品狀，一種記録其品性、才能的文書。

［11］【今注】侔（móu）：等同。《説文·人部》：“侔，齊等也。”　顔：即顔回，一作“顔淵”，字子淵。孔子弟子，貧而好學，以德行著稱。　冉：即冉雍，字仲弓。孔子弟子，以德行著稱。

［12］【今注】覈：義同“核”。　厥：代詞，相當於“其”。《爾雅·釋言》：“厥，其也。”

［13］【今注】中人：才智平常之人。

［14］【李賢注】《尚書大傳》孔子曰：“文王得四臣，丘亦得四友。”謂回也爲胥附（胥，殿本作“疏”），賜也爲奔走，師爲先後（紹興本、大德本、殿本、中華本“師”後皆有“也”字，可從），由爲禦侮（紹興本、大德本、殿本、中華本“由”後有“也”字，可從），其能各不同也。【今注】案，曹金華《後漢書

稽疑》引《博物志》言“文王四友：南宫括、散宜生、閎夭、太顛”，引《尚書大傳》言“文王胥附、奔輳、先後、禦侮謂之四鄰，以免乎牖里之害”，認爲李賢注以四友屬孔子，非也（第646頁）。

［15］【今注】事不一節：行事風格不一樣。

［16］【今注】高祖：西漢高祖劉邦，公元前206年至前195年在位。紀見《史記》卷八、《漢書》卷一。　佐命：輔佐之臣。

［17］【今注】光武：即東漢開國之君光武帝劉秀，公元25年至57年在位。紀見本書卷一。

［18］【今注】資：取用。《廣雅·釋詁一》：“資，取也。”　暴莽：即王莽篡漢之後建立的新莽政權。

夫明君之詔也若聲，忠臣之和也如響。[1]長短大小，清濁疾徐，必相應也。且攻玉以石，洗金以鹽，[2]濯錦以魚，[3]浣布以灰。[4]夫物固有以賤理貴，[5]以醜化好者矣。[6]智者弃短取長，以致其功。今使貢士必覈以實，其有小疵，勿彊衣飾，[7]出處默語，[8]各因其方，[9]則蕭、曹、周、韓之倫，[10]何足不致，吴、鄧、梁、竇之屬，[11]企踵可待。[12]孔子曰：“未之思也，夫何遠之有？”[13]

［1］【今注】響（xiǎng）：回聲，響應。《説文·音部》：“響，聲也。”《玉篇·音部》：“響，應聲也。”　案，王先謙《後漢書集解》引惠棟言：“《左傳》：‘析父謂子革曰：“今與王言，如響。”’”

［2］【李賢注】《詩·小雅》曰：“它山之石，可以攻玉。”今之金工發金色者，皆淬之於鹽水焉。【今注】攻：治理，加工，

《廣韻·冬韻》："攻，治也。"

［3］【今注】濯（zhuó）錦以魚：取魚鰾所熬魚膠來洗滌錦的污垢。

［4］【今注】浣：洗滌。

［5］【今注】理：治理，料理。《廣雅·釋詁三》："理，治也。"

［6］【今注】化：變化，改變。《玉篇·七部》："化，易也。"

［7］【李賢注】衣飾謂裝飾以成其過也。衣音於氣反。【今注】案，王先謙《後漢書集解》引蘇輿言："言有疵者，勿彊舉爲美。《潛夫論》下有'以壯虛聲'四字可證。"

［8］【今注】出處：出仕和隱退。　默語：沉默和言語。案，《周易·繫辭上》載："子曰：'君子之道，或出或處，或默或語，二人同心，其利斷金。'"殿本作"語默"。

［9］【今注】因：順隨。《廣韻·真韻》："因，緣也。"

［10］【今注】蕭曹周韓：蕭即蕭何，沛郡豐（今江蘇豐縣）人。曹即曹參，沛郡（今安徽濉溪縣西北）人。二人輔佐劉邦奪得天下，建立漢朝，先後爲丞相，有"蕭規曹隨"的典故，傳皆見《漢書》卷三九。周即周勃，沛郡人。輔佐劉邦奪得天下，平定吕氏之亂，迎立劉恒爲帝（即漢文帝），傳見《漢書》卷四〇。韓即韓信，臨淮淮陰（今江蘇淮安市淮陰區西南）人。初屬項羽，後歸劉邦，曾封齊王、楚王，後降爲淮陰侯，以謀反罪被吕后所殺，傳見《漢書》卷三四。此四人都是輔佐劉邦奪得天下的功臣。　倫：輩，同類。《説文·人部》："倫，輩也。"

［11］【今注】吴鄧梁竇：吴即吴漢，字子顔，南陽宛（今河南南陽市卧龍區）人。傳見本書卷一八。鄧即鄧禹，字仲華，南陽新野（今河南新野縣）人。傳見本書卷一六。梁即梁統，字仲寧，安定烏氏（今甘肅固原市東南）人。傳見本書卷三四。竇即竇融，字周公，右扶風平陵（今陝西咸陽市西北）人。傳見本書卷二三。此四人對光武帝劉秀建立東漢政權有大功。　屬：同輩。《廣韻·

燭韻》："屬，儕等也。"

［12］【今注】企踵：踮起脚跟，比喻仰望、期盼之意。

［13］【今注】孔子：儒家創始人。世家見《史記》卷四七。案，所引孔子言論出自《論語·子罕》。

《愛日篇》曰：

國之所以爲國者，以有民也。民之所以爲民者，以有穀也。穀之所以豐殖者，以有民功也。功之所以能建者，以日力也。[1]化國之日舒以長，[2]故其民閑暇而力有餘；亂國之日促以短，故其民困務而力不足。舒長者，非謂羲和安行，[3]乃君明民静而力有餘也。促短者，非謂分度損減，[4]乃上闇下亂，[5]力不足也。孔子稱"既庶則富之，既富乃教之"。[6]是故禮義生於富足，盜竊起於貧窮；富足生於寬暇，貧窮起於無日。聖人深知力者民之本，國之基也，故務省徭役，使之愛日。是以堯勑羲和，[7]欽若昊天，敬授民時。明帝時，公車以反支日不受章奏，[8]帝聞而怪曰："民廢農桑，遠來詣闕，[9]而復拘以禁忌，豈爲政之意乎！"於是遂蠲其制。[10]今冤民仰希申訴，[11]而令長以神自畜，[12]百姓廢農桑而趨府廷者，相續道路，非朝餔不得通，非意氣不得見。[13]或連日累月，更相瞻視；[14]或轉請鄰里，饋糧應對。歲功既虧，天下豈無受其飢者乎？

［1］【今注】案，曹金華《後漢書稽疑》言，按"以有民"

“以有穀”“以有民功”，“以日力”當作“以有日立”（第647頁）。可從。

［2］【今注】化國：本爲“治國”，唐人避李治諱而改，與後文“亂國”相對，指社會有序的太平之國。

［3］【李賢注】羲和，日也。《山海經》曰：“東南海之外，甘水之閒，有羲和之國。有女子曰羲和，方浴日於甘泉。羲和者，帝俊之妻，是生十日。”郭璞注曰：“羲和蓋天地始生日月者也。”【今注】案，曹金華《後漢書稽疑》據《山海經·大荒南經》言，“日浴”注引顛倒爲“浴日”，“淵”注引避李淵之諱改爲“泉”，“日月”前脱“主”字（第647頁）。可從。　羲和：傳説中爲太陽駕車之神，此指太陽，後也指傳説中掌天文曆法的官員。

［4］【李賢注】《洛書·甄耀度》曰“凡周天三百六十五度四分度之一，一度爲千九百三十二里。日一日行一度，月一日行十三度十九分度之一”也。

［5］【今注】闇：義同“暗”，此指政治昏庸黑暗。

［6］【今注】案，孔子言論出自《論語·子路》，有節省。

［7］【今注】勑（chì）：同“敕”。告誡，勉勵。

［8］【李賢注】凡反支日，用月朔爲正。戌、亥朔一日反支，申、酉朔二日反支，午、未朔三日反支，辰、巳朔四日反支，寅、卯朔五日反支，子、丑朔六日反支。見《陰陽書》也。【今注】反支：古代占日術之説，以陰陽五行思想附會決定日之吉凶，反支日爲凶日。天水放馬灘秦簡《日書》乙種中有《反只（支）》，主要講解反支日的推算及吉凶（詳見孫占宇《天水放馬灘秦簡集釋》，甘肅文化出版社2013年版，第152—153頁）。

［9］【今注】闕：此指宫闕。

［10］【今注】蠲（juān）：減除，免除。《廣雅·釋詁三》：“蠲，除也。”

［11］【今注】今：紹興本、大德本、殿本作“令”，中華本作

"今"。"令"表假設，"今"陳述現狀，"今"字爲宜。

［12］【李賢注】難見如神也。【今注】令長：泛指官署長官，與"冤民"相對。

［13］【李賢注】《説文》曰："餔謂日加申時也。"今爲"晡"字也。【今注】餔：晡時，即申時，也稱"日餔""夕食"，即晚飯時間，相當於現在的下午3點至5點。

［14］【今注】瞻視：觀望，顧盼。

孔子曰："聽訟吾猶人也。"[1]從此言之，中才以上，足議曲直，鄉亭部吏，[2]亦有任決斷者，[3]而類多枉曲，蓋有故焉。夫理直則恃正而不橈，[4]事曲則諂意以行賕。[5]不橈故無恩於吏，行賕故見私於法。若事有反覆，吏應坐之，[6]吏以應坐之故，不得不枉之於庭。以羸民之少黨，[7]而與豪吏對訟，其埶得無屈乎？縣承吏言，故與之同。若事有反覆，縣亦應坐之，縣以應坐之故，而排之於郡。[8]以一民之輕，而與一縣爲訟，其理豈得申乎？事有反覆，郡亦坐之，郡以共坐之故，而排之於州。以一民之輕，與一郡爲訟，其事豈獲勝乎？既不肯理，[9]故乃遠詣公府。[10]公府復不能察，而當延以日月。貧弱者無以曠旬，[11]彊富者可盈千日。理訟若此，何枉之能理乎？正士懷怨結而不見信，[12]猾吏崇姦軌而不被坐，此小民所以易侵苦，而天下所以多困窮也。

［1］【今注】案，孔子言論出自《論語·顏淵》。孔子曾任魯

國司寇，掌刑罰。

［2］【今注】鄉亭部吏：泛指基層官吏。漢代在基層設有鄉、亭、部等機構。

［3］【今注】任：勝任。　決斷：判決和斷案。

［4］【今注】橈：歪曲，枉法。

［5］【今注】賕（qiú）：行賄。《説文·貝部》："賕，以財物枉法相謝也。"

［6］【今注】坐：秦漢司法用語。坐罪，獲罪之意。

［7］【今注】黨：朋輩。《廣韻·蕩韻》："黨，輩也。"

［8］【今注】排之於郡：此指逐級上報到郡。秦漢有奏讞制度，有疑難而不能判決的案件逐級上報，直到由皇帝裁決。《漢書·刑法志》載："高皇帝七年，制詔御史：'獄之疑者，吏或不敢決，有罪者久而不論，無罪者久繫不決。自今以來，縣道官獄疑者，各讞所屬二千石官，二千石官以其罪名當報之。所不能決者，皆移廷尉，廷尉亦當報之。廷尉所不能決，謹具爲奏，傅所當比律令以聞。'"

［9］【今注】理：審理，審問。

［10］【今注】公府：三公官署。

［11］【今注】曠：荒廢。

［12］【李賢注】信讀曰伸。【今注】信：通"伸"。伸展，伸張。《荀子·不苟》楊倞注："信，讀爲伸，古字通用。"

且除上天感痛致灾，但以人功見事言之。自三府州郡，[1]至于鄉縣典司之吏，辭訟之民，官事相連，更相檢對者，日可有十萬人。一人有事，二人經營，是爲日三十萬人廢其業也。以中農率之，[2]則是歲三百萬人受其飢者也。[3]然則盜賊何從而銷，[4]太平何由而作乎？《詩》云："莫肯念亂，誰無父母？”[5]百姓不足，君誰與足？可無思哉！可無思哉！

[1]【今注】三府：太尉、司徒、司空三公官署。

[2]【今注】率：計算。

[3]【今注】案，清代學者汪繼培據《漢書·貢禹傳》“中農食七人”認爲，“日三十萬人廢其業”則“受其飢者”爲二百一十萬人，舉其成數當爲“二百萬人”（王符著，汪繼培箋，彭鐸校正：《潛夫論箋校正》，中華書局1985年版，第220頁）。

[4]【今注】銷：同“消”。消失。

[5]【李賢注】《詩·小雅》也。【今注】念：考慮。案，引句出自《詩·小雅·沔水》。

《述赦篇》曰：

凡療病者，必知脈之虛實，[1]氣之所結，然後爲之方，故疾可愈而壽可長也。爲國者，必先知民之所苦，禍之所起，然後爲之禁，故姦可塞而國可安也。今日賊良民之甚者，莫大於數赦贖。[2]赦贖數，則惡人昌而善人傷矣。何以明之哉？夫謹勑之人，身不蹈非，[3]又有爲吏正直，不避彊禦，而姦猾之黨橫加誣言者，皆知赦之不久故也。善人君子，被侵怨而能至闕庭自明者，萬無數人；數人之中得省問者，百不過一；既對尚書而空遣去者，[4]復什六七矣。其輕薄姦軌，既陷罪法，怨毒之家冀其辜戮，以解畜憤，而反一槩悉蒙赦釋，[5]令惡人高會而誇咤，[6]老盜服臧而過門，[7]

孝子見讎而不得討，[8]遭盜者覩物而不敢取，[9]痛莫甚焉！

［1］【今注】案，曹金華《後漢書稽疑》據《潛夫論·述赦篇》言“知”前脱“先”字（第648頁）。

［2］【今注】數：多次。　赦：即皇帝赦免。　贖：即以爵位、財物等贖罪以免除處罰。漢律對贖罪有詳細規定，如張家山漢簡《二年律令·具律》載：“贖死，金二斤八兩。贖城旦舂、鬼薪白粲，金一斤八兩。贖斬、腐，金一斤四兩。贖劓、黥，金一斤。贖耐，金十二兩。贖遷，金八兩。”〔詳見張家山二四七號漢墓竹簡整理小組編《張家山漢墓竹簡［二四七號墓］》（釋文修訂本），文物出版社2006年版，第25頁〕

［3］【今注】蹈：實行。

［4］【今注】尚書：官名。名義上屬少府。原爲皇帝近侍，負責文書傳達等，後權力逐漸上升，東漢光武帝時期尚書臺成爲政務中樞機構，尚書也成爲擁有實權的官職。本書《百官志三》載：“尚書六人，六百石。本注曰：成帝初置尚書四人，分爲四曹：常侍曹尚書主公卿事；二千石曹尚書主郡國二千石事；民曹尚書主凡吏上書事；客曹尚書主外國夷狄事。世祖承遵，後分二千石曹，又分客曹爲南主客曹、北主客曹，凡六曹。”

［5］【今注】槩：同“概”。

［6］【今注】高會：盛大宴會。

［7］【今注】服：持。

［8］【今注】讎：通“仇”。仇人。

［9］【今注】覩：同“睹”。看見。《説文·目部》：“覩，見也。”

夫養稂莠者傷禾稼，惠姦軌者賊良民。[1]

《書》曰："文王作罰，刑兹無赦。"[2]先王之制刑法也，非好傷人肌膚，斷人壽命也；貴威姦懲惡，除人害也。故經稱"天命有德，五服五章哉，天討有罪，五刑五用哉"；[3]《詩》刺"彼宜有罪，汝反脱之"。[4]古者唯始受命之君，承大亂之極，寇賊姦軌，難爲法禁，故不得不有一赦，與之更新，[5]頤育萬民，[6]以成大化。非以養姦活罪，放縱天賊也。夫性惡之民，民之豺狼，雖得放宥之澤，[7]終無改悔之心。旦脱重梏，夕還囹圄，[8]嚴明令尹，不能使其斷絶。何也？凡敢爲大姦者，才必有過於衆，而能自媚於上者也。多散誕得之財，奉以謟諛之辭，以轉相驅，[9]非有第五公之廉直，孰不爲顧哉？[10]論者多曰："久不赦則姦軌熾而吏不制，[11]宜數肆眚以解散之。"[12]此未昭政亂之本源，不察禍福之所生也。

[1]【李賢注】《爾雅》曰："稂，童粱。"郭璞注云："莠類也。"《詩》云（云，大德本、殿本、中華本皆作"曰"，可從）："不稂不莠。"稂音郎。【今注】稂莠：莠，形狀像禾苗的雜草。案，曹金華《後漢書稽疑》言今本《潛夫論·述赦篇》"稂莠"作"稊稗"（第648頁）。

[2]【李賢注】《康誥》之言也。【今注】案，引文出自《尚書·康誥》。

[3]【今注】五服：天子、諸侯、卿、大夫、士伍等的服飾。 章：同"彰"。彰顯。 五刑：墨、劓、剕、宫、大辟五種刑罰。案，所引文句出自《尚書·皋陶謨》，有節省。

［4］【李賢注】《詩·大雅》也。“此宜無罪，汝反收之；彼宜有罪，汝反脱之”。毛萇注云：“脱，赦也。”【今注】脱：脱罪。　案，王先謙《後漢書集解》認爲所引出自今文經《詩》。

［5］【今注】更新：改過自新。

［6］【今注】頤育：養育。　案，民，大德本、殿本作“物”，不從。

［7］【今注】放宥：釋放，寬宥。

［8］【今注】囹（líng）圄（yǔ）：牢獄。

［9］【李賢注】誕猶虚也。【今注】案，曹金華《後漢書稽疑》言今本《潛夫論·述赦篇》“誕得”作“苟得”（第648頁）。誕，欺詐。《廣韻·旱韻》：“誕，欺也。”

［10］【李賢注】謂第五倫也。爲司空，性廉直也。【今注】第五公：指第五倫，字伯魚，京兆長陵（今陝西咸陽市）人。東漢名臣，官至三公，以正直著稱。傳見本書卷四一。　顧：照顧，照應，此指徇私枉法。案，王先謙《後漢書集解》引惠棟言：“顧其財與辭也。《史記》曰：‘招權顧金錢’，又曰‘掉臂而不顧’，顧者商賈人之語也。”

［11］【今注】熾（chì）：旺盛，形容犯罪行爲猖獗。

［12］【今注】肆眚（shěng）：赦免罪人。《字彙·目部》：“眚，赦也。”

後度遼將軍皇甫規解官歸安定，[1]鄉人有以貨得鴈門太守者，[2]亦去職還家，書刺謁規。[3]規卧不迎，既入而問：“卿前在郡食鴈美乎？”有頃，又白王符在門。規素聞符名，乃驚遽而起，衣不及帶，屣履出迎，[4]援符手而還，與同坐，極歡。時人爲之語曰：“徒見二千石，不如一縫掖。”[5]言書生道義之爲貴也。符竟不仕，終於家。

［1］【今注】度遼將軍：雜號將軍之一，西漢昭帝時范明友曾以度遼將軍出擊烏桓等，東漢明帝永平八年（65）復置，駐五原郡曼柏縣（今内蒙古達拉特旗東南），秩二千石，下設長史、司馬等。　皇甫規：字威明，安定朝那（今寧夏彭陽縣東）人。傳見本書卷六五。　解官：解除官職。案，曹金華《後漢書稽疑》據《皇甫規傳》及《御覽》卷四七四所引《後漢書》認爲未載“解官”事（第648頁）。

［2］【今注】貨：財貨，此指賄賂。　鴈門：郡名。治陰館縣（今山西朔州市東南）。

［3］【今注】書刺：當爲名刺（謁），用於拜謁，類似今天的名片。李均明、劉軍認爲“刺”是用於稟報的實録文書，秦漢簡牘中有“名刺（謁）”“郵書刺（過書刺）”“吏對會入官刺”“廩食月别刺”“出俸刺”“表火出入界刺”等（參見李均明、劉軍《簡牘文書學》，廣西教育出版社1999年版，第406—412頁）。案，王先謙《後漢書集解》：“惠棟曰：‘《釋名》云：“書稱刺書，以筆刺紙簡之上也。又曰寫，所寫此文也。書姓字於奏上曰書刺，作‘再拜起居’字，皆達其體，使書盡邊，徐引筆書之，如畫者也。下官刺曰長刺，長書中央一行而下之。又曰爵里刺，書其官爵郡縣鄉里也。”’孔平仲曰：‘古者未有紙，削竹木以書姓名，故謂之“刺”。’”

［4］【今注】屣：拖着鞋走。《廣韻·紙韻》：“屣，履不躡跟。”案，曹金華《後漢書稽疑》據《御覽》卷四七四所引《後漢書》言“屣履”作“屐履”（第648頁）。

［5］【李賢注】《禮記·儒行》孔子曰：“丘少居魯，衣逢掖之衣。”鄭玄注曰：“逢猶大也。大掖之衣，大袂單衣也。”【今注】縫掖：儒生所穿衣服，此代指儒生。

仲長統字公理，[1]山陽高平人也。[2]少好學，博涉書記，[3]贍於文辭。[4]年二十餘，游學青、徐、并、冀之閒，與交友者多異之。并州刺史高幹，[5]袁紹甥也。[6]素貴有名，招致四方遊士，士多歸附。統過幹，幹善待遇，訪以當時之事。統謂幹曰："君有雄志而無雄才，好士而不能擇人，所以爲君深戒也。"幹雅自多，不納其言，統遂去之。無幾，[7]幹以并州叛，卒至於敗。[8]并、冀之士皆以是異統。[9]

[1]【今注】案，王先謙《後漢書集解》引《通鑑》胡三省注言："仲，姓也。商左相仲虺，周有仲山甫，舜十六相有仲堪、仲熊，周八士有仲突、仲忽。"

[2]【今注】山陽：郡名。治昌邑縣（今山東巨野縣東南）。高平：縣名。治所在今山東鄒城市西南。

[3]【今注】書記：泛指文字書寫的書籍、檔案、文書等。

[4]【今注】贍：充足。《小爾雅·廣言》："贍，足也。"

[5]【今注】高幹：字元才，陳留圉（今河南杞縣南）人。袁紹外甥，官至并州牧，袁氏敗後投降曹操，仍爲并州刺史，後謀反失敗，投奔劉表途中爲上洛校尉王琰所殺。

[6]【今注】袁紹：字本初，汝南汝陽（今河南商水縣西北）人。傳見本書卷七四上。

[7]【今注】無幾：不久。

[8]【李賢注】《魏志》曰："高幹叛，欲奔南荆州，上洛都尉王琰捕斬之"也。【今注】卒：最終。《詩·七月》鄭玄注："卒，終也。"

[9]【李賢注】異其有知人之鑒也。

統性俶儻，[1]敢直言，不矜小節，[2]默語無常，時人或謂之狂生。每州郡命召，輒稱疾不就。常以爲凡遊帝王者，欲以立身揚名耳，而名不常存，人生易滅，優遊偃仰，[3]可以自娱，欲卜居清曠，[4]以樂其志，論之曰："使居有良田廣宅，背山臨流，溝池環帀，[5]竹木周布，場圃築前，果園樹後。舟車足以代步涉之艱，使令足以息四體之役。養親有兼珍之膳，妻孥無苦身之勞。[6]良朋萃止，[7]則陳酒肴以娱之；嘉時吉日，則亨羔豚以奉之。蹰躇畦苑，遊戲平林，[8]濯清水，追涼風，釣游鯉，弋高鴻。[9]諷於舞雩之下，詠歸高堂之上。[10]安神閨房，思老氏之玄虚；呼吸精和，求至人之仿佛。[11]與達者數子，論道講書，俯仰二儀，[12]錯綜人物。[13]彈《南風》之雅操，發清商之妙曲。[14]消摇一世之上，[15]睥睨天地之閒。[16]不受當時之責，永保性命之期。如是，則可以陵霄漢，[17]出宇宙之外矣。豈羨夫入帝王之門哉！"又作詩二篇，以見其志。辭曰：

[1]【今注】俶（tì）儻（tǎng）：多作"倜儻"，灑脱不羈。

[2]【今注】矜（jīn）：戒懼，謹慎。《集韻·蒸韻》："伶，慎也。通作矜。"今引申爲拘泥。

[3]【今注】偃仰：安居，休息。

[4]【今注】卜居：擇地而居。案，卜，紹興本作"十"，不從。

[5]【今注】帀：環繞。《説文·帀部》："帀，周也。"

[6]【李賢注】孥讀曰奴。【今注】孥：子女。《小爾雅·廣言》："孥，子也。"

［7］【今注】萃（cuì）：聚集。

［8］【李賢注】蹰躇猶踟蹰也。【今注】蹰躇：徘徊不前。

［9］【今注】弋：用帶繩子的箭射獵。《説文·弋部》："弋，繳射也。"

［10］【李賢注】雩，祭旱之名也。爲壇而儛其上，以祈雨焉。《論語》曾點曰："春服既成，冠者五六人，童子六七人，浴乎沂，風乎舞雩，詠而歸。"【今注】諷：用委婉的語言暗示或勸告。《韓非子·八經》："故使之諷，諷定而怒。"王先慎《集解》："諷，勸諫。"　舞雩：求雨祭祀中，設壇讓女巫爲舞，故稱舞雩。

［11］【李賢注】《老子》曰："玄之又玄，虚其心，實其腹。"呼吸謂咽氣養生也。《莊子》曰："吹煦呼吸，吐故納新。"又曰"至人無己"也。【今注】老氏：即老子，著有《道德經》。傳見《史記》卷六三。　玄虚：道家玄妙虚無的道理。　呼吸：道家導引吐納的養生方法。　精：精氣，人的元氣。　至人：道家稱超凡脱俗，到達無我境界之人爲至人。

［12］【今注】二儀：天地。

［13］【今注】錯綜：交錯綜合，這裏指品評。

［14］【李賢注】《家語》曰："舜彈五絃之琴，造《南風》之詩曰：'南風之薰兮，可以解吾人之愠兮。南風之時兮，可以阜吾人之財兮。'"《三禮圖》曰："琴本五弦，曰宫、商、角、徵、羽，文王增二（王，紹興本作'土'，不從），曰少宫、少商，弦最清也。"【今注】南風：相傳舜曾作五弦琴，歌《南風》。

［15］【今注】消摇：即"逍遥"，安閑自在。　一世：古代稱三十年爲一世，此指一生。

［16］【今注】睥（pì）睨（nì）：斜視，有厭惡、傲慢之意。

［17］【今注】陵：超過。《正字通·阜部》："陵，踰也。"霄漢：天河，亦指天空。

飛鳥遺跡，蟬蜕亡殼。騰蛇弃鱗，神龍喪角。[1]至人能變，達士拔俗。[2]乘雲無轡，騁風無足。垂露成幃，張霄成幄。沆瀣當餐，九陽代燭。[3]恒星艷珠，朝霞潤玉。六合之内，恣心所欲。人事可遺，何爲局促？

[1]【李賢注】王充《論衡》曰："蠐螬化爲復育，復育轉爲蟬。蟬之去復育，龜之解甲，蛇之脱皮，可謂尸解矣。"蜕音式鋭反。《爾雅》曰："騰蛇有鱗。"《廣雅》曰："有角曰龍。"喪角，解角也。【今注】殼（qiào）：堅硬的外皮。　騰蛇：能飛的蛇。

[2]【今注】拔俗：超出世俗。

[3]【李賢注】霄，摩天赤氣也。在旁曰幃（幃，殿本作"帷"），在上曰幄。《陵陽子明經》曰："沆瀣者，北方夜半氣也。"九陽謂日也。《山海經》曰"陽谷上有扶木，九日居下枝，一日居上枝"也。【今注】沆（hàng）瀣（xiè）：夜間的水氣，即露水。

大道雖夷，[1]見幾者寡。[2]任意無非，適物無可。古來繞繞，[3]委曲如瑣。百慮何爲，至要在我。寄愁天上，埋憂地下。[4]叛散《五經》，[5]滅弃《風》《雅》。[6]百家雜碎，[7]請用從火。抗志山棲，[8]游心海左。[9]元氣爲舟，微風爲柂。[10]敖翔大清，[11]縱意容冶。[12]

[1]【今注】夷：平坦。

[2]【今注】幾：細微的迹象，事情的預兆。

[3]【今注】繞繞：柔曲的樣子。

［4］【今注】案，王先謙《後漢書集解》引惠棟言："《左傳》叔向曰：'以樂慆憂。'杜注：'慆，藏也。'孔穎達云：'言以音樂樂身，埋藏憂愁於樂中，猶古詩云"埋憂地下"也。'"

［5］【今注】五經：即《詩》《書》《禮》《易》《春秋》五部儒家經典。

［6］【今注】風雅：即《詩》的《國風》和《小雅》《大雅》。《風》是各地民歌，《雅》是"言王政之所以廢興"的作品，政事有大小，故有《小雅》《大雅》。

［7］【今注】百家：諸子百家。　雜碎：雜亂零碎。

［8］【今注】抗志：堅持平素志向，不動摇不屈服。　山棲：比喻隱居山林。案，棲，殿本作"西"，不從。

［9］【今注】游心：留心，專心傾注。

［10］【李賢注】柂，船尾也，音徒可反。【今注】柂：通"舵"。控制船舶行駛方向的裝置。

［11］【今注】敖翔：遨游，飛翔。　大清：當爲太清。即天空。古人認爲天係清而輕的氣所構成，故稱太清。案，大，紹興本、大德本、殿本、中華本皆作"太"，可從。

［12］【今注】縱意：肆意，任意。　容冶：游樂。

尚書令荀彧聞統名，[1]奇之，舉爲尚書郎。[2]後參丞相曹操軍事。每論説古今及時俗行事，恒發憤歎息。因著論名曰《昌言》，[3]凡三十四篇，[4]十餘萬言。

［1］【今注】尚書令：官名。尚書臺的長官，名義上屬少府。本書《百官志三》載："尚書令一人，千石。本注曰：承秦所置，武帝用宦者，更爲中書謁者令，成帝用士人，復故。掌凡選署及奏下尚書曹文書衆事。"　荀彧：字文若，潁川潁陰（今河南許昌市）人。傳見本書卷七〇。

[2]【今注】尚書郎：官名。也稱尚書侍郎，屬尚書臺，負責起草文書。本書《百官志三》載：“（尚書）侍郎三十六人，四百石。本注曰：一曹有六人，主作文書起草。”

[3]【李賢注】昌，當也。《尚書》曰：“汝亦昌言。”【今注】案，王先謙《後漢書集解》引沈欽韓言：“《抱朴子》：‘統作《昌言》，未竟而亡。後董襲撰次之。’案，‘董’當作‘繆’。《魏志·劉劭傳》：‘繆襲撰統《昌言》表。’”

[4]【今注】案，三十四篇，《三國志》卷二一《魏書·劉劭傳》裴松之注作“二十四篇”，未知孰是。

獻帝遜位之歲，[1]統卒，時年四十一。友人東海繆襲常稱統才章足繼西京董、賈、劉、楊。[2]今簡撮其書有益政者，[3]略載之云。

[1]【今注】獻帝：東漢獻帝劉協，公元189年至220年在位。紀見本書卷九。　遜位：讓位。

[2]【李賢注】董仲舒、賈誼、劉向、楊雄也。襲字熙伯，辟御史府，後至尚書、光禄勳。【今注】東海：時爲郡，治郯縣（今山東郯城縣西北）。　繆襲：字熙伯，東海蘭陵（今山東蘭陵縣西南）人。三國時魏文學家，官至尚書、光禄勳，正始六年（245）卒，年六十。　西京：西漢定都長安，東漢定都洛陽，長安在洛陽西邊，故稱長安爲“西京”，此代指西漢。　董：董仲舒，廣川國（今河北棗强縣東）人。西漢大儒，其所提出的“大一統”“天人感應”“君權神授”等思想和“獨尊儒術”的主張，對中國歷史産生了深遠影響。傳見《史記》卷一二一、《漢書》卷五六。　賈：賈誼，洛陽（今河南洛陽市）人。西漢政論家，才華卓異，著有《新書》，遭權貴排擠，被貶爲長沙王太傅，史稱賈太傅，後憂鬱而死，年僅三十三歲。傳見《漢書》卷四八。　劉：即劉向，

本名更生，字子政。西漢宗室楚元王之後，著名經學家，著有《新序》《説苑》《别録》等。傳見《漢書》卷三六。　楊：楊雄，也作“揚雄”，字子雲，蜀郡成都（今四川成都市武侯區）人。西漢辭賦家、思想家。傳見《漢書》卷八七。

［3］【今注】撮：撮取，摘選。

《理亂篇》曰：

豪傑之當天命者，未始有天下之分者也。無天下之分，故戰争者競起焉。于斯之時，並僞假天威，[1]矯據方國，[2]擁甲兵與我角才智，[3]程勇力與我競雌雄，[4]不知去就，[5]疑誤天下，蓋不可數也。角知者皆窮，角力者皆負，形不堪復伉，[6]埶不足復校，乃始羈首係頸，[7]就我之銜紲耳。[8]夫或曾爲我之尊長矣，或曾與我爲等儕矣，[9]或曾臣虜我矣，或曾執囚我矣。彼之蔚蔚，皆匈詈腹詛，幸我之不成，[10]而以奮其前志，詎肯用此爲終死之分邪？[11]

［1］【今注】僞假：假託。

［2］【今注】矯據：强占。　方國：原指夏商時期居住於中原王朝四周的地方邦國，一般稱“某方”，如“羌方”“鬼方”，此泛指地方州郡。

［3］【今注】角（jué）：競争，較量。《廣韻·覺韻》：“角，競也。”

［4］【今注】程：通“逞”，依仗。

［5］【今注】去就：進退。

［6］【今注】伉：匹敵。《字彙·人部》：“伉，敵也。”

[7]【今注】羈（jī）首係頸：表示歸降。

[8]【李賢注】銜，勒也。紲，韁也。【今注】銜紲：即駕馭、約束。銜，馬勒，用以控制馬之行動。紲，牽牲畜的繩子。

[9]【今注】等儕：同輩之人。

[10]【李賢注】蔚與鬱古字通。【今注】蔚（yù）蔚：通“郁郁”，憂傷的樣子。 匈：同“胸”。心中。 詈（lì）：責罵。《說文·網部》：“詈，罵也。” 詛：詛咒。 幸：希望。

[11]【今注】詎（jù）：表反問的副詞，相當於“怎麼”“難道”。《說文·言部》：“詎，猶豈也。”

及繼體之時，[1]民心定矣。普天之下，賴我而得生育，由我而得富貴，安居樂業，長養子孫，天下晏然，[2]皆歸心於我矣。豪傑之心既絕，士民之志已定，貴有常家，尊在一人。當此之時，雖下愚之才居之，猶能使恩同天地，威侔鬼神。[3]暴風疾霆，[4]不足以方其怒；[5]陽春時雨，不足以喻其澤；周、孔數千，[6]無所復角其聖；賁、育百萬，[7]無所復奮其勇矣。

[1]【今注】繼體：即位。

[2]【今注】晏然：安定，太平。

[3]【今注】侔（móu）：等同。《說文·人部》：“侔，齊等也。”

[4]【今注】霆：疾雷。

[5]【今注】方：比擬。《廣韻·陽韻》：“方，比也。”

[6]【今注】周孔：即周公、孔子。

[7]【今注】賁育：賁即孟賁，育即夏育，都是著名的勇士。

《漢書》卷五七《司馬相如傳》顏師古注："孟賁，古之勇士也，水行不避蛟龍，陸行不避豺狼，發怒吐氣，聲響動天。夏育，亦猛士也。"

彼後嗣之愚主，見天下莫敢與之違，自謂若天地之不可亡也，乃奔其私嗜，[1]騁其邪欲，[2]君臣宣淫，上下同惡。[3]目極角觝之觀，耳窮鄭、衛之聲。[4]入則耽於婦人，[5]出則馳於田獵。荒廢庶政，弃亡人物，澶漫彌流，無所底極。[6]信任親愛者，盡佞諂容説之人也；[7]寵貴隆豐者，盡后妃姬妾之家也。使餓狼守庖厨，飢虎牧牢豚，[8]遂至熬天下之脂膏，[9]斲生人之骨髓。[10]怨毒無聊，禍亂並起，中國擾攘，四夷侵叛，土崩瓦解，一朝而去。昔之爲我哺乳之子孫者，今盡是我飲血之寇讎也。至於運徙埶去，猶不覺悟者，豈非富貴生不仁，[11]沈溺致愚疾邪？[12]存亡以之迭代，政亂從此周復，天道常然之大數也。[13]

[1]【今注】奔：放縱。　嗜：個人嗜好。

[2]【今注】騁：放縱，放任。《莊子·天地》載："時騁而要其宿，大小，長短，修遠。"郭象注："皆恣而任之，會其所極而已。"

[3]【李賢注】《左傳》泄冶諫陳靈公曰："公卿宣淫，人無効焉。"杜預注云："宣，示也。"【今注】宣淫：生活驕奢淫逸，無所避忌。

[4]【李賢注】武帝元封三年，作角觝戲。《音義》云："兩兩相當角力，角伎藝射御，故名角抵，蓋雜伎樂，以巴俞戲魚龍

蔓延之屬也。後更名平樂觀。”《禮記》曰“鄭音好濫淫志，宋音宴安溺志”也。【今注】角觝：秦漢時期相互角力的技藝，類似現在的“摔跤”，後也泛指百戲。　鄭衛之聲：即春秋戰國時期鄭國、衛國的俗樂。儒家學者認爲其音淫靡，視其爲淫樂、亂世之音。《禮記》説“鄭、衛之音，亂世之音也”。

［5］【今注】耽：沉迷，迷戀。

［6］【李賢注】澶漫猶縱逸也。澶音徒旦反。《莊子・外篇》曰“澶漫爲樂”也。【今注】澶（dàn）漫：放縱。　彌流：猶言横流，放縱。彌，深。《廣雅・釋詁三》：“彌，深也。”

［7］【今注】説：同“悦”。取悦於上。《孟子・盡心上》：“有事君人者，事是君，則爲容悦者也。有安社稷臣者，以安社稷爲悦者也。”

［8］【今注】牢豚：圈養的猪，此代指統治下的百姓。

［9］【今注】脂膏：即民脂民膏，百姓辛苦所得的財富。

［10］【今注】斵（zhuó）：砍，斬。

［11］【今注】案，王先謙《後漢書集解》引蘇輿言：“不仁，猶癡頑，謂於治亂漠不相關。醫書有以手足風頑謂之四體不仁，亦或言麻木。《班超傳》‘兩手不仁’是也。”

［12］【今注】沈溺：沉迷其中而不覺悟。

［13］【李賢注】《左傳》曰“美惡周必復，天之道也”。【今注】案，王先謙《後漢書集解》言：“‘政’亦‘治’字避諱改。”大數：氣數，自然法則。

又政之爲理者，取一切而已，[1]非能斟酌賢愚之分，以開盛衰之數也。日不如古，彌以遠甚，豈不然邪？漢興以來，相與同爲編户齊民，[2]而以財力相君長者，世無數焉。而清絜之士，徒自苦於茨棘之閒，[3]無所益損於風俗也。豪人之室，連棟數百，膏田滿野，奴婢千群，徒附萬計。[4]船車賈販，周於四方；廢居積貯，滿於都城。[5]琦賂寶貨，巨室不能容；[6]馬牛羊豕，山谷不能受。妖童美妾，填乎綺室；[7]倡謳妓樂，列乎深堂。賓客待見而不敢去，車騎交錯而不敢進。三牲之肉，[8]臭而不可食；清醇之酎，[9]敗而不可飲。睇盼則人從其目之所視，[10]喜怒則人隨其心之所慮。此皆公侯之廣樂，君長之厚實也。苟能運智詐者，[11]則得之焉；苟能得之者，人不以爲罪焉。源發而横流，路開而四通矣。求士之舍榮樂而居窮苦，[12]弃放逸而赴束縛，夫誰肯爲之者邪！[13]夫亂世長而化世短。[14]亂世則小人貴寵，君子困賤。當君子困賤之時，跼高天，蹐厚地，猶恐有鎮厭之禍也。[15]逮至清世，[16]則復入於矯枉過正之檢。[17]老者耄矣，[18]不能及寬饒之俗；少者方壯，將復困於衰亂之時。是使姦人擅無窮之福利，而善士挂不赦之罪辜。苟目能辯色，耳能辯聲，口能辯味，體能辯寒温者，將皆以脩絜爲諱惡，[19]設智巧以避之焉，況肯有安而樂之者邪？斯下世人主一切之愆也。[20]

[1]【今注】案，王先謙《後漢書集解》言："一切，猶權宜也。"

[2]【今注】編户：編於户籍。　齊民：即平民。裴駰《史記集解》引如淳注《史記·平準書》："齊等無有貴賤，故謂之齊民。若今言'平民'矣。"

［3］【今注】茨棘：蒺藜與荊棘，泛指雜草。此代指困難的處境。

［4］【李賢注】徒，衆也。附，親也。【今注】徒附：依附於豪强大族的百姓。

［5］【李賢注】《史記》曰："轉轂百數，廢居蓄邑。"注云："有所廢，有所蓄，言其乘時射利也。"【今注】廢居：囤聚居奇，乘時獲利。《史記·平準書》《集解》引徐廣注曰："廢居者，貯畜之名也。有所廢，有所畜，言其乘時射利也。"《索隱》："劉氏云：'廢，出賣；居，停蓄也。'是出賣於居者爲廢，故徐氏云'有所廢，有所畜'是也。"

［6］【李賢注】琦，瑋也。《抱朴子》曰"片玉可以琦（玉，紹興本作'王'，不從），奚必俟盈尺"也。【今注】琦賂：珍貴的財物。

［7］【今注】綺室：豪華的房屋。本書卷七八《宦者傳》李賢注："綺室，室之綺麗者。"

［8］【今注】三牲：指牛、羊、猪三種祭品。

［9］【今注】酎（zhòu）：反復釀成的醇酒。《説文·酉部》："酎，三重醇酒也。"

［10］【今注】睇盼：環顧流盼。

［11］【今注】案，能，殿本無此字，按前後文當有此字。

［12］【李賢注】舍音式者反。【今注】舍：捨棄，放棄。

［13］【李賢注】束縛謂自潔清如拘執也。

［14］【今注】化世：即治世，唐人避高宗李治之諱而改。

［15］【李賢注】《詩·小雅》曰："謂天蓋高，不敢不跼；謂地蓋厚，不敢不蹐。"毛萇注云："跼，曲也。蹐，累足也。"【今注】跼（jú）：《詩·小雅·正月》作"局"。　蹐（jí）：小步走。《説文·足部》："蹐，小步也。"　鎮厭：即鎮壓，抑制。

［16］【今注】清世：清平之世。

［17］【今注】檢：此當指品行、節操。

［18］【今注】耄（mào）：年老，多指八九十歲的老人。《禮記·曲禮上》："八十九十曰耄。"

［19］【今注】絜：同"潔"，廉潔。此代指高尚的品德言行。

［20］【今注】下世：近世。　人主：君主。　愆（qiān）：過失，罪過。《玉篇·心部》："愆，過也。"

昔春秋之時，[1]周氏之亂世也。逮乎戰國，[2]則又甚矣。秦政乘并兼之埶，放虎狼之心，[3]屠裂天下，吞食生人，[4]暴虐不已，以招楚漢用兵之苦，[5]甚於戰國之時也。漢二百年而遭王莽之亂，[6]計其殘夷滅亡之數，又復倍乎秦、項矣。[7]以及今日，名都空而不居，百里絶而無民者，不可勝數。[8]此則又甚於亡新之時也。[9]悲夫！不及五百年，大難三起，[10]中閒之亂，尚不數焉。變而彌猜，[11]下而加酷，[12]推此以往，可及於盡矣。嗟乎！不知來世聖人救此之道，將何用也？又不知天若窮此之數，欲何至邪？

［1］【今注】春秋：即春秋時期。因魯國所編《春秋》得名，一般指周平王元年（前770）到"三家分晉"（前476）共294年的歷史。

［2］【今注】戰國：即戰國時期。因諸侯連年征戰而得名，一般指周元王元年（前475）到秦始皇二十六年（前221）統一天下之前的歷史。

［3］【李賢注】政，始皇名也（殿本無"也"字）。【今注】秦政：秦始皇嬴政。紀見《史記》卷六。北京大學藏漢簡中有

《趙正書》，稱秦始皇爲“趙正”。

［4］【今注】生人：即生民，唐人避太宗李世民之諱而改。

［5］【今注】楚漢：代指項羽、劉邦。秦亡之後項羽稱“西楚霸王”，劉邦稱“漢王”，二人争奪天下，進行達五年之久的“楚漢之争”，百姓深受戰争之苦。

［6］【李賢注】漢至王莽篡位二百一十四年。云二百者，舉全數。【今注】漢二百年：從公元前 202 年劉邦建立漢朝到公元 8 年孺子劉嬰禪讓帝位於王莽，共 210 年歷史，算上劉邦爲漢王的 4 年，共計 214 年。　王莽之亂：王莽以外戚身份掌握朝政，公元 8 年篡漢自立爲帝，建號“新”，史稱新莽政權。王莽稱帝後進行託古改制，但因政策失當，加之操之過急，遭到官吏和百姓的反對，激發了緑林、赤眉爲首的大規模農民起義。公元 23 年緑林軍攻進長安，戰亂中王莽爲商人杜吴所殺，新莽覆滅。詳見《漢書》卷九九《王莽傳》。

［7］【今注】秦項：即秦始皇嬴政和項羽。

［8］【李賢注】孝平帝時，凡郡國一百三，縣邑一千三百一十四，道三十四，侯國二百四十一。地東西九千三百二里，南北一萬三百六十八里。人户一千二百二十三萬三千六十二，口五千九百五十九萬四千九百七十八。此漢家極盛之時。遭王莽喪亂，暨光武中興，海内人户，準之於前，十裁二三，邊方蕭條，略無孑遺。孝靈遭黄巾之寇，獻帝嬰董卓之禍，英雄棊峙，白骨膏野，兵亂相尋三十餘年，三方既寧，萬不存一也。（王先謙《後漢書集解》言，洪亮吉據《漢書·地理志》認爲“道三十四”當爲“道三十二”，王鳴盛認爲“南北一萬”下脱“三千”）

［9］【今注】亡新：即王莽建立的新莽政權，很快覆亡。

［10］【李賢注】秦三王二帝通在位四十九年（曹金華《後漢書稽疑》言“四十九”年當自公元前 256 年周亡算起至前 207 年秦亡結束，然不知“三王二帝”具體爲誰），前漢二百三十年，

後漢百九十五年，凡四百七十四年，故云不及五百年也。三起謂秦末及王莽並獻帝時也。【今注】大難三起：即秦亡後的“楚漢用兵之苦”、西漢之後“王莽之亂”和東漢末期的黄巾起義。

［11］【今注】彌：更加。　猜：恐懼，害怕。《廣雅·釋詁二》：“猜，懼也。”

［12］【李賢注】下猶後也。

《損益篇》曰：

作有利於時，[1]制有便於物者，[2]可爲也。事有乖於數，[3]法有翫於時者，[4]可改也。故行於古有其迹，用於今無其功者，不可不變。變而不如前，易而多所敗者，亦不可不復也。漢之初興，分王子弟，委之以士民之命，假之以殺生之權。[5]於是驕逸自恣，志意無厭。[6]魚肉百姓，以盈其欲；報蒸骨血，[7]以快其情。上有篡叛不軌之姦，下有暴亂殘賊之害。雖籍親屬之恩，蓋源流形埶使之然也。降爵削土，稍稍割奪，卒至於坐食奉禄而已。然其洿穢之行，[8]淫昏之罪，猶尚多焉。故淺其根本，[9]輕其恩義，猶尚假一日之尊，[10]收士民之用。況專之於國，擅之於嗣，豈可鞭笞叱咤，而使唯我所爲者乎？時政彫敝，[11]風俗移易，純樸已去，智惠已來。[12]出於禮制之防，放於嗜欲之域久矣，固不可授之以柄，假之以資者也。是故收其奕世之權，[13]校其從横之埶，[14]善者早登，[15]否者早去，[16]故下土無壅滯之士，[17]國朝無專貴之人。此變之善，可遂行者也。

[1]【今注】作：作爲，措施。

[2]【今注】制：制度。

[3]【今注】乖：違背。

[4]【今注】翫（wán）：同"玩"。玩忽。《説文·習部》："翫，習猒也。"

[5]【今注】案，殺生，大德本、殿本作"生殺"，未知孰是。

[6]【今注】厭：同"猒"。滿足。《説文·甘部》："猒，飽也。"

[7]【今注】報蒸：長幼不分，男女淫亂，亂倫。與上輩私通爲"蒸"，與下輩私通爲"報"。《小爾雅·廣詁》："上淫曰蒸，下淫曰報。"

[8]【今注】洿：同"污"。

[9]【今注】淺：使……淺，即削弱。

[10]【今注】假：給予，授予。

[11]【今注】彫：同"凋"。

[12]【李賢注】《老子》曰"智惠出，有大僞"也。【今注】智惠：即智慧。此指巧詐權謀。

[13]【今注】奕世：累世。

[14]【今注】校：考校，核校。

[15]【今注】登：進封，進用。

[16]【李賢注】去音袪莒反。【今注】否（pǐ）：惡。

[17]【今注】下土：與後文"國朝"相對，指民間。　壅滯之士：失意而不得志之人。

井田之變，[1]豪人貨殖，[2]館舍布於州郡，田畝連於方國。[3]身無半通青綸之命，而竊三辰龍章之服；[4]不爲編户一伍之長，而有千室名邑之役。[5]榮樂過於封君，[6]埶力侔於守令。[7]財賂自訾，犯法不坐。[8]刺客死士，爲之投命。[9]至使弱力少智之子，被穿帷敗，[10]寄死不斂，冤枉窮困，不敢自理。[11]雖亦由網禁疎闊，[12]蓋分田無限使之然也。[13]今欲張太平之紀綱，[14]立至化之基趾，[15]齊民財之豐寡，正風俗之奢儉，非井田實莫由也。此變有所敗，而宜復者也。

[1]【今注】井田之變：即廢除井田制的土地制度變革。漢代人口中的"井田之變"，常指商鞅變法中實行的"廢井田，開阡陌"這一土地私有制政策。井田，即井田制，指中國古代春秋以前的土地國有制。相傳夏代已經出現，主要施行於商周時期，因其形狀似"井"字而得名。一般認爲井田九百畝，分爲九份，最中間爲公田，爲貴族所有，四周爲私田，分與庶民，一夫授田百畝，庶民須先完成公田的耕作以代替地租。

[2]【今注】豪人：有權勢、有影響力之人，也被稱爲"豪民"。　貨殖：即經商。《史記》卷一二九《貨殖列傳》《索隱》曰："《論語》云：'賜不受命而貨殖焉。'《廣雅》云：'殖，立也。'孔安國注《尚書》云：'殖，生也。生資貨財利。'"殖，《廣雅·釋詁一》："殖，積也。"《集韻·職韻》："興生財利曰殖。"段玉裁《説文解字注·歺部》："脂膏以久而敗，財用以多藏而厚亡。故多積者謂之殖貨，引申假借之義也。"

[3]【今注】方國：原指夏商時期居住於中原王朝四周的地方邦國，一般稱"某方"，如"羌方""鬼方"，此代指地方州郡。

[4]【李賢注】《十三州志》曰："有秩、嗇夫，得假半章印。"《續漢·輿服志》曰："百石，青紺綸，一采，宛轉繆織，長丈二尺。"《説文》："綸，青絲綬也。"鄭玄注《禮記》曰："綸，今有秩、嗇夫所佩也。"三辰，日、月、星也。龍章謂山龍之章。皆畫於衣也。（曹金華《後漢書稽疑》言注引"青紺綸"當爲

“青紺綬”，“織”後脱“圭”字）【今注】半通青綸：代指低級官吏。半通即“半通印”，也稱“小官印”，秦漢時期多爲主官副手、掾史等低級官吏所用的官署印，其形制呈長方形，爲二百石以上主官所用正方形印即“通官印”的一半，故稱“半通印”。有田字印和日字印，也用於私印。青綸，即低級官吏用來繫印的青色絲帶。三辰龍章：此代指高級官吏、貴族。龍章，指龍形紋章，古代多用於帝王、諸侯禮服。　案，王先謙《後漢書集解》引惠棟言：“《法言》云：‘五兩之綸，半通之銅。’李軌曰：‘皆有秩、嗇夫之印綬，印綬之微者也。’”

［5］【李賢注】《周禮·小司徒職》：“五人爲伍。”《前書》曰：“五家爲伍，伍有長。”《論語》孔子曰：“千室之邑，百乘之家。”言豪强之家，身無品秩，而强富比於公侯也。【今注】一伍之長：秦漢基層社會中五户爲一伍，設伍長，並登録於户籍。　千室名邑：此代指享有封國食邑的貴族。　役：役使。

［6］【今注】封君：原指有“某某君”爵號的受封者，後也泛指享有封國、在封國内稱“君”的貴族。

［7］【今注】侔（móu）：等同。《説文·人部》：“侔，齊等也。”

［8］【今注】坐：秦漢司法用語。坐罪、獲罪之意。

［9］【今注】投命：投靠效命。

［10］【今注】被穿帷敗：被褥穿洞，帷帳破爛，代指窮苦生活。

［11］【今注】自理：自己申訴。

［12］【今注】網禁：代指法律。　踈闊：即疏闊，簡略而不周密。

［13］【今注】分田無限：漢代實行以户主爵位爲基礎的名田制，列侯享有侯國故不另外占田，關内侯以下到庶人可以占有九十五頃到一頃的土地，詳見張家山漢簡《二年律令·户律》。名田制

規定了各色人等合法占田的最高數額，有限制私人肆意占有土地的作用，但現實中普通百姓往往難以足額受田，而權貴之家則多是超額占田。此言“分田無限”並非是就名田制度而言，而是針對實際執行情況而言的。

［14］【今注】紀綱：法紀、法度。

［15］【今注】至化：代指國家最美好、最理想的政治局面。

肉刑之廢，[1]輕重無品，[2]下死則得髡鉗，下髡鉗則得鞭笞。[3]死者不可復生，而髡者無傷於人。髡笞不足以懲中罪，安得不至於死哉！[4]夫雞狗之攘竊，[5]男女之淫奔，酒醴之賂遺，[6]謬誤之傷害，皆非值於死者也。[7]殺之則甚重，髡之則甚輕。不制中刑以稱其罪，[8]則法令安得不參差，殺生安得不過謬乎？今患刑輕之不足以懲惡，則假臧貨以成罪，託疾病以諱殺。[9]科條無所準，[10]名實不相應，恐非帝王之通法，聖人之良制也。或曰：過刑惡人，可也；過刑善人，豈可復哉？曰：若前政以來，未曾枉害善人者，則有罪不死也，[11]是爲忍於殺人，而不忍於刑人也。今令五刑有品，[12]輕重有數，[13]科條有序，名實有正，非殺人逆亂鳥獸之行甚重者，皆勿殺。[14]嗣周氏之祕典，續吕侯之祥刑，此又宜復之善者也。[15]

［1］【今注】肉刑之廢：即漢文帝廢除肉刑的司法改革。漢文帝有感於齊國太倉令淳于公之女緹縈肉刑不便改過自新之言，實行司法改革，廢除宫刑之外的黥（臉上刺字）、劓（割鼻）、刖（砍

足）等肉刑，代以笞刑，“當劓者，笞三百；當斬左止者，笞五百”。詳見《漢書·刑法志》。

［2］【今注】品：等級，標準。

［3］【李賢注】下猶減也。【今注】髡鉗：秦漢刑罰名。指剃去頭髮，戴上枷鎖。 鞭笞：即打板子，漢代刑罰之一。

［4］【李賢注】言髡笞太輕，不足畏懼，而姦人冒罪，以陷於死。明復古肉刑，則人不陷於死也。【今注】中罪：介於死罪和輕罪之間的中等罪行，與後文的“中刑”相呼應。

［5］【今注】攘竊：盜竊。

［6］【今注】醴：甜酒。《玉篇·酉部》：“醴，甜酒也。” 賂（lù）遺（wèi）：以財物贈送或買通他人，即賄賂。

［7］【今注】非值於死者：此言前列行爲罪不當死。

［8］【今注】中刑：介於“殺”與“髡”之間的中等刑罰，與前文的“中罪”相呼應。

［9］【李賢注】假增臧貨，以益其罪。託稱疾病，令死於獄也。【今注】臧：同“贜”。

［10］【今注】科條：漢代法律有律、令、科、條。此代指法律。

［11］【李賢注】言善人有罪，亦當殺之也。

［12］【今注】五刑：秦漢以前指墨、劓、刖、宫刑、大辟，西漢初期有黥（刺字）、劓（割鼻）和斬趾（左、右脚）、斷舌、梟首，此當指五種輕重不等的肉刑。

［13］【今注】數：等差，等級。

［14］【李賢注】鳥獸之行謂蒸報也。【今注】鳥獸之行：即亂倫的奸淫行爲。

［15］【李賢注】《周禮·大司寇職》：“掌邦之三典，以佐王刑邦國，詰四方，一曰刑新國用輕典，二曰刑平國用中典（二，大德本作‘一’，不從），三曰刑亂國用重典。”祥，善也。《尚

書》曰："教爾祥刑。"【今注】吕侯：亦作"甫侯"，周穆王時大臣，官至司寇，參考夏代刑罰制定《吕刑》，頒布天下。詳見《尚書·吕刑》。

《易》曰："陽，一君二臣，君子之道也；陰，二君一臣，小人之道也。"[1]然則寡者，爲人上者也；衆者，爲人下者也。一伍之長，才足以長一伍者也；[2]一國之君，才足以君一國者也；天下之王，才足以王天下者也。愚役於智，[3]猶枝之附幹，此理天下之常法也。制國以分人，立政以分事，人遠則難綏，[4]事總則難了。今遠州之縣，或相去數百千里，雖多山陵洿澤，[5]猶有可居人種穀者焉。[6]當更制其境界，使遠者不過二百里。明版籍以相數閲，審什伍以相連持，[7]限夫田以斷并兼，定五刑以救死亡，[8]益君長以興政理，[9]急農桑以豐委積，[10]去末作以一本業，[11]敦教學以移情性，[12]表德行以厲風俗，[13]覈才藝以叙官宜，[14]簡精悍以習師田，[15]修武器以存守戰，嚴禁令以防僭差，[16]信賞罰以驗懲勸，糾游戲以杜姦邪，察苛刻以絶煩暴。審此十六者以爲政務，操之有常，課之有限，[17]安寧勿懈墯，有事不迫遽，[18]聖人復起，不能易也。

[1]【李賢注】《繫詞》之文也。陽卦一陽而二陰，陰卦一陰而二陽。陽爲君，陰爲臣。

[2]【今注】長：掌管，管理。

［3］【今注】愚役於智：即愚笨之人受聰明之人役使。

［4］【今注】綏：安撫。《廣雅·釋言》："綏，撫也。"

［5］【今注】洿：小水池。《廣雅·釋詁》："洿，聚也。"王念孫疏證："洿者，水所聚也。"

［6］【今注】案，曹金華《後漢書稽疑》言，《全後漢文》卷八八據《通典》補以下内容："而諸夏有十畝共桑之迫，遠州有曠野不發之田，代俗安土，有死無去。君長不使，誰能自往緣邊之地？亦可因罪徙人，便於守禦。"（第650頁）

［7］【李賢注】《周禮》曰："凡在版者。"注云："版，名籍也，以版爲之也。"【今注】版籍：户籍寫於版（即牘）之上，故又稱"版籍"。　數閲：核實名數（即户籍）。　什伍：軍中五人爲伍，十人爲什；民户五家爲伍，十家爲什。什有什長，伍有伍長。長沙五一廣場東漢簡中有"伍長"（木兩行2010CWJ1①：87—1）〔長沙市文物考古研究所等編：《長沙五一廣場東漢簡牘（壹）》，中西書局2018年版，第198頁〕。長沙走馬樓三國吴簡中有"比伍""亭伍""歲伍""月伍"等，都是鄉里社會的百姓與低級官吏。　連持：即連坐。

［8］【李賢注】《司馬法》曰："步百爲畝，畝百爲夫，夫三爲屋，屋三爲井。"并兼謂豪富之家以財埶并取貧人之田而兼有之。【今注】限夫田：限制每户的占田數額。　并兼：即土地兼併。案，就出土簡牘資料來看，商鞅變法之後，有漢一代乃至三國孫吴時期，都是240步的大畝制。

［9］【今注】政理：爲政理獄，代指治國理政。

［10］【今注】急：急切，緊要。　委積：即積蓄。

［11］【今注】末作：工商業。　一：專一。　本業：農業。

［12］【今注】敦：勉勵。

［13］【今注】厲：振奮。《管子·七法》尹知章注："厲，奮也。"

[14]【今注】覈才蓺以叙官宜：即量才授官。覈，核驗。蓺，同“藝”。

[15]【李賢注】《周禮》曰：“凡師田斬牲以左右徇陳。”注云：“示犯誓必殺也。”【今注】簡：選拔。　師田：即軍事操練。

[16]【今注】防僭差：防止僭越等級。

[17]【今注】課：考課。

[18]【今注】遽（jù）：窘迫。《説文·辵部》：“遽，窘也。”

向者，[1]天下户過千萬，除其老弱，但户一丁壯，[2]則千萬人也。遺漏既多，又蠻夷戎狄居漢地者尚不在焉。[3]丁壯十人之中，必有堪爲其什伍之長，推什長已上，[4]則百萬人也。又十取之，則佐史之才已上十萬人也。[5]又十取之，則可使在政理之位者萬人也。[6]以筋力用者謂之人，[7]人求丁壯；以才智用者謂之士，士貴耆老。[8]充此制以用天下之人，猶將有儲，何嫌乎不足也？故物有不求，未有無物之歲也；士有不用，未有少士之世也。[9]夫如此，然後可以用天性，[10]究人理，[11]興頓廢，[12]屬斷絶，[13]網羅遺漏，拱柙天人矣。[14]

[1]【今注】向者：過去，從前。

[2]【今注】但：僅僅。　丁壯：成年健壯的男子。

[3]【今注】蠻夷戎狄：泛指少數民族，古代對少數民族有“南蠻”“東夷”“西戎”“北狄”之稱，有輕蔑之意。

[4]【今注】推：推選，舉薦。《尚書·周官》：“推賢讓能。”

[5]【今注】佐史：官署中佐官、掾史之類的小吏。

[6]【今注】政理之位：代指地方長吏。

[7]【今注】筋力：體力。　人：據後文“士民之長”，此“人”當爲“民”，唐人避李世民諱所改。

[8]【今注】耆老：老年人，也特指德行高尚而受到尊重的老人。

[9]【今注】案，少士，大德本作“少壯”，不從。

[10]【今注】案，然，殿本作“而”。　天性：天命。

[11]【今注】究：探求。《字彙·穴部》：“究，推尋也。”

[12]【今注】頓廢：困頓廢除。

[13]【李賢注】屬猶續也。【今注】屬：連接，連續。《説文·尾部》：“屬，連也。”《廣雅·釋詁二》：“屬，續也。”

[14]【李賢注】拱，執也。柙，檻也。柙，音下甲反。【今注】拱柙天人：今本《昌言》寫作“拱押天人”。孫啓治《昌言校治》認爲“柙、押通用”，並注引明代方以智《通雅·四》：“拱押，猶拱挹也。《荀子·議兵篇》‘湯武之誅桀紂，拱挹指揮’。《仲長統傳》‘拱押天人矣’，注：‘拱，執也。押，檻也。’此不知古音也。邑有壓音，拱押即拱挹之轉也。挹本與揖通，《晏子》曰‘下車挹之’即揖也。”孫氏從方氏拱押即拱揖之説，認爲“拱押天人”即敬奉天命、人理。（中華書局2012年版，第296頁）

或曰：善爲政者，欲除煩去苛，并官省職，爲之以無爲，事之以無事，何子言之云云也？[1]曰：若是，三代不足摹，聖人未可師也。[2]君子用法制而至於化，小人用法制而至於亂。均是一法制也，或以之化，或以之亂，行之不同也。苟使豺狼牧羊豚，盗蹠主征税，[3]國家昏亂，吏人放肆，[4]則惡復論損益之間哉！[5]夫人待君子然後化理，國待蓄積乃無憂患。君子非自農桑以求衣食者也，蓄積非横賦斂以取優饒者也。奉禄誠厚，[6]則割剥貿易之罪乃可絶也；[7]蓄積誠多，則兵寇水旱之灾不足苦也。故由其道而得之，民不以爲奢；由其道而取之，民不以爲勞。天灾流行，開倉庫以稟貸，[8]不亦仁乎？衣食有餘，損靡麗以散施，不亦義乎？彼君子居位爲士民之長，固宜重肉累帛，朱輪四馬。[9]今反謂薄屋者爲高，[10]藿食者爲清，[11]既失天地之性，又開虚僞之名，使小智居大位，庶績不咸熙，[12]未必不由此也。得拘絜而失才能，非立功之實也。[13]以廉舉而以貪去，非士君子之志也。[14]夫選用必取善士。善士富者少而貧者多，禄不足以供養，安能不少營私門乎？[15]從而罪之，是設機置穽以待天下之君子也。[16]

[1]【李賢注】《老子》云“爲無爲，事無事”也。【今注】案，言之，大德本、殿本作“之言”。

[2]【李賢注】蓦，法也（法，大德本作“決”，不從）。三代皆用肉刑及井田之法（用，大德本、殿本作“由”，不從；及，大德本作“又”，不從），今不用，是不蓦之也。【今注】三代：夏、商、周三代。　蓦：模仿。　師：效法，學習。

[3]【今注】盗蹠：即盗跖。春秋時期人，有名的大盗。主：主管，負責。

[4]【今注】放肆：放縱欲望，肆意妄爲。

[5]【李賢注】惡音烏。【今注】惡：代詞。表疑問，相當於“怎麼”。

[6]【今注】誠：連詞。表假設，相當於“如果”。

[7]【今注】割剥：殘害百姓。　貿易：通過賄賂等手段進行權錢交易。

[8]【今注】稟：糧食，引申爲賑濟。　貸：借貸。

[9]【今注】朱輪：即紅色的車輪，爲高官、貴族所乘之車。

[10]【今注】薄屋：簡陋的房舍。

[11]【今注】藿食：即粗食。藿，豆葉。《廣雅·釋草》："豆角謂之莢，其葉謂之藿。"

[12]【今注】庶：衆多。《爾雅·釋詁下》："庶，衆也。"　績：功績。　熙：興盛。《爾雅·釋詁下》："熙，興也。"《尚書·堯典》："允釐百工，庶績咸熙。"

[13]【李賢注】拘絜謂自拘束而絜其身者，即隱逸之人也。【今注】拘絜：拘泥於品德。絜，同"潔"。此代指高尚的品德。

[14]【李賢注】去音欺吕反。【今注】以廉舉：舉即漢代察舉制度，廉即廉吏，爲察舉科目之一，多與"孝"合稱爲"孝廉"。

[15]【今注】少：稍微。　私門：即牟取私利的門路。

[16]【李賢注】穽，穿地陷獸也。機，弩牙也。【今注】穽：也作"阱"，捕獸的陷阱。《説文·井部》："阱，陷也。穽，阱或從穴。"

盜賊凶荒，[1]九州代作，[2]飢饉暴至，軍旅卒發，[3]横税弱人，割奪吏禄，所恃者寡，所取者猥，[4]萬里懸乏，首尾不救，徭役並起，農桑失業，兆民呼嗟於昊天，貧窮轉死於溝壑矣。今通肥饒之率，[5]計稼穡之入，令畝收三斛，[6]斛取一斗，未爲甚多。一歲之間，則有數年之儲，雖興非法之役，恣奢侈之欲，[7]廣愛幸之賜，猶未能盡也。不循古法，規爲輕税，及至一方有警，一面被灾，未逮三年，校計騫短，[8]坐視戰士之蔬食，立望餓殍之滿道，如之何爲君行此政也？[9]二十税一，名之曰貊，況三十税一乎？[10]夫薄吏禄以豐軍用，緣於秦征諸侯，續以四夷，漢承其業，遂不改更，危國亂家，此之由也。今田無常主，民無常居，吏食日稟，[11]禄班未定。[12]可爲法制，畫一定科，租税十一，更賦如舊。[13]今者土廣民稀，中地未墾；[14]雖然，猶當限以大家，[15]勿令過制。其地有草者，盡曰官田，力堪農事，乃聽受之。若聽其自取，後必爲姦也。

[1]【今注】凶荒：災荒之年。

[2]【今注】代作：交替發生。

[3]【今注】卒：同"猝"。突然。

[4]【李賢注】猥猶多也。

[5]【今注】率：計算。

[6]【今注】令：連詞。表假設，相當於"如果""假使"。畝收三斛：據湖南長沙市走馬樓街出土的西漢簡牘《都鄉七年墾田租簿》"率畝斗三升"的田租和三十税一的税率計算，西漢武帝時期長沙地區產量已達畝產 4 石（=斛），可知此言"三斛"非實際產量，當是便於計算而設置的數字。

[7]【今注】恣：放縱。《說文·心部》："恣，縱也。"

[8]【今注】校計：校核統計。秦漢時期有定期清點、校對府庫物資數額的制度，稱爲"校計"。若發生錯誤將按其價值多少予以處罰。睡虎地秦簡《效律》載："計校相繆（謬）殹（也），自二百廿錢以下，誶官嗇夫；過二百廿錢以到二千二百錢，貲一盾；過二千二百錢以上，貲一甲。人户、馬牛一，貲一盾；自二以上，

貲一甲。”（睡虎地秦墓竹簡整理小組編：《睡虎地秦墓竹簡》，文物出版社 1990 年版，“釋文”部分第 76 頁）。　騫：虧損。《玉篇·馬部》：“騫，虧也。”　短：不足。殿本作“矩”，不從。

［9］【李賢注】《孟子》曰：“塗有餓莩而不知發。”趙岐注云：“餓死者曰莩”。莩與殍通，音皮表反。

［10］【李賢注】《孟子》載白圭曰：“吾欲二十而取一何如？”孟子曰：“子之道貊也。”趙岐注云：“貊，夷貊之人在荒者也。貊在北方，其氣寒，不生五穀，無中國之禮，故可二十取一而足也。”此言欲輕稅也。

［11］【李賢注】稟，給也。【今注】案，食日，大德本作“日食”，不從。　日稟：按日領取口糧，里耶秦簡、居延漢簡等有很多此類記録。稟，領受，領取。《集韻·沁韻》：“稟，受也。”

［12］【今注】禄班：按身份等級發放的俸禄。

［13］【李賢注】更賦，已見《光武紀》也。【今注】更賦：即漢代以錢代替服更役的賦稅。漢代 23 歲至 56 歲的成年男子每年需要戍邊三日，稱“更役”。親自服役稱“踐更”，也可出三百錢雇人服役，稱“過更”，後來逐漸形成一種賦稅名目即“更賦”，即百姓向國家交納三百錢的更賦，由國家雇人服役。

［14］【李賢注】上田已耕，唯中地已下未也。【今注】中地：質量中等的土地。案，王先謙《後漢書集解》引惠棟：“崔實《政論》云：‘三輔左右及涼、幽州，内附近郡，皆土廣人稀，厥田宜稼，悉不墾發。’其説與統同也。”

［15］【今注】大家：即大户人家，漢代家資百萬以上可稱“大家”。

《法誡篇》曰：[1]

［1］【今注】案，王先謙《後漢書集解》引沈欽韓言：“案，

統此篇以不專任大臣故有外戚宦官之禍，於模擬成迹則然矣。獨不思曹操已爲丞相，天子擁虛器若玄默之尸，尚欲專任一相，是猶厝薪揚湯，謂之‘昌言’，可乎？”

《周禮》六典，冢宰貳王而理天下。[1]春秋之時，諸侯明德者，皆一卿爲政。爰及戰國，亦皆然也。秦兼天下，則置丞相，[2]而貳之以御史大夫。自高帝逮于孝成，[3]因而不改，[4]多終其身。漢之隆盛，是惟在焉。夫任一人則政專，任數人則相倚。政專則和諧，相倚則違戾。[5]和諧則太平之所興也，違戾則荒亂之所起也。光武皇帝愠數世之失權，忿彊臣之竊命，[6]矯枉過直，政不任下，雖置三公，事歸臺閣。[7]自此以來，三公之職，備員而已，然政有不理，猶加譴責。而權移外戚之家，寵被近習之豎，[8]親其黨類，用其私人，內充京師，外布列郡，顛倒賢愚，貿易選舉，疲駑守境，[9]貪殘牧民，撓擾百姓，忿怒四夷，[10]招致乖叛，亂離斯瘼。[11]怨氣並作，陰陽失和，三光虧缺，[12]怪異數至，蟲螟食稼，水旱爲灾，此皆戚宦之臣所致然也。反以策讓三公，至於死免，[13]乃足爲叫呼蒼天，號咷泣血者也。又中世之選三公也，[14]務於清慤謹慎，[15]循常習故者。[16]是婦女之檢柙，鄉曲之常人耳，惡足以居斯位邪？[17]勢既如彼，選又如此，而欲望三公勳立於國家，績加於生民，不亦遠乎？昔文帝之於鄧通，可謂至愛，而猶展申徒嘉之志。[18]夫見任如此，則何患於左右小臣哉？至如近世，外戚臣豎請託不行，意氣不滿，立能陷人於不測之禍，惡可得彈正者哉！[19]曩者任之重而責之輕，[20]今者任之輕而責之重。昔賈誼感絳侯之困辱，因陳大臣廉恥之分，開引自裁之端。[21]自此以來，遂以成俗。繼世之主，生而見之，習其所常，曾莫之悟。嗚呼，可悲夫！左手據天下之圖，右手刎其喉，愚者猶知難之，況明哲君子哉！[22]光武奪三公之重，至今而加甚，不假后黨以權，數世而不行，蓋親疏之埶異也。[23]母后之黨，左右之人，有此至親之埶，故其貴任萬世。常然之敗，無世而無之，莫之斯鑒，亦可痛矣。未若置丞相自總之。若委三公，則宜分任責成。夫使爲政者，不當與之婚姻；婚姻者，不當使之爲政也。如此，在位病人，[24]舉用失賢，百姓不安，争訟不息，天地多變，人物多妖，然後可以分此罪矣。

[1]【李賢注】《爾雅》曰："冢，大也。"貳謂副貳也。《周禮·天官·冢宰》"掌建邦之六典，以佐王理邦國。一曰理典，以理官府；二曰教典，以擾萬姓；三曰禮典，以諧萬姓；四曰政典，以均萬姓；五曰刑典，以糾萬姓；六曰事典，以生萬姓"也。（李賢避李世民諱改"民"爲"姓"）【今注】周禮：儒家經典之一，古文經學家認爲是周公所作，今文經學家認爲出於戰國。　冢宰：周代官名。六卿之首。　貳：輔佐。

[2]【今注】秦兼天下則置丞相：秦統一六國前已有"丞相"之職，也稱"相邦"。

［3］【今注】高帝：即漢高祖劉邦。　孝成：西漢成帝劉驁，公元前 33 年至前 7 年在位。紀見《漢書》卷一〇。

［4］【今注】因：因循，沿襲。《廣韻·真韻》："因，仍也。"

［5］【今注】倚：通"掎"。牽制。

［6］【李賢注】慍猶恨也。數代謂元、成、哀、平。彊臣謂王莽。【今注】光武皇帝：即東漢開國之君光武帝劉秀。　慍：怨恨。《説文·心部》："慍，怒也。"　數世之失權：指西漢後期元、成、哀、平四朝外戚王氏當權，皇權旁落。　竊命：竊取天命，代指王莽篡漢自立爲帝。

［7］【李賢注】臺閣謂尚書也。【今注】三公：指太尉、司徒、司空。　事歸臺閣：臺閣爲尚書臺之别稱，東漢時期尚書臺成爲國家政務中樞機構，三公不負責具體政務。

［8］【今注】近習之豎：代指宦官。

［9］【今注】疲駑：本指疲劣之馬，此比喻愚鈍無能的官員。

［10］【李賢注】撓音火高反。【今注】撓擾：煩擾，騷擾。

［11］【李賢注】瘼，病也。【今注】瘼（mò）：病，疾苦。

［12］【今注】三光：天文術語。《史記·天官書》《索隱》引宋均注"三光之廷"條曰："三光，日、月、五星也。"《漢書》卷四《文帝紀》顏師古注"三光之明"條曰："三光，日、月、星也。"本書卷三三《朱浮傳》李賢注"干動三光"條曰："三光，日、月、星也。"

［13］【今注】以策讓三公至於死免：東漢時期皇帝經常將災異現象歸咎於三公，策免三公以塞責，甚至處死。這與董仲舒的"天人感應""災異論"（或稱"天譴論"）等思想密切相關。策，策書。讓，責備。

［14］【今注】中世：此指東漢中期。

［15］【今注】清慤（què）：清廉，忠厚。

［16］【今注】循常習故：因循常規，沿襲舊例，形容因循守

舊，不知變通。

［17］【李賢注】檢柙猶規摹也（摹，紹興本、殿本、中華本皆作“矩”，可從）。【今注】檢柙：亦作“檢押”，規矩，法紀。鄉曲：鄉里，此代指社會基層。　常人：尋常人，普通人。

［18］【李賢注】展猶申也。文帝時，大中大夫鄧通居上傍（大，紹興本、殿本、中華本皆作“太”，可從），有怠慢禮，丞相申屠嘉奏事見之，罷朝，召通責之曰：“通小臣，戲殿上，大不敬，當斬。”通頓首，首盡出血。文帝使人召通，謝丞相曰：“此吾弄臣，君其釋之。”【今注】鄧通：蜀郡南安（今四川樂山市）人。漢文帝寵臣，官至太中大夫，所鑄“鄧氏錢”遍於天下。景帝即位後將其免官，没收家財，後窮困而死。傳見《漢書》卷九三。申徒嘉：即申屠嘉，西漢大臣，官至丞相，封故安侯，爲人廉潔耿直，景帝時因奏請斬殺破壞宗廟墻垣的鼂錯未果，嘔血而死。傳見《漢書》卷四二。徒，大德本、殿本作“屠”，可從。

［19］【今注】彈正：彈劾，糾正。

［20］【今注】曩者：從前，過去。

［21］【李賢注】文帝時賈誼上書曰：“大臣有罪，不執縛係引而行也。其有大罪者，聞命則北面再拜，跪而自裁，之不使人捽抑而刑之也（第一個‘之’，大德本、殿本、中華本皆作‘上’，可從）。”是時丞相絳侯周勃免就國，人有告勃謀反，繫長安獄，卒無事，復爵邑，故誼以此譏上。上深納其言，是後大臣有罪，皆自殺，不受刑也。（曹金華《後漢書稽疑》據《漢書·賈誼傳》言注引“上不使人”衍“人”字）【今注】絳侯之困辱：漢文帝時，有人告發絳侯周勃謀反，周勃被下獄，受獄吏羞辱，後以千金賄賂獄吏，以兒媳是文帝之女爲證，並得文帝之母薄太后説情，被特赦出獄，又恢復其爵位封地。詳見《漢書》卷四〇《周勃傳》。開引：開啓。　自裁：自殺。

［22］【李賢注】言不以重利害其生。事見《莊子》。

［23］【李賢注】言光武奪三公重任，今奪更甚。光武不假后黨威權，數代遂不遵行。此爲三公疏，后族親故也。【今注】后黨：外戚。　數世而不行：東漢和帝時開始出現外戚專權，光武帝限制外戚的規定從此得不到執行。

［24］【李賢注】病人謂萬姓困敝也。

或曰：政在一人，權甚重也。曰：人實難得，何重之嫌？[1]昔者霍禹、竇憲、鄧騭、梁冀之徒，[2]籍外戚之權，[3]管國家之柄；[4]及其伏誅，以一言之詔，詰朝而決，[5]何重之畏乎？今夫國家漏神明於媟近，[6]輸權重於婦黨，[7]筭十世而爲之者八九焉。[8]不此之罪而彼之疑，何其詭邪！[9]

［1］【今注】嫌：猜忌。

［2］【今注】霍禹：西漢外戚，霍光之子，官至大司馬，嗣父爵爲博陸侯，宣帝時因謀反罪被腰斬。詳見《漢書》卷六八《霍光傳》。　竇憲：字伯度，右扶風平陵（今陝西咸陽市西北）人。傳見本書卷二三。　鄧騭：字昭伯，南陽新野（今河南新野縣）人。東漢外戚。傳見本書卷一六。　梁冀：字伯卓，安定烏氏（今寧夏固原市東南）人。東漢外戚，掌握朝政二十餘年，專權跋扈，鴆殺質帝，桓帝延熹二年（159）倒臺，被迫自殺。傳見本書卷三四。

［3］【今注】籍：通“藉”。憑藉。

［4］【今注】柄：此指權柄。

［5］【今注】詰朝：次日早晨，形容迅速。

［6］【今注】媟（xiè）近：狎昵親近的小人。

［7］【今注】婦黨：妻子的宗族，此代指外戚。

[8]【今注】筭：同“算”。

[9]【李賢注】此謂后黨，彼謂三公也。詭猶違也。【今注】疑：疑慮。　詭：奇怪。《玉篇·言部》：“詭，怪也。”

論曰：百家之言政者尚矣。[1]大略歸乎寧固根柢，革易時敝也。夫遭運無恒，[2]意見偏雜，故是非之論，紛然相乖。[3]嘗試妄論之，[4]以爲世非胥、庭，人乖鷇飲，化迹萬肇，情故萌生。[5]雖周物之智，不能研其推變；山川之奥，未足況其紆險。[6]則應俗適事，難以常條。如使用審其道，則殊塗同會；才爽其分，則一豪以乖。[7]何以言之？若夫玄聖御世，則天同極，施舍之道，宜無殊典。[8]而損益異運，文朴遞行。[9]用明居晦，回泬於曩時；興戈陳俎，參差於上世。[10]及至戴黄屋，服絺衣，豐薄不齊，而致化則一；[11]亦有宥公族，黥國儲，寬慘巨隔，而防非必同。此其分波而共源，百慮而一致者也。[12]若乃偏情矯用，則枉直必過。[13]故葛屨履霜，敝由崇儉；[14]楚楚衣服，戒在窮賒；[15]疎禁厚下，以尾大陵弱；[16]斂威峻罰，以苛薄分崩。[17]斯《曹》《魏》之刺，[18]所以明乎國風；[19]周、秦末軌，[20]所以彰於微滅。故用舍之端，興敗資焉。是以繁簡唯時，寬猛相濟。刑書鐫鼎，事有可詳；三章在令，取貴能約。[21]太叔致猛政之褒，國子流遺愛之涕，[22]宣孟改冬日之和，平陽循畫一之法。斯實弛張之弘致，可以徵其統乎！[23]數子之言當世失得皆究矣，然多謬通方之訓，好申一隅之説。[24]貴清静者，以席上爲腐議；束名實者，以柱下爲誕辭。[25]或推前王之風，可行於當年，有引救敝之規，宜流於長世。稽之篤論，將爲敝矣。[26]如以舟無推陸之分，瑟非常調之音，[27]不限局以疑遠，[28]不拘玄以妨素，[29]則化樞各管其極，理略可得而言與？[30]

［1］【李賢注】尚猶遠也。

［2］【今注】恒：恒定不變。《説文·二部》："恒，常也。"恒，大德本、殿本作"常"。

［3］【今注】乖：背離。

［4］【李賢注】謙不敢正言也。

［5］【李賢注】赫胥氏、大庭氏並古之帝號。《莊子》曰："夫聖人鶉居而鷇飲。"言鶉鳥無常居，鷇飲不假物，並淳朴時也。肇，始也。【今注】庭：大庭氏，即神農氏。　鷇（kòu）飲：比喻飲食簡單。鷇，待哺的幼鳥；飲，飲食。

［6］【李賢注】《易·繫辭》曰："知周乎萬物而道濟天下。"推，遷也。《莊子》曰"凡人心險於山川，難於知天"也。【今注】研：精細，詳盡。　推變：推移變化。　況：比擬。《廣韻·漾韻》："況，匹擬也。"　紆險：曲折險惡。

［7］【李賢注】用得其人，審其道也。授非其才，爽其分也。《易·繫辭》曰："天下同歸而殊塗，一致而百慮。"《易緯》曰："差以毫氂，失之千里。"【今注】審：考察，研究。　塗：同"途"。途徑，方法。　爽：差錯，違背。《爾雅·釋言》："爽，差也。"　一豪：比喻極小的事情。

［8］【李賢注】《莊子》曰："玄聖，素王道也。"極猶致也。言法天之道，同其致也。施舍猶興廢也。【今注】玄聖：有大德而無爵位的人，有時特指孔子。　御世：治理國家。

［9］【李賢注】《論語》孔子曰："殷因於夏禮，所損益可知也。"朴，質也。《禮記》曰"文質再而復"也。【今注】遞：交

替。《爾雅·釋言》:“遞,迭也。”《説文·辵部》:“遞,更易也。”

[10]【李賢注】回泬猶𢹂互不齊一也。泬音穴。【今注】回泬:交錯不齊。 陳俎(zǔ):擺放祭祀用的禮器,指祭祀。

[11]【李賢注】《前書音義》曰:“天子車以黄繒爲蓋裏,故曰黄屋。”《韓子》曰:“堯之王天下也,冬日鹿裘,夏日葛衣。”絺,葛也。【今注】致化:致於教化。

[12]【李賢注】《禮記》曰:“公族有死罪,獄成,有司讞于公曰‘某之罪在大辟’,公曰‘宥之’。有司又曰‘在大辟’,公又曰‘宥之’。”《史記》曰,秦孝公太子犯法,衛鞅曰“太子君嗣也,不可施刑,刑其傅公子虔,黥其師公孫賈”也。(曹金華《後漢書稽疑》據《禮記·文王世子》言“在大辟”衍“大”字)【今注】宥:寬宥,赦免。 公族:國君宗室子弟。 黥:秦漢刑罰之一,即在臉上刺字、塗黑。 國儲:太子。 防:禁止。《玉篇·阜部》:“防,禁也。”此代指法律。

[13]【李賢注】《孟子》曰:“矯枉過直。”矯,正也。枉,曲也。言正曲者過於直,以喻爲政者懲奢則太儉,患寬則傷猛,不能折衷也。【今注】案,查今本《孟子》無此文。《春秋繁露·玉杯篇》載:“《春秋》爲人不知惡而恬行不備也,是故重累責之;以矯枉世而直之。矯者不過其正,弗能直。知此而義畢矣。”當出於此。

[14]【李賢注】《詩·魏風序》曰:“葛屨,刺褊也。其君儉嗇褊急,而無德以將之。”《詩》曰:“糾糾葛屨,可以履霜。”鄭玄注云:“葛屨賤,皮屨貴,魏俗至冬猶葛屨,可用履霜,利其賤也。”【今注】葛屨:用葛草編的鞋。 敝:同“弊”。弊端。

[15]【李賢注】《詩·曹風序》曰:“蜉蝣,刺奢也。”《詩》曰:“蜉蝣之羽,衣裳楚楚。”毛萇注云(云,殿本作“曰”):“蜉蝣,渠略也。朝生夕死,猶有羽翼以自飾。楚楚,鮮皃也。喻曹朝群臣皆小人也。徒飾其衣裳,不知死亡之無日(大德本

‘知’後有‘其’字)。”賖奢同。【今注】楚楚：形容鮮明的樣子。　賖：通“奢”。奢侈。

［16］【李賢注】踈禁謂防制太寬（太，大德本作“大”，不從），厚下謂封建大廣（大，紹興本、殿本、中華本作“太”，可從）。言周室微弱而諸侯强盛，如尾大然。《左傳》楚申無宇曰“末大必折，尾大不掉”也。【今注】踈禁：即疏禁，禁令寬鬆。　厚下：厚賞下屬。　尾大：比喻下位者比上位者還强大。　陵弱：欺辱弱小。

［17］【李賢注】斂，聚也。言秦酷法，以至分崩也。【今注】斂威：强化威嚴。　峻罰：嚴刑峻法。　苛薄：嚴苛逼迫。

［18］【今注】曹魏：《詩》“國風”中的《曹風》與《魏風》，今本《詩》中《曹風》有4篇，《魏風》有7篇。

［19］【今注】國風：一國的風尚。

［20］【今注】軌：通“宄”。姦，亂。

［21］【李賢注】《左傳》曰：“鄭人鑄刑書。”杜預注云“鑄刑書於鼎，以爲國之常法”也。高祖初入關，除秦苛法，約法三章，言其詳約不同（詳，紹興本作“群”，不從；不同，大德本、殿本“不同”後有“也”字)。【今注】刑書鐫鼎：即鄭國執政子産鑄刑書，中國歷史上首次公布成文法。鐫，刻。　詳：審查。《玉篇·言部》：“詳，審也，論也，諟也。”　三章在令取貴能約：劉邦攻入關中，與關中父老“約法三章”：“殺人者死，傷人及盜抵罪。”因爲簡單易行而受到關中百姓的擁戴。詳見《史記》卷八《高祖本紀》。

［22］【李賢注】《左傳》曰：“鄭子産有疾，謂子大叔曰：‘我死，子必爲政。唯有德者能以寬服人，其次莫如猛。’”又曰：“子産卒，仲尼聞之，出涕曰：‘古之遺愛也。’”國子即子産也，鄭穆公子國之子，因以爲姓也。（注引出自《左傳》昭公二十年，唐人避李世民諱改“民”爲“人”）

［23］【李賢注】宣孟，晉大夫趙盾也。《左傳》賈季對酆舒曰："趙衰，冬日之日也。趙盾，夏日之日也。"注云："冬日可愛，夏日可畏。"《前書》平陽侯曹參爲相國，百姓歌之曰："蕭何爲法，講若畫一。曹參代之，守而勿失。載其清静，人以寧一。"【今注】宣孟改冬日之和：宣孟即趙盾，爲趙衰之子。趙衰治國以寬，百姓稱其爲"冬天的太陽"。趙盾改之以嚴，百姓稱其爲"夏天的太陽"。　平陽循畫一之法：即平陽侯曹參做丞相後，遵循蕭何舊制而未有改變，史稱"蕭規曹隨"。平陽，縣名。西漢時屬河東郡，治所在今山西臨汾市西南，此指平陽侯曹參。循，遵循。畫一，整齊劃一。　弛張：比喻興廢、寬嚴、勞逸等。　弘致：大義。　徵：求，取。　統：剛要，綱領。段玉裁《説文解字注·系部》："統，引申爲凡綱紀之稱。"

［24］【李賢注】一隅謂一方偏見也。【今注】謬：謬誤。《廣雅·釋詁三》："謬，誤也。"　通方：通行天下之道。　申：主張，强調。　一隅之説：指内容偏頗的言論。

［25］【李賢注】清静謂道家也。席上謂儒也。腐，朽也。《禮記·儒行》曰："儒有席上之珍。"高祖折隨何曰："安用腐儒哉。"名實，名家也。柱下，老子也。誕，虚也。言志各不同也。【今注】腐議：迂腐的言論。　名實：代指名家，以循名責實爲特徵，代表人物有公孫龍等。　柱下：指老子，相傳老子曾爲周代柱下史。　誕辭：荒誕之辭。

［26］【今注】稽：稽留，停留。《説文·稽部》："稽，留止也。"　篤論：愚鈍的言論。

［27］【李賢注】古法不施於今，猶舟不可行之於陸也。今法有合於時，如瑟可移柱而調也。《莊子》曰"是推舟於陸，勞而無功"也。《前書》董仲舒曰："琴瑟不調，甚者必解而更張之，乃可鼓也。爲政不行，甚者必變而更化之，乃可理也。"【今注】分：名分，職分。

［28］【今注】局：王先謙《後漢書集解》引蘇輿言："局，近也。《釋名》：'曲，局也，相近局也。'《文選》魏文帝《與吴質書》：'塗路雖局，官守有限。'李注引《爾雅》：'局，近也。'"

［29］【今注】玄：黑色。　素：白色或單調的顔色。

［30］【李賢注】音余。【今注】理略：治國理政的方略。與：同"歟"。語氣詞。用在句尾表疑問。

贊曰：管視好偏，[1]群言難一。[2]救朴雖文，矯遲必疾。舉端自理，滯隅則失。詳觀時蠹，成昭政術。[3]

［1］【今注】管視：管見，狹隘的見識。　好偏：容易偏頗。

［2］【今注】群言難一：衆人的言論難以統一。

［3］【李賢注】滯隅謂偏執一隅也。《淮南子》曰："非循一跡之路，守一隅之指，而不與俗推移也。"【今注】滯：停留。隅：即前文的"一隅之説"。　時蠹（dù）：即時弊，當時社會的弊端。蠹，蛀蟲，比喻弊病。

後漢書　卷五〇

列傳第四十

千乘哀王建　陳敬王羨　彭城靖王恭　樂成靖王黨
下邳惠王衍　梁節王暢　淮陽頃王昞　濟陰悼王長

孝明皇帝九子：[1]賈貴人生章帝；[2]陰貴人生梁節王暢；餘七王本書不載母氏。[3]

[1]【今注】孝明皇帝：東漢明帝劉莊，公元57年至75年在位。紀見本書卷二。

[2]【今注】賈貴人：南陽郡（今河南南陽市卧龍區）人，生東漢章帝。紀見本書卷一〇上。貴人，漢代妃嬪稱號之一。本書卷一〇上《皇后紀上》載："及光武中興，斲彫爲朴，六宫稱號，唯皇后、貴人。貴人金印紫綬，奉不過粟數十斛。又置美人、宫人、采女三等，並無爵秩，歲時賞賜充給而已。"東漢皇后多由貴人晉封。　章帝：東漢章帝劉炟，公元75年至88年在位。紀見本書卷三。

[3]【李賢注】本書謂《東觀記》也（東，紹興本作"云"，不從）。

千乘哀王建,[1]永平三年封。[2]明年薨。年少無子,國除。

[1]【今注】千乘：王國名。治狄縣（今山東高青縣東南）。

[2]【今注】永平：東漢明帝劉莊年號（58—75）。

陳敬王羨,[1]永平三年封廣平王。建初三年,[2]有司奏遣羨與鉅鹿王恭、[3]樂成王黨俱就國。[4]肅宗性篤愛,[5]不忍與諸王乖離，遂皆留京師。明年，案輿地圖，令諸國户口皆等，租入歲各八千萬。羨博涉經書，有威嚴，與諸儒講論於白虎殿。[6]七年，帝以廣平在北，多有邊費,[7]乃徙羨爲西平王,[8]分汝南八縣爲國。[9]及帝崩，遺詔徙封爲陳王，食淮陽郡,[10]其年就國。立三十七年薨，子思王鈞嗣。

[1]【今注】陳：王國名。治陳縣（今河南淮陽縣）。

[2]【今注】建初：東漢章帝劉炟年號（76—84）。

[3]【今注】鉅鹿：王國名。治廮陶縣（今河北寧晉縣西南）。

[4]【今注】樂成：王國名。治信都縣（今河北衡水市冀州區）。　就國：即到自己的封國去。

[5]【今注】肅宗：即東漢章帝劉炟，肅宗爲其廟號。

[6]【今注】白虎殿：宫殿名。位於東漢洛陽城北宫章德殿内。本書卷五五《章帝八王傳》載："永元四年，帝移幸北宫章德殿，講於白虎觀。"

[7]【李賢注】廣平，縣，故城在今洺州永年縣北（洺，大德本作"洛"；永，大德本作"未"，不從）。【今注】廣平：此當爲王國名。治廣平縣（今河北雞澤縣東）。

[8]【李賢注】西平，縣，屬汝南郡也。【今注】西平：王國名。治西平縣（今河南西平縣西）。

[9]【今注】汝南：郡名。治平輿縣（今河南平輿縣北）。八縣：具體不明。

[10]【今注】淮陽郡：治陳縣（今河南淮陽縣）。陽，殿本作"南"。

鈞立，多不法，遂行天子大射禮。[1]性隱賊，喜文法，[2]國相二千石不與相得者，[3]輒陰中之。[4]憎怨敬王夫人李儀等，永元十一年，[5]遂使客隗久[6]殺儀家屬。吏捕得久，繫長平獄。[7]鈞欲斷絶辭語，復使結客篡殺久。事發覺，有司舉奏，鈞坐削西華、項、新陽三縣。[8]十二年，封鈞六弟爲列侯。[9]後鈞取掖庭出女李嬈爲小妻，[10]復坐削圉、宜禄、扶溝三縣。[11]永初七年，[12]封敬王孫安國爲耕亭侯。[13]

[1]【李賢注】天子將祭，擇士而祭，謂之大射。大射之禮，張三侯，虎侯、熊侯、豹侯，示服猛也，皆以其皮方制之。樂用《騶虞》，九節。《謝承書》曰"陳國户曹史高慎諫國相曰：'諸侯射豕，天子射熊，八彝六樽，禮數不同。昔季氏設朱干玉戚以舞《大夏》。《左傳》曰："唯名與器，不可以假人。"奢僭之漸，不可聽也。'於是諫争不合，爲王所非，坐司寇罪"也。【今注】案，王先謙《後漢書集解》引沈欽韓言："《北堂書鈔·陳留耆舊傳》云：'高慎字孝甫，敦質少華，口不能劇談，默好深沈之謀。爲州從事，號曰"卧虎"。人爲之語曰："巖然不語高孝甫。"歷二縣令、東萊太守。其妻謂曰："君累爲宰官，何不爲蓄以遺子孫？"慎曰："我之勤苦以清名爲基，以二千石遺之。"'"

［2］【今注】文法：即法律。

［3］【今注】國相：此指王國相，官名。主治民，二千石，職掌如郡太守。　二千石：官員秩級。有二千石、中二千石、比二千石之别，大致包括九卿、郡守、王國相等職官。

［4］【今注】中：中傷，陷害。

［5］【今注】永元：東漢和帝劉肇年號（89—105）。

［6］【李賢注】“久”或作“文”。

［7］【李賢注】長平，縣，屬陳國。【今注】長平：縣名。治所在今河南西華縣東北。

［8］【李賢注】西華故城在今陳州溵水縣西北。項，今陳州項城縣也。新陽故城在今豫州真陽縣西南也。【今注】西華：縣名。治所在今河南西華縣南。　項：縣名。治所在今河南沈丘縣。　新陽：縣名。治所在今安徽界首市北。

［9］【李賢注】伏侯《古今注》曰“番爲陽都鄉侯，千秋爲新平侯，參爲周亭侯，壽爲樂陽亭侯，寶爲博平侯，旦爲高亭侯”也（王先謙《後漢書集解》引惠棟言：“周亭屬扶溝，即小扶城也，見《水經注》。高亭侯，高陽亭侯也，屬陳留圉縣”）。【今注】列侯：秦漢二十等爵制的最高爵位，西漢列侯祇有縣侯一等，東漢時分爲縣侯、鄉侯、亭侯三等。學界曾認爲因避漢武帝劉徹名諱而改“徹侯”爲“列侯”，但里耶秦簡461《更名方》載：“徹侯爲列侯。”〔湖南省文物考古研究所編：《里耶秦簡（壹）》，文物出版社2012年版，“釋文”部分第33頁〕可知秦始皇時期已經改稱“列侯”。

［10］【李賢注】嬈音寧了反。【今注】掖庭：妃嬪所住的宫室稱“掖庭”。本書卷四〇上《班固傳上》載：“後宫則有掖庭椒房，后妃之室。”李賢引《漢官儀》注：“婕妤以下皆居掖庭。”　小妻：年輕而地位較低的妻，但身份與妾有别。長沙三國走馬樓吴簡中有“妻”“中妻”“小妻”和“妾”，爲古代三妻四妾現象的反映。

[11]【李賢注】圉、扶溝並屬陳留郡。宜禄屬汝南郡。【今注】圉：縣名。治所在今河南杞縣南。 宜禄：縣名。治所在今河南鄲城縣東南。 扶溝：縣名。治所在今河南扶溝縣東北。

[12]【今注】永初：東漢安帝劉祜年號（107—113）。

[13]【今注】耕亭侯：列侯之一，但地望不詳。東漢列侯分爲縣侯、鄉侯、亭侯三等。

鈞立二十一年薨，子懷王竦嗣。立二年薨，無子，國絶。

永寧元年，[1]立敬王子安壽亭侯崇爲陳王，是爲頃王。立五年薨，子孝王承嗣。

[1]【今注】永寧：東漢安帝劉祜年號（120—121）。

承薨，子愍王寵嗣。熹平二年，[1]國相師遷追奏前相魏愔與寵共祭天神，[2]希幸非冀，罪至不道。有司奏遣使者案驗。[3]是時新誅勃海王悝，[4]靈帝不忍復加法，[5]詔檻車傳送愔、遷詣北寺詔獄，[6]使中常侍王酺[7]與尚書令、侍御史雜考。[8]愔辭與王共祭黄老君，[9]求長生福而已，無它冀幸。[10]酺等奏愔職在匡正，而所爲不端，遷誣告其王，罔以不道，皆誅死。有詔赦寵不案。[11]

[1]【今注】熹平：東漢靈帝劉宏年號（172—178）。

[2]【今注】案，王先謙《後漢書集解》引惠棟言："案《東觀記》，愔時爲沛相。"

［3］【今注】案驗：秦漢司法用語。即調查證據。

［4］【李賢注】靈帝熹平元年，悝被誣謀反自殺也。【今注】勃海：亦作“渤海”，時爲王國，治南皮縣（今河北南皮縣北）。　悝：即勃海王劉悝，東漢桓帝的弟弟。詳見本書卷五五《千乘貞王伉傳》。

［5］【今注】靈帝：東漢靈帝劉宏，公元168年至189年在位。紀見本書卷八。

［6］【今注】檻車：亦作“轞車”，押解犯人的囚車。　北寺詔獄：東漢詔獄名。屬黄門署，主拘禁將相大臣，因位於宫省北，故而得名。後代指冤獄。

［7］【李賢注】《華嶠書》及《宦者傳》諸本並作“甫”，此云“酺”，未詳孰是也。【今注】中常侍：官名。名義上屬少府。東漢時多由宦官擔任，侍從皇帝，職掌顧問應對。本書《百官志三》載：“中常侍，千石。本注曰：宦者，無員。後增秩比二千石。掌侍左右，從入内宫，贊導内衆事，顧問應對給事。”　王酺：宦官，曾封冠軍侯，東漢靈帝光和二年（179）下獄死。酺，一作“甫”。

［8］【今注】尚書令：官名。名義上屬少府。尚書臺的長官。本書《百官志三》載：“尚書令一人，千石。本注曰：承秦所置，武帝用宦者，更爲中書謁者令，成帝用士人，復故。掌凡選署及奏下尚書曹文書衆事。”　侍御史：官名。御史中丞屬官，負責監察百官，接受百官奏事。本書《百官志三》：“侍御史十五人，六百石。本注曰：掌察舉非法，受公卿群吏奏事，有違失舉劾之。凡郊廟之祠及大朝會、大封拜，則二人監威儀，有違失則劾奏。”　雜考：一起審訊。考，漢代司法用語。調查，審訊。長沙五一廣場東漢簡木兩行2010CWJ1③：202—7有“不詣考所”〔長沙市文物考古研究所等編：《長沙五一廣場東漢簡牘（貳）》，中西書局2018年版，第176頁〕，東漢時期“考”有專門的場所。

[9]【今注】黄老君：當爲黄帝、老子，既爲西漢初期黄老無爲思想之所係，也爲道教所尊奉。

[10]【今注】無它冀幸：没有謀反篡位等其他想法。

[11]【今注】案：同“按”。查辦，治罪。

寵善弩射，十發十中，中皆同處。[1]中平中，[2]黄巾賊起，[3]郡縣皆弃城走，寵有彊弩數千張，出軍都亭。[4]國人素聞王善射，[5]不敢反叛，故陳獨得完，百姓歸之者衆十餘萬人。及獻帝初，[6]義兵起，寵率衆屯陽夏，[7]自稱輔漢大將軍。國相會稽駱俊素有威恩，時天下飢荒，鄰郡人多歸就之，俊傾資賑贍，並得全活。後袁術求糧於陳而俊拒絶之，術忿恚，遣客詐殺俊及寵，陳由是破敗。[8]

[1]【李賢注】《華嶠書》曰：“寵射，其祕法以天覆地載，參連爲奇。又有三微、三小。三微爲經，三小爲緯，經緯相將，萬勝之方，然要在機牙。”【今注】中皆同處：射在同一個地方。

[2]【今注】中平：東漢靈帝劉宏年號（184—189）。

[3]【今注】黄巾賊：指黄巾農民起義軍，因起義者頭裹黄巾而得名，統治者蔑稱農民起義軍爲“賊”。

[4]【李賢注】置軍營於國之都亭也。【今注】案，王先謙《後漢書集解》引惠棟言：“《元和郡縣志》云：‘弩臺在宛邱縣治古陳城南八十步，敬王常於此臺教弩。’”

[5]【今注】國人：王國之人。西漢武帝時期有《左官律》，規定“王國人不得宿衛補吏”。

[6]【今注】獻帝：東漢獻帝劉協，公元189年至220年在位。紀見本書卷九。

［7］【李賢注】縣名，屬淮陽國。夏音公雅反。【今注】陽夏：縣名。治所在今河南太康縣。　案，王先謙《後漢書集解》引洪亮吉言："案，肅宗章和二年已改淮陽國爲陳國，此安得復稱淮陽?"

［8］【李賢注】《謝承書》曰："俊字孝遠，烏傷人。察孝廉，補尚書侍郎，擢拜陳國相。人有産子，厚致米肉，達府主意，生男女者，以駱爲名。袁術使部曲將張闓陽私行到陳（闓，紹興本此字處於墨點，不從），之俊所，俊往從飲酒，因詐殺俊，一郡吏人哀號如喪父母。"【今注】會稽：郡名。治山陰縣（今浙江紹興市越城區）。　袁術：字公路，汝南汝陽（今河南商水縣西北）人。傳見本書卷七五。　忿恚（huì）：憤怒。　案，王先謙《後漢書集解》引惠棟言："《會稽典録》云：'俊，孝靈皇帝擢拜陳相。汝南葛陂盜賊竝起，陳與接境，四面受敵。俊厲吏民爲保障之計，出倉見穀以贍貧民，鄰郡士庶咸往歸之，身捐俸禄給其衣食。'"

是時諸國無復租禄，而數見虜奪，并日而食，轉死溝壑者甚衆。夫人姬妾多爲丹陽兵烏桓所略云。[1]

［1］【今注】丹陽：地名。地望不詳。案，陽，殿本、中華本皆作"陵"，可從。

彭城靖王恭，[1]永平九年賜號靈壽王。[2]十五年，封爲鉅鹿王。建初三年，徙封江陵王，[3]改南郡爲國。[4]元和二年，[5]三公上言江陵在京師正南，不可以封，乃徙爲六安王，[6]以廬江郡爲國。[7]肅宗崩，遺詔徙封彭城王，食楚郡，[8]其年就國。恭敦厚威重，舉動有節度，吏人敬愛之。永初六年，封恭子阿奴爲竹邑侯。[9]

[1]【今注】彭城：王國名。治彭城縣（今江蘇徐州市雲龍區）。

[2]【李賢注】取其美名也，下重熹王亦同。《東觀記》曰"賜號，未有國邑"也（未，紹興本作"末"，不從）。

[3]【今注】案，曹金華《後漢書稽疑》言"三年"當爲"四年"（中華書局2014年版，第655—656頁）。 江陵：王國名。治江陵縣（今湖北荆州市荆州城西北）。

[4]【今注】南郡：治江陵縣（今湖北荆州市荆州城西北）。

[5]【今注】元和：東漢章帝劉炟年號（84—87）。

[6]【今注】六安：王國名。治舒縣（今安徽廬江縣西南）。

[7]【今注】廬江郡：郡名。治舒縣（今安徽廬江縣西南）。

[8]【今注】楚郡：治彭城縣（今江蘇徐州市雲龍區）。

[9]【李賢注】竹邑，縣，屬沛郡，故城在今徐州符離縣也。"竹邑"或爲"邕"字，轉寫誤也（轉，殿本作"傳"）。【今注】竹邑：侯國名。治所在今安徽宿州市埇橋區符離鎮。

元初三年，[1]恭以事怒子酺，酺自殺。[2]國相趙牧以狀上，因誣奏恭祠祀惡言，大逆不道。有司奏請誅之。恭上書自訟。朝廷以其素著行義，令考實，無徵，牧坐下獄，會赦免死。[3]

[1]【今注】元初：東漢安帝劉祜年號（114—120）。

[2]【李賢注】《東觀記》曰："恭子男丁前物故，酺侮慢丁小妻，恭怒，閉酺馬廄，酺亡，夜詣彭城縣欲上書，恭遣從官倉頭曉令歸，數責之，乃自殺也。"

[3]【李賢注】《決録注》曰："牧字仲師，長安人。少知名，以公正稱。修《春秋》，事樂恢。恢以直諫死，牧爲陳冤得申。高第爲侍御史、會稽太守，皆有稱績。及誣奏恭，安帝疑其侵，乃遣御史母丘歆覆案其事實，下牧廷尉，會赦不誅，終於家。"【今注】考實：漢代司法用語。經過調查、審訊之後得到案件的實情。徵：驗證，證據。《廣韻·蒸韻》："徵，證也。"

恭立四十六年薨，子考王道嗣。元初五年，封道弟三人爲鄉侯，[1]恭孫順爲東安亭侯。

[1]【李賢注】《東觀記》曰："丙爲都鄉侯，國爲安鄉侯，丁爲魯陽鄉侯。"【今注】鄉侯：列侯之一，西漢列侯祇有縣侯一等，東漢時分爲縣侯、鄉侯、亭侯三等。

道立二十八年薨，子頃王定嗣。本初元年，[1]封定兄弟九人皆爲亭侯。[2]

[1]【今注】本初：東漢質帝劉纘年號（146）。

[2]【李賢注】《東觀記》曰"定兄據卞亭侯，弟光昭陽亭侯，固公梁亭侯，興蒲亭侯，延昌城亭侯，祀梁父亭侯，堅西安亭侯，代林亭侯"也。【今注】案，王先謙《後漢書集解》校補引錢大昭曰："據《東觀記》，當作'兄弟八人'。"

定立四年薨，子孝王和嗣。和性至孝，太夫人薨，[1]行喪陵次，毁眥過禮。[2]傅相以聞。[3]桓帝詔使奉牛酒迎王還宫。[4]和敬賢樂施，國中愛之。初平中，[5]天下大亂，和爲賊昌務所攻，[6]避奔東阿，[7]後得還國。

[1]【今注】太夫人：漢制，列侯的母親爲太夫人。

[2]【今注】毀胔（zì）過禮：形容守喪盡孝非常憔悴，超過了禮制要求。案，王先謙《後漢書集解》："顧炎武曰：'"胔"是"瘠"字。古"胔"字皆有作"瘠"者，故誤爲"胔"耳。'惠棟曰：'《田君斷碑》云："憔悴毀胔。"'婁壽云：'字書皆與"瘠"同。'"

[3]【今注】傅相：諸侯王的傅和王國相。

[4]【今注】桓帝：東漢桓帝劉志，公元146年至167年在位。紀見本書卷七。

[5]【今注】初平：東漢獻帝劉協年號（190—193）。

[6]【今注】案，王先謙《後漢書集解》引惠棟言："孫愐云：'昌姓，後漢有東海相昌豨。'"

[7]【今注】東阿：縣名。治所在今山東陽穀縣阿城鎮。

立六十四年薨，孫祇嗣。立七年，魏受禪，[1]以爲崇德侯。

[1]【今注】魏受禪：公元220年魏王曹丕接受東漢獻帝禪讓，即位稱帝。

樂成靖王黨，永平九年賜號重熹王，十五年封樂成王。[1]黨聰惠，[2]善史書，[3]喜正文字。與肅宗同年，尤相親愛。建初四年，以清河之游、觀津，勃海之東光、成平，涿郡之中水、饒陽、安平、南深澤八縣益樂成國。[4]及帝崩，其年就國。黨急刻不遵法度。舊禁宫人出嫁，不得適諸國。[5]有故掖庭技人哀置，嫁爲男子章初妻，[6]黨召哀置入宫與通，初欲上書告之，黨恐懼，乃密賂哀置姊焦使殺初。事發覺，黨乃縊殺内侍三人，以絶口語。又取故中山簡王傅婢李羽生爲小妻。[7]永元七年，國相舉奏之。和帝詔削東光、鄡二縣。[8]

［1］【今注】案，王先謙《後漢書集解》引沈欽韓言："《續志》明帝改信都國名爲樂成，此偶與河間所治之樂成縣同名耳。永元間樂成、河間兩國竝立，不得同都此一縣。"

［2］【今注】案，惠，殿本作"慧"，二字通假。

［3］【今注】史書：《漢書》卷七《昭帝紀》應劭注曰："周宣王太史史籀所作大篆。"于豪亮認爲是隸書，富谷至認爲與考試學童的"六體"或"八體"有關，于振波認爲是指書面表達能力（相關觀點詳見于振波《"史書"本義考》，收入氏著《簡牘與秦漢社會》，湖南大學出版社 2012 年版，第 328—331 頁）。

［4］【李賢注】《前書》及《郡國志》清河無游縣。觀津故城在今德州蓨縣東北，東光在滄州東光縣南，成平在景城縣南，中水在今瀛州樂壽縣西北，南深澤在今定州深澤縣東也。【今注】清河：時爲郡，治厝縣（今山東臨清市東北）。　觀津：縣名。時屬清河郡，後劃屬樂成國，治所在今河北武邑縣東南。　東光：縣名。時屬渤海郡，後劃屬樂成國，治所在今河北東光縣東。　成平：縣名。時屬渤海郡，後劃屬樂成國，治所在今河北泊頭市北。　涿郡：治涿縣（今河北涿州市）。　中水：縣名。時屬涿郡，後劃屬樂成國，治所在今河北獻縣西北。　饒陽：縣名。時屬涿郡，後劃屬樂成國，治所在今河北饒陽縣東北。　安平：縣名。時屬涿郡，後劃屬樂成國，治所在今河北安平縣。　南深澤：縣名。時屬涿郡，後劃屬樂成國，治所在今河北深澤縣東南。　案，曹金華

《後漢書稽疑》贊成錢大昕之言，認爲“游”當爲“鄡”，本屬鉅鹿郡，後改屬樂成國（第656頁）。

［5］【今注】案，適，紹興本作“適”，不從。

［6］【李賢注】哀，姓；置，名也。稱男子者，無官爵也。【今注】案，初，紹興本作“諸”，不從。王先謙《後漢書集解》引惠棟言：“孫愐云：‘哀姓，漢有哀章。章姓，秦有章邯。’”

［7］【今注】中山：王國名。治盧奴縣（今河北定州市）。

［8］【李賢注】鄡縣屬鉅鹿郡。鄡音羌堯反。【今注】和帝：東漢和帝劉肇，公元88年至105年在位。紀見本書卷四　鄡（qiāo）：縣名，時屬樂成國，東漢和帝永元七年（95）削入鉅鹿郡，治所在今河北辛集市東南。案，王先謙《後漢書集解》引錢大昕言：“鄡本屬鉅鹿，不知何時改隸樂成。竊意建初所益八縣，鉅鹿之鄡當居其一，史誤以爲清河之游。清河本無游縣。”

立二十五年薨，子哀王崇嗣。[1]立二月薨，無子，國絶。

［1］【今注】案，曹金華《後漢書稽疑》言本書《天文志》“崇”作“宗”（第656頁）。

明年，和帝立崇兄脩侯巡爲樂成王，是爲釐王。[1]立十五年薨，子隱王賓嗣。立八年薨，無子，國絶。

［1］【李賢注】脩縣及條縣，皆屬勃海。條字或作“脩”。【今注】脩：縣名。治所在今河北景縣南。

明年，復立濟北惠王子萇爲樂成王後。[1]萇到國數月，驕淫不法，愆過累積，[2]冀州刺史與國相舉奏萇罪至不道。[3]安帝詔曰：[4]"萇有靦其面，而放逸其心。[5]知陵廟至重，承繼有禮，不惟致敬之節，肅穆之慎，乃敢擅損犧牲，不備苾芬。[6]慢易大姬，不震厥教。[7]出入顛覆，[8]風淫于家，[9]娉取人妻，饋遺婢妾。毆擊吏人，[10]專己凶暴。愆罪莫大，甚可恥也。朕覽八辟之議，不忍致之于理。[11]其貶萇爵爲臨湖侯。[12]朕無'則哲'之明，致簡統失序，罔以尉承大姬，增懷永歎。"[13]

[1]【今注】濟北：時爲王國，治盧縣（今山東濟南市長清區東南）。　案，王，紹興本作"主"，不從。　後：即"後子"，經過官方認可的繼承人。

[2]【今注】愆（qiān）：過失，罪過。《玉篇·心部》："愆，過也。"

[3]【今注】刺史：官名。西漢武帝時始置，秩六百石，監察州二千石官員，東漢後期發展爲一州最高長官。詳見本書《百官志五》。

[4]【今注】安帝：東漢安帝劉祜，公元106年至125年在位。紀見本書卷五。

[5]【李賢注】靦，姡也。言面姡然無媿。姡音胡八反。【今注】靦（miǎn）：同"䩄"。不知羞愧。　放逸：放縱。

[6]【李賢注】《詩·小雅》曰："苾苾芬芬，祀事孔明。"【今注】陵廟：帝王的陵墓和宗廟。　犧牲：古代祭祀用的牲畜的通稱。色純爲犧，體全爲牲。　案，王先謙《後漢書集解》引惠棟言："《東觀記》載：'安帝詔曰："樂成王居諒闇，衰服在身，彈棋爲戲，不肯謁陵。"'"

［7］【李賢注】大姬即萇所繼之母。震，懼也。

［8］【今注】顛覆：此指言行不合道德。《尚書·胤征》載："顛覆厥德。"

［9］【今注】案，王先謙《後漢書集解》引惠棟言："風淫，猶堋淫也。《古文尚書》曰：'堋淫於家。'許慎云：'淫門内。風、堋音相近。'一説牝牡相誘謂之風。風淫,《周禮》所謂鳥獸行也。"

［10］【今注】案，毆，殿本作"歐"，中華本作"毆"，當從後者。

［11］【李賢注】《周禮·司寇》："以八辟麗邦法：一曰議親之辟，二曰議故之辟，三曰議賢之辟（三，紹興本作'二'，不從），四曰議能之辟，五曰議功之辟，六曰議貴之辟，七曰議勤之辟，八曰議賓之辟。"【今注】八辟之議：古代減免刑罰的八種情況，即議親、議故、議賢、議能、議功、議貴、議勤、議賓。理：此指法紀。

［12］【李賢注】臨湖屬盧江郡。【今注】臨湖：侯國名。治所在今安徽無爲縣西南臨湖圩。案，王先謙《後漢書集解》："惠棟曰：'《通鑑》作"蕪湖侯"。案，蕪湖屬丹陽，非侯國，《通鑑》非。'周壽昌曰：'《章帝紀》齊王晃貶蕪湖侯，《傅俊傳》子昌徙蕪湖侯。蕪湖本侯國，不得謂《通鑑》爲非。'"

［13］【李賢注】《袁宏紀》曰："尚書侍郎泠宏議（泠，紹興本、大德本、殿本、中華本皆作'冷'，可從），以爲自非聖人，不能無過，故王太子生，爲立賢師傅以訓導之。是以目不見惡（見，大德本作'爲'，不從），耳不聞非，能保其社稷，高明令終。萇少長藩國，内無過庭之訓，外無師傅之道，血氣方剛，卒受榮爵，幾微生過，遂陷不義。臣聞《周官》議親，惷愚見赦。萇不殺無辜，以譴呵爲非，無赫赫大惡，可裁削奪損其租賦，令得改過自新，革心向道。"案《黄香集》，香與宏共奏，此香之辭也。（王先謙《後漢書集解》引惠棟言："注'冷宏'，《袁宏紀》

作‘岑宏’。”曹金華《後漢書稽疑》言《後漢紀》卷一六作“故王侯世子生”，與注引文字有異）【今注】則哲：指能識人。《尚書·皋陶謨》載：“知人則哲。”

延光元年，[1]以河間孝王子得嗣靖王後。[2]以樂成比廢絶，故改國曰安平，是爲安平孝王。

［1］【今注】延光：東漢安帝劉祜年號（122—125）。

［2］【今注】河間：王國名。治樂成縣（今河北獻縣東南）。

立三十年薨，子續立。中平元年，黄巾賊起，爲所劫質，[1]囚于廣宗。[2]賊平復國。其年秋，坐不道被誅。立三十四年，國除。

［1］【今注】劫質：劫持作爲人質。

［2］【李賢注】今貝州宗城縣也，隨室諱改焉。【今注】廣宗：縣名。治所在今河北威縣東。

下邳惠王衍，[1]永平十五年封。[2]衍有容貌，肅宗即位，常在左右。建初初冠，詔賜衍師傅已下官屬金帛各有差。四年，以臨淮郡及九江之鍾離、當塗、東城、歷陽、全椒合十七縣益下邳國。[3]帝崩，其年就國。衍後病荒忽，而太子卬有罪廢，諸姬争欲立子爲嗣，連上書相告言。和帝憐之，使彭城靖王恭至下邳正其嫡庶，立子成爲太子。[4]

[1]【今注】下邳：時爲王國，治下邳縣（今江蘇邳州市南）。

[2]【今注】案，五，大德本作“三”，不從。

[3]【李賢注】鍾離在今豪州鍾離縣東（豪，殿本作“濠”，二字通假）。當塗在縣西南。東城在定遠縣東南。歷陽，和州縣也。全椒，今滁州縣也。【今注】臨淮：郡名。治徐縣（今江蘇泗洪縣南）。　九江：郡名。治陰陵縣（今安徽定遠縣西北）。　鍾離：縣名。時屬九江郡，後劃屬下邳國。治所在今安徽鳳陽縣東。　當塗：縣名。時屬九江郡，後劃屬下邳國。治所在今安徽懷遠縣南。　東城：縣名。時屬九江郡，後劃屬下邳國。治所在今安徽定遠縣東南。　歷陽：縣名。時屬九江郡，後劃屬下邳國。治所在今安徽和縣。　全椒：縣名。時屬九江郡，後劃屬下邳國。治所在今安徽全椒縣。

[4]【李賢注】《東觀記》載賜恭詔曰：“皇帝問彭城王始夏無恙。蓋聞堯親九族，萬國協和，書典之所美也。下邳王被病沈帶之疾，昏亂不明，家用不寧，姬妾適庶，諸子分爭，紛紛至今。前太子卬頑凶失道，陷于大辟，是後諸子更相誣告，迄今適嗣未知所定，朕甚傷之。惟王與下邳王恩義至親，正此國嗣，非王而誰？《禮》重適庶之序，《春秋》之義大居正。孔子曰：‘惟仁者能好人，能惡人。’貴仁者所好惡得其中也。太子國之儲嗣，可不慎歟！王其差次下邳諸子可爲太子者上名，將及景風拜授印綬焉。”【今注】荒忽：神志不清。　案，王，大德本作“三”，不從。

衍立五十四年薨，子貞王成嗣。永建元年，[1]封成兄二人及惠王孫二人皆爲列侯。

[1]【今注】永建：東漢順帝劉保年號（126—132）。

成立二年薨，子愍王意嗣。陽嘉元年，[1]封意弟八人爲鄉、亭侯。中平元年，意遭黄巾，弃國走。賊平復國，數月薨。立五十七年，年九十。

［1］【今注】陽嘉：東漢順帝劉保年號（132—135）。

子哀王宜嗣，數月薨，[1]無子，建安十一年國除。[2]

［1］【今注】案，王先謙《後漢書集解》引錢大昭言："'數月'字衍，因上文有'數月薨'句而譌耳。自中平元年至建安十一年相距廿載，豈數月乎！熊表亦然是，宋本已誤。"

［2］【今注】建安：東漢獻帝劉協年號（196—220）。

梁節王暢，永平十五年封爲汝南王。母陰貴人有寵，暢尤被愛幸，國土租入倍於諸國。肅宗立，緣先帝之意，賞賜恩寵甚篤。建初二年，封暢舅陰棠爲西陵侯。[1]四年，徙爲梁王，[2]以陳留之鄢、寧陵，濟陰之薄、單父、己氏、成武，凡六縣，益梁國。[3]帝崩，其年就國。

［1］【李賢注】西陵，縣，屬江夏郡。【今注】西陵：侯國名。治所在今湖北武漢市新洲區西。

［2］【今注】梁：王國名。治下邑縣（今安徽碭山縣東）。

［3］【李賢注】隝（殿本作"鄢"，不從），今許州鄢陵縣也。寧陵，今宋州縣也。薄故城在今曹州考城縣東北。單父，今宋州

縣也。己氏，今宋州楚丘縣也。成武，今曹州縣也。【今注】陳留：郡名。治陳留縣（今河南開封市祥符區東南）。 鄗：當作“鄢”，縣名。治所在今河南柘城縣北。 寧陵：縣名。治所在今河南寧陵縣東南。 薄：縣名。治所在今山東曹縣南。 單父：縣名。治所在今山東單縣。 己氏：縣名。治所在今山東曹縣東南。 成武：縣名。治所在今山東成武縣。 案，王先謙《後漢書集解》：“惠棟曰：‘鄗屬潁川，訛，當依注作“鄢”。’錢大昕曰：‘案《前志》，己氏本屬梁國，薄、單父、成武本屬山陽。且濟陰王長亦同時益封，以理揆之不應奪濟陰以畀梁，恐傳文之誤也。《郡國志》“鄗”作“隔”，此字亦誤，當爲“鄢”。’”錢大昕《廿二史考異》卷一一《後漢書二》認爲此“濟陰”當爲“山陽”之誤，因濟陰無薄縣而山陽郡有，可從。

暢性聰惠，然少貴驕，頗不遵法度。歸國後，數有惡夢，從官卞忌自言能使六丁，[1]善占夢，[2]暢數使卜筮。[3]又暢乳母王禮等，因此自言能見鬼神事，遂共占氣，[4]祠祭求福。忌等謟媚，云神言王當爲天子。暢心喜，與相應答。[5]永元五年，豫州刺史梁相舉奏暢不道，[6]考訊，辭不服。有司請徵暢詣廷尉詔獄，[7]和帝不許。有司重奏除暢國，徙九真，[8]帝不忍，但削成武、單父二縣。暢慙懼，上疏辭謝曰：“臣天性狂愚，生在深宮，長養傅母之手，信惑左右之言。及至歸國，不知防禁。從官侍史利臣財物，熒惑臣暢。[9]臣暢無所昭見，與相然諾，不自知陷死罪，以至考案。肌慄心悸，自悔無所復及。自謂當即時伏顯誅，魂魄去身，分歸黃泉。不意陛下聖德，枉法曲平，不聽有司，[10]横貸赦臣。戰慄連月，未敢自安。上念以負先帝而令陛下爲臣收汙天下，[11]誠無氣以息，筋骨不相連。臣暢知大貸不可再得，自誓束身約妻子，不敢復出入失繩墨，[12]不敢復有所横費。[13]租入有餘，乞裁食睢陽、穀孰、虞、蒙、寧陵五縣，[14]還餘所食四縣。臣暢小妻三十七人，[15]其無子者願還本家。自選擇謹敕奴婢二百人，其餘所受虎賁、官騎及諸工技、鼓吹、倉頭、奴婢、兵弩、厩馬皆上還本署。[16]臣暢以骨肉近親，亂聖化，汙清流，既得生活，誠無心面目以凶惡復居大宫，[17]食大國，張官屬，藏什物。願陛下加大恩，開臣自悔之門，假臣小善之路，[18]令天下知臣蒙恩，得去死就生，頗能自悔。臣以公卿所奏臣罪惡詔書常置於前，晝夜誦讀。臣小人，貪見明時，不能即時自引，[19]惟陛下哀臣，令得喘息漏刻。若不聽許，臣實無顔以久生，下入黄泉，無以見先帝。此誠臣至心。臣欲多還所受，恐天恩不聽許，節量所留，於臣暢饒足。”詔報曰：[20]“朕惟王至親之屬，淳淑之美，傅相不良，不能防邪，至令有司紛紛有言。今王深思悔過，端自克責，朕惻然傷之。志匪由于，咎在彼小子。[21]一日克己復禮，天下歸仁。王其安心静意，茂率休德。《易》不云乎：‘一謙而四益。小有言，終吉。’[22]强食自愛。”暢固讓，章數上，卒不許。

[1]【今注】案，王先謙《後漢書集解》引《通鑑》胡三省注：“《姓譜》：‘卞本自有周曹叔振鐸之後，曹之支子封於卞，遂以建族。’又魯有卞莊子，楚有卞和。”

[2]【李賢注】六丁謂六甲中丁神也（神，紹興本、大德本、

殿本、中華本皆作“神”，可從）。若甲子旬中，則丁卯爲神，甲寅旬中，則丁巳爲神之類也。役使之法，先齋戒，然後其神至，可使致遠方物及知吉凶也。【今注】六丁：神名。道教認爲六丁（丁卯、丁巳、丁未、丁酉、丁亥、丁丑）爲陰神，道士可用符籙召請六丁，以供驅使。　占夢：根據所夢内容推測人事吉凶。湖南大學嶽麓書院藏秦簡中有《占夢書》〔朱漢民、陳松長主編：《嶽麓書院藏秦簡（壹）》，上海辭書出版社2010年版〕，是目前所見最早的占夢類文獻。　案，王先謙《後漢書集解》引沈欽韓言：“《春秋合誠圖》云：‘黄帝請問長生之道，太一曰：“齋戒、六丁，道乃可成。”’《抱朴子·雜應篇》：‘甘始法，召六甲六丁玉女，各有名字。’宋《崇文總目》有《祭六丁神法》一卷。”

［3］【今注】卜筮：古代占卜，用龜甲稱卜，用蓍草稱筮，合稱卜筮，推測吉凶。

［4］【今注】占氣：通過觀測氣候變化來推測吉凶。案，王先謙《後漢書集解》引惠棟言：“占日、月、星、氣也。”

［5］【今注】答：回答。

［6］【今注】梁相：曹金華《後漢書稽疑》懷疑其爲梁國之相，非人名（第658頁）。王國相對諸侯王的不法行爲有舉奏之責，曹氏觀點可從。

［7］【今注】徵：徵召。　詣：前往。《玉篇·言部》：“詣，往也，到也。”　廷尉：官名。九卿之一，最高司法官，掌立法、司法及案件審理等。本書《百官志二》載：“廷尉，卿一人，中二千石。本注曰：掌平獄，奏當所應。凡郡國讞疑罪，皆處當以報。”　詔獄：奉皇帝詔書關押犯人的監獄。

［8］【今注】九真：郡名。治胥浦縣（今越南清化省清化市西北）。

［9］【今注】熒惑：迷惑，惑亂。

［10］【李賢注】曲平，曲法申恩，平處其罪。

［11］【李賢注】汙，惡也。天下以帝赦王爲惡，故言收惡天下也。【今注】案，王先謙《後漢書集解》："顧炎武曰：'收汙，猶云含垢。《袁紀》作"收恥"，《通鑑》作"受汙"。'惠棟曰：'收汙，猶受垢也。《老子道德經》曰："受國之垢，是爲社稷主。"'"

［12］【今注】繩墨：準則，規範。

［13］【今注】擴費：當爲"横費"，横徵暴斂的賦税和雜費。擴，紹興本、大德本、殿本、中華本皆作"横"，可從。

［14］【今注】睢陽：縣名。治所在今河南商丘市南。　穀孰：即穀熟，縣名。治所在今河南虞城縣西南穀熟集。　虞：縣名。治所在今河南虞城縣北。　蒙：縣名。治所在今河南商丘市東北。

［15］【今注】案，王先謙《後漢書集解》引惠棟言："漢制，諸王小夫人不得過四十人。"

［16］【今注】虎賁：西漢武帝設期門騎，平帝元始元年（1）更爲虎賁郎，或説王莽時更名，宿衛皇帝，也賜予大臣，以示尊崇。　倉頭：漢代對奴僕的一種稱謂，因其用深青色布裹頭得名。案，王先謙《後漢書集解》引《通鑑》胡三省注："《漢官儀》云：'騶騎，王家名官騎，與厩馬皆屬太僕。工技，屬尚方。鼓吹，屬黄門。倉頭、奴婢，屬永巷、御府、奚官等令。兵弩，屬考工令。各有本署也。'"倉，殿本作"蒼"，二字通假。

［17］【今注】案，王先謙《後漢書集解》引蘇輿言，疑衍"心"字。

［18］【今注】假：給予，授予。　案，小，殿本作"還"，中華本校勘記言《袁紀》作"小"，王先謙《後漢書集解》言二字意義相通。

［19］【今注】案，王先謙《後漢書集解》引惠棟言："言不能引分自裁。"

［20］【今注】報：文書的一種，表示回復之意。

［21］【李賢注】謂由卞忌及王禮等也。【今注】案，王先謙

《後漢書集解》引惠棟言:“王禮，乳母，不得稱小子。暢自云‘從官侍史利臣財物，熒惑臣暢’。則指卞忌、李阿，明矣。”

[22]【李賢注】《易·謙卦》曰:“天道虧盈而益謙，地道變盈而流謙，鬼神害盈而福謙，人道惡盈而好謙。”爲謙是一，而天地神人皆益之，故曰“一謙而四益”。《訟卦·初六》曰:“小有言，終吉。”言王雖小有訟言，而終吉也。

立二十七年薨，子恭王堅嗣。永元十六年，封堅弟二人爲鄉、亭侯。

堅立二十六年薨，子懷王匡嗣。永建二年，封匡兄弟七人爲鄉、亭侯。

匡立十一年薨，無子，順帝封匡弟孝陽亭侯成爲梁王，[1]是爲夷王。

[1]【今注】順帝：東漢順帝劉保，公元125年至144年在位。紀見本書卷六。

立二十九年薨，子敬王元嗣。

立十六年薨，子彌嗣。立四十年，魏受禪，以爲崇德侯。

淮陽頃王昞，永平五年封常山王，[1]建初四年，徙爲淮陽王，以汝南之新安、西華益淮陽國。[2]

[1]【今注】常山：時爲王國，治元氏縣（今河北元氏縣西北）。

［2］【今注】案，王先謙《後漢書集解》引錢大昕言："案，汝南郡無新安縣，疑'新陽'之譌也。《郡國志》西華仍屬汝南。"

立十六年薨，未及立嗣，永元二年，和帝立昞小子側復爲常山王，奉昞後，是爲殤王。

立十三年薨，父子皆未之國，並葬京師。側無子，其月立兄防子侯章爲常山王。[1]和帝憐章早孤，數加賞賜。延平元年就國。[2]

［1］【今注】防子：曹金華《後漢書稽疑》言當爲"房子"，地名。房子，侯國名。治所在今河南高邑縣西南倉房村。

［2］【今注】延平：東漢殤帝劉隆年號（106）。

立二十五年薨，是爲靖王。子頃王儀嗣。[1]永建二年，封儀兄二人爲亭侯。

［1］【今注】子頃王儀：曹金華《後漢書稽疑》言無與其祖父"頃王昞"同謚號之理，懷疑此處有誤（第660頁）。

儀立十七年薨，子節王豹嗣。元嘉元年，[1]封豹兄四人爲亭侯。

［1］【今注】元嘉：東漢桓帝劉志年號（151—153）。

豹立八年薨，子暠嗣。三十二年，遭黄巾賊，弃國走，建安十一年國除。

濟陰悼王長,[1]永平十五年封。建初四年，以東郡之離狐、陳留之長垣益濟陰國。[2]立十三年，薨于京師，無子，國除。

[1]【今注】濟陰：時爲王國，治定陶縣（今山東菏澤市定陶區西北）。

[2]【今注】東郡：治濮陽縣（今河南濮陽市華龍區西南）。離狐：縣名。時屬東郡，後劃屬濟陰國，治所在今河南濮陽縣東南。長垣：縣名。時屬陳留郡，後劃屬濟陰國，治所在今河南長垣縣東北。案，王先謙《後漢書集解》引錢大昕言："《郡國志》長垣仍屬陳留。"

論曰：晏子稱："夫人生厚而用利，於是乎正德以幅之，謂之幅利。"言人情須節以正其德，亦由布帛須幅以成其度焉。[1]明帝封諸子，租歲不過二千萬，馬后爲言而不得也。[2]賢哉！豈徒儉約而已乎！知驕貴之無猒,[3]嗜欲之難極也,[4]故東京諸侯鮮有至於禍敗者也。[5]

[1]【李賢注】《左傳》云，齊景公與晏子邶殿之邑六十，晏子不受，曰："夫富如布帛之有幅焉，爲之度使無遷也。夫人生厚而用利，於是正德以幅之，謂之幅利。過則爲敗，吾不敢貪多，所謂幅也。"【今注】晏子：即晏嬰，字平仲。齊國大夫。

[2]【李賢注】《東觀·明紀》曰："皇子之封，皆減舊制。嘗案輿地圖，皇后在傍，言鉅鹿、樂成、廣平各數縣（各，大德本作'谷'，不從），租穀百萬，帝令滿二千萬止。諸小王皆當略與楚、淮陽相比，什減三四。'我子不當與先帝子等'者也。"

【今注】馬后：即東漢明帝馬皇后，馬援的小女兒。紀見本書卷一〇上。

［3］【今注】猒：同“厭”。滿足。《説文·甘部》：“猒，飽也。”

［4］【今注】嗜欲：嗜好，欲望。

［5］【今注】東京：即東漢都城洛陽，因爲其在東邊故稱“東京”，也代指東漢。西邊的長安被稱爲“西京”。

贊曰：孝明傳胤，[1]維城八國。陳敬嚴重，[2]彭城厚德。下邳嬰痾，[3]梁節邪惑。三藩夙齡，[4]黨惟荒忒。[5]

［1］【今注】傳胤（yìn）：傳受統嗣，繼承帝位。

［2］【今注】嚴重：莊嚴持重。

［3］【今注】嬰痾（kē）：患病。嬰，遭受。痾，同“疴”。病。《廣雅·釋詁一》：“痾，病也。”

［4］【李賢注】謂千乘、淮陽、濟陰並早歿也（也，大德本、殿本無“也”字，未知孰是）。【今注】夙齡：少年。

［5］【今注】案，惟，大德本作“與”，不從。　荒忒（tè）：慌亂，出差錯。

後漢書　卷五一

列傳第四十一

李恂　陳禪　龐參　陳龜　橋玄

李恂字叔英，[1]安定臨涇人也。[2]少習《韓詩》，[3]教授諸生常數百人。太守潁川李鴻請署功曹，[4]未及到，而州辟爲從事。[5]會鴻卒，恂不應州命，而送鴻喪還鄉里。既葬，留起冢墳，持喪三年。

[1]【今注】案，曹金華《後漢書稽疑》："《御覽》卷二六四引《續漢書》同，《書鈔》卷六二引《續漢書》作'字少英'。"(中華書局2014年版，第661頁)

[2]【今注】安定：郡名。治臨涇縣（今甘肅鎮原縣東南）。

[3]【李賢注】韓嬰所傳《詩》也。

[4]【今注】太守：官名。掌一郡政事。秩二千石。　潁川：郡名。治陽翟縣（今河南禹州市）。　功曹：官名。此指郡府所置功曹，掌統率諸曹。秩百石。

[5]【今注】從事：即從事史，官名。漢制，司隸校尉和州刺史置從事，自辟屬吏，分掌政事。秩百石。

辟司徒桓虞府。[1]後拜侍御史，[2]持節使幽州，[3]宣布恩澤，慰撫北狄，所過皆圖寫山川、屯田、聚落百餘卷，悉封奏上，肅宗嘉之。[4]拜兗州刺史。[5]以清約率下，[6]常席羊皮，服布被。遷張掖太守，[7]有威重名。時大將軍竇憲將兵屯武威，[8]天下州郡遠近莫不修禮遺，恂奉公不阿，爲憲所奏免。

[1]【今注】司徒：官名。三公之一。西漢哀帝元壽二年（前1），正三公官分職，改丞相爲大司徒。東漢光武帝建武二十七年（51）去“大”字，稱司徒，掌全國民政、教化等事宜。　桓虞：字仲春，馮翊（今陝西西安市高陵區西南）人。東漢大臣。章帝初爲南陽太守，建初四年（79）拜司徒。章和元年（87）免。頃之，任光祿勳。

[2]【今注】侍御史：官名。御史中丞屬官。員十五人，秩六百石。掌察舉非法，受公卿群吏奏事，有違失舉劾之。

[3]【今注】持節：使者持節代表皇帝出使、指揮軍隊或處理政務。節，漢代使者所持的信物，以竹爲杆，柄長八尺，上綴飾旄牛尾。　幽州：西漢武帝時所置十三刺史部之一。東漢時治薊縣（今北京市西南）。

[4]【今注】肅宗：東漢章帝劉炟，公元75年至88年在位。謚號爲孝章皇帝，廟號肅宗。紀見本書卷三。

[5]【今注】兗州：西漢武帝時所置十三刺史部之一。東漢時治昌邑縣（今山東巨野縣東南昌邑故城）。　刺史：官名。西漢武帝元封五年（前106）置，共十三部（州），每部置刺史一人，秩六百石。無治所，每年歲末入奏。成帝綏和元年（前8）更名州牧，秩二千石。哀帝建平二年（前5）復爲刺史，元壽二年（前1）又稱州牧。東漢光武帝建武元年復置牧。建武十一年省。十八年，罷州牧，置刺史，秩六百石。掌監察、選舉、劾奏、領兵等。屬吏

有從事史、假佐。靈帝中平五年（188），改置州牧。

［6］【今注】清約：清廉儉約。

［7］【今注】張掖：郡名。治觻得縣（今甘肅張掖市西北）。

［8］【今注】大將軍：武官名。漢代將軍的最高稱號。漢初爲臨時封號，位在三公後，事迄則罷，至西漢武帝元朔五年（前124）封衛青爲大將軍後，乃爲掌武職的常置之官。武帝時，大將軍一職主要掌統兵征戰。自霍光以大司馬大將軍的名義輔政，乃兼領尚書事，成爲中朝官領袖，權力已逾丞相，成爲事實上的最高軍政長官。西漢後期此職位多由貴戚擔任，多加大司馬銜，領尚書事，秩萬石，位高權重，位在三公上。東漢時不冠大司馬，成爲獨立官職，多授予貴戚，常兼録尚書事，開府置僚屬，與太傅、太尉等共同主持政務。　竇憲：字伯度，扶風平陵（今陝西咸陽市西北）人。其妹爲章帝皇后。傳見本書卷二三。　武威：郡名。治姑臧縣（今甘肅武威市）。

後復徵拜謁者，[1]使持節領西域副校尉。[2]西域殷富，多珍寶，諸國侍子及督使賈胡[3]數遺恂奴婢、宛馬、金銀、香、罽之屬，一無所受。[4]北匈奴數斷西域車師、伊吾，[5]隴沙以西使命不得通，[6]恂設購賞，[7]遂斬虜帥，縣首軍門。[8]自是道路夷清，威恩並行。

［1］【今注】謁者：官名。戰國始置。西漢時隸中郎將（光禄勳屬官），秩比六百石。其長官爲謁者僕射，秩比千石。主賓贊受事。東漢謁者僕射比千石，屬下有常侍謁者比六百石，給事謁者比四百石，灌謁者比三百石。掌殿上時節威儀。多從郎中、孝廉中選拔。

［2］【今注】西域副校尉：官名。即西域都護副校尉，爲都護之副職，西漢宣帝時初置，監護西域各屬國。東漢沿置。在都護暫

缺時，即由副校尉或其他吏員任其事。

［3］【李賢注】督使，主蕃國之使也（蕃，大德本作“藩”）。賈胡，胡之商賈也。

［4］【李賢注】《袁山松書》曰：“西域出諸香、石蜜。”罽，織毛爲布者。【今注】宛馬：大宛出產的寶馬。

［5］【今注】北匈奴：秦漢時期北方游牧民族。宣、元時匈奴發生内亂，南匈奴臣服於漢廷，北匈奴郅支單于被殺。兩漢之際匈奴一度獨立，東漢初年因天災再度内亂，復分爲南北，南匈奴降漢内附，北匈奴保持相對獨立地位。和帝初年，竇憲率兵與南匈奴共破北匈奴，勒石燕然。北匈奴就此衰落，後逐漸西遷。　車師：西域國名。原名姑師。漢西域三十六國之一。後分爲車師前、後二部（或稱前、後二國）及山北六國，皆歸西域都護所轄。車師前部治交河城（今新疆吐魯番市西北）。後部治務塗谷（今新疆吉木薩爾縣南）。西漢元帝時設戊己校尉屯田車師前王庭。　伊吾：城邑名。即伊吾盧城。故址即今新疆哈密城（一説在今哈密市西北）。本爲匈奴呼衍王庭。東漢明帝永平十六年（73）取之以通西域，置宜禾都尉，爲屯田、兵鎮之所。其後東漢與匈奴常戰於此。

［6］【李賢注】《前書》曰：“車師前國王居交河城。”伊吾故城在今瓜州晉昌縣北。《廣志》曰：“流沙在玉門關外（流沙，大德本作“沙流”），東西數百里，有三斷名曰三隴也。”【今注】隴沙：今新疆白龍堆沙漠附近。此地位於羅布泊以東、玉門關以西，爲交通西域所必經。

［7］【今注】購賞：懸賞。居延漢新簡 EPF22：221—235 簡有《捕斬匈奴虜反羌購償科别》簡册。購賞科别，《中國簡牘集成》（十二册）認爲即懸賞的不同規定（敦煌文藝出版社 2001 年版，第 79 頁）。《額濟納漢簡》“王莽詔書下行文”殘册中，有關於“購賞科條”的簡文〔參見張忠煒《居延新簡所見“購償科别”册書復原及相關問題之研究——以〈額濟納漢簡〉‘購賞科條’爲切入

點》，《文史哲》2007年第6期；宋國華《秦漢律“購賞”考》，《法律科學（西北政法大學學報）》2013年第5期；張忠煒《“購賞科條”識小》，《歷史研究》2006年第2期〕。

［8］【今注】案，大德本無“首”字。

遷武威太守。後坐事免，步歸鄉里，潛居山澤，結草爲廬，獨與諸生織席自給。[1]會西羌反畔，[2]恂到田舍，爲所執獲。[3]羌素聞其名，放遣之。恂因詣洛陽謝。[4]時歲荒，司空張敏、司徒魯恭等各遣子餽糧，[5]悉無所受。徙居新安關下，拾橡實以自資。[6]年九十六卒。

［1］【今注】案，大德本“與”前有“於”字。

［2］【今注】西羌：古族名。主要分布在今甘肅南部、青海東部、四川北部一帶。傳見本書卷八七。

［3］【今注】案，大德本無“獲”字。

［4］【今注】洛陽：東漢都城。

［5］【今注】司空：官名。即大司空。漢初稱御史大夫。西漢成帝綏和元年（前8）更名大司空。哀帝建平二年（前5）復稱御史大夫，元壽二年（前1）又改稱大司空。東漢初仍稱大司空，光武帝建武二十七年（51）改稱司空，掌水土工程、祭祀等。秩萬石。　張敏：字伯達，河間鄚（今河北任丘市）人。東漢章帝建初二年（77）舉孝廉，累遷爲尚書。遷汝南太守，安帝時官至司空。傳見本書卷四四。　魯恭：字仲康，扶風平陵（今陝西咸陽市）人。少有孝道，習《魯詩》。初爲新豐教授，東漢章帝建初初年，爲中牟令。後拜侍御史。和帝時，拜《魯詩》博士。和帝永元九年（97），拜議郎。後拜侍中、光禄勳。十年，爲司徒、長樂衛尉。傳見本書卷二五。

［6］【李賢注】橡，櫟實也。武帝元鼎三年徙函谷關於新安也。

陳禪字紀山，巴郡安漢人也。[1]仕郡功曹，舉善黜惡，爲邦内所畏。察孝廉，[2]州辟治中從事。[3]時刺史爲人所上受納臧賂，[4]禪當傳考，[5]無它所賫，但持喪斂之具而已。及至，笞掠無筭，[6]五毒畢加，禪神意自若，辭對無變，事遂散釋。車騎將軍鄧騭聞其名而辟焉，[7]舉茂才。[8]時漢中蠻夷反畔，[9]以禪爲漢中太守。夷賊素聞其聲，[10]即時降服。遷左馮翊，[11]入拜諫議大夫。[12]

［1］【今注】巴郡：治江州縣（今重慶市北）。　安漢：縣名。治所在今四川南充市北。

［2］【今注】孝廉：漢朝選拔舉薦人才的科目之一。孝指孝悌，廉指廉潔。漢制規定，每年郡國從所屬吏民中推舉孝、廉各一人。東漢和帝時始以人口爲標準，每二十萬人歲舉孝廉一人。

［3］【李賢注】《續漢志》曰，每州有持中從事也（持，大德本、殿本作“治”，是）。【今注】州辟治中從事：中華本校勘記曰：“《集解》引錢大昕説，謂章懷避唐諱，凡‘治’字或改爲‘理’，或改爲‘化’，或改爲‘持’，此‘治中’字亦必改易，宋人校書者又回改耳。”治中從事，刺史屬吏。職主選署及文書案卷。秩百石。

［4］【今注】上：上奏，告發。

［5］【李賢注】傳謂逮捕而考之也。

［6］【今注】無筭：無法計算。

［7］【今注】車騎將軍：漢初爲臨時將軍之號，因領車騎士得

名，事訖即罷。西漢武帝後常設，地位次於大將軍、驃騎將軍。武帝後常典京城、皇宫禁衛軍隊，出征時常總領諸將軍。文官輔政者亦或加此銜，領尚書政務，成爲中朝重要官員。東漢時位比三公，常以貴戚充任。出掌征伐，入參朝政。秩萬石。　鄧騭：字昭伯。少爲竇憲徵辟，三遷虎賁中郎將。其妹爲東漢和帝皇后。殤帝延平元年（106），拜車騎將軍。迎立安帝，封上蔡侯，征涼部畔羌，拜大將軍。太后卒，安帝親政，徙羅侯，不食而死。傳見本書卷一六。

［8］【今注】茂才：察舉科目之一。《漢書》卷六《武帝紀》顔師古注引應劭曰："舊言秀才，避光武諱稱茂才。"顔師古曰："茂，美也。"

［9］【今注】漢中：郡名。治南鄭縣（今陝西漢中市漢臺區）。

［10］【今注】案，聲，大德本、殿本作"名聲"。

［11］【今注】左馮翊：官名。西漢武帝時改左内史置。《漢書·百官公卿表上》顔師古注："馮，輔也。翊，佐也。"職掌相當於郡太守，轄區相當於一郡。治所在長安城。轄境範圍相當於今陝西渭河以北、涇河以東、洛河中下游地區。

［12］【今注】諫議大夫：官名。掌侍從顧問，參謀諷議，秩六百石。

永寧元年，[1]西南夷撣國王[2]獻樂及幻人，能吐火，自支解，易牛馬頭。明年元會，[3]作之於庭，安帝與群臣共觀，[4]大奇之。禪獨離席舉手大言曰："昔齊魯爲夾谷之會，齊作侏儒之樂，仲尼誅之。[5]又曰：'放鄭聲，遠佞人。'[6]帝王之庭，不宜設夷狄之技。"尚書陳忠劾奏禪曰：[7]"古者合歡之樂舞於堂，四夷之樂陳於門，故《詩》云'以《雅》以《南》，《韎》

《任》《朱離》’。[8]今撣國越流沙，踰縣度，[9]萬里貢獻，非鄭衞之聲，佞人之比，而禪廷訕朝政，[10]請劾禪下獄。”有詔勿收，左轉爲玄菟候城障尉，[11]詔“敢不之官，上妻子從者名”。禪既行，朝廷多訟之。會北匈奴入遼東，[12]追拜禪遼東太守。胡憚其威彊，退還數百里。禪不加兵，但使吏卒往曉慰之，單于隨使還郡。禪於學行禮，爲説道義以感化之。單于懷服，遺以胡中珍貨而去。

[1]【今注】永寧：東漢安帝劉祜年號（120—121）。

[2]【李賢注】撣音徒丹反。【今注】西南夷：古代西南地區各少數民族的總稱。兩漢前後，多稱巴蜀西南地區，即今甘肅南部、四川大部、貴州西南部及雲南各少數民族爲西南夷。　撣國：國名。在今緬甸境内。

[3]【今注】元會：皇帝於元旦朝見群臣。

[4]【今注】安帝：東漢安帝劉祜，公元106年至125年在位。紀見本書卷五。

[5]【李賢注】《家語》曰，魯定公與齊侯會於夾谷，孔子攝相事。齊奏中宫之樂，倡優侏儒戲於前（大德本、殿本無“侏儒”二字）。孔子趨曰：“匹夫而侮諸侯，罪應誅。”於是斬侏儒，手足異處。

[6]【李賢注】《論語》孔子之言。【今注】鄭聲：古代鄭國的地方音樂。因放蕩淫逸而遭孔子貶斥。

[7]【今注】尚書：官名。東漢尚書臺六曹，每曹設尚書一人，分别負責己曹事務。秩六百石。　陳忠：字伯始，沛國洨（今安徽固鎮縣）人。東漢大臣。安帝永初中辟司徒府，遷廷尉正，後擢拜尚書。後轉僕射，遷尚書令。延光三年（124），拜司隸校尉，

四年出爲江夏太守，復留拜尚書令。會疾卒。傳見本書卷四六。

［8］【李賢注】《詩·小雅·鼓鍾》之詩曰："以《雅》以《南》，以籥不僭。"薛君云："南夷之樂曰《南》。四夷之樂唯《南》可以和於《雅》者，以其人聲音及籥不僭差也。"《周禮》，鞮鞻氏掌四夷之樂。鄭玄注云："東方曰《靺》，南方曰《任》（任，紹興本、大德本、殿本作'任'，是），西方曰《朱離》，北方曰《禁》。"《毛詩》無"靺任朱離"之文（中華本校勘記：《集解》引黄山説，謂賢注引薛君《韓詩説》，不及"靺任朱離"，是《韓詩》亦無此句，不獨《毛詩》也。今曰《毛詩》無，"毛"字當爲後人妄改。注不及《毛傳》，必不舍《韓》而計《毛》也），蓋見《齊》《魯》之詩也，今亡。靺音昧。《禮記》曰，九夷、八蠻、六戎、五狄來朝，立於明堂四門之外也。【今注】以雅以南靺任朱離：此句意爲既可演奏宫廷音樂，也可演奏少數民族音樂。中華本校勘記："《集解》引錢大昕説，謂此句上下當有脱文，未必《詩》有此語。"

［9］【李賢注】《前書·西域傳》曰："縣度者，山名也。谿谷不通，以繩索相引而度，去陽關五千八百八十里。"

［10］【李賢注】訕，謗也。

［11］【李賢注】候城，縣，在遼東。【今注】左轉：降職調任。　玄菟：郡名。治高句驪縣（今遼寧新賓滿族自治縣西）。　候城：縣名。治所在今遼寧瀋陽市東南。　障尉：官名。爲"障塞尉"簡稱。漢制，縣尉大縣二人，小縣一人，主盜賊。邊縣有障塞尉，掌禁備羌夷犯塞。曹金華《後漢書稽疑》："《書鈔》卷五六引謝承《後漢書》作'左轉爲玄菟都尉'。"（第661頁）

［12］【今注】遼東：郡名。治襄平縣（今遼寧遼陽市白塔區）。

及鄧騭誅廢，禪以故吏免。復爲車騎將軍閻顯長史。[1]順帝即位，[2]遷司隸校尉。[3]明年，卒於官。

［1］【今注】閻顯：東漢外戚。河南滎陽人，安思閻皇后兄。安帝元初四年（117），以親貴嗣封北宜春侯。延光元年（122），任大鴻臚，更封長社侯。三年謀廢太子爲濟陰王。四年，爲車騎將軍。安帝卒，孫程等人發動宫廷政變，擁立濟陰王即帝位，顯及其弟均下獄死。　長史：車騎將軍府屬吏。

［2］【今注】順帝：東漢順帝劉保，公元125年至144年在位。紀見本書卷六。

［3］【今注】司隸校尉：官名。簡稱司隸。掌察舉三輔（京兆尹、左馮翊、右扶風）、三河（河東、河内、河南）、弘農七郡的犯法者。秩比二千石。西漢成帝元延四年（前9）省，哀帝時復置，改名司隸，隸大司空。東漢時仍名司隸校尉，掌糾察宫廷皇親、貴戚百官，兼領兵、搜捕罪犯，並爲司隸州行政長官。治所在今河南洛陽市。秩比二千石。光武帝特詔朝會時與御史中丞、尚書令並專席而坐，時號“三獨坐”。

子澄，有清名，官至漢中太守。

禪曾孫寶，[1]亦剛壯有禪風，爲州别駕從事，[2]顯名州里。

［1］【今注】案，寶，惠棟《後漢書補注》：“一作實，字盛先。與王文表爲友，見《華陽國志》。”

［2］【今注】别駕從事：東漢司隸校尉及州部屬吏，秩百石。校尉及刺史行部則奉引，録衆事。

龐参字仲達，河南緱氏人也。[1]初仕郡，未知名，河南尹龐奮見而奇之,[2]舉爲孝廉,拜左校令。[3]坐法輸作若盧。[4]

[1]【今注】河南:河南尹。原爲河南郡,漢高祖二年(前205)改三川郡所置。東漢時,因建都洛陽,光武帝建武十五年(39)改稱河南尹。 緱氏:縣名。治所在今河南偃師市緱氏鎮東南。

[2]【今注】河南尹:官名。東漢都雒陽,改河南郡爲尹,設同名官員一人,作爲河南尹地區的最高行政官員。秩二千石。 龐奮:東漢官員。和帝永元八年(96),南匈奴右温禺犢王叛,寇邊。奮以行度遼將軍及領中郎將與馮柱追討之,大敗匈奴軍,斬右温禺犢王。十二年,遷河南尹。後爲遼東屬國都尉。

[3]【今注】左校令:主工匠土木之事。《通典》卷二七《職官九》:"秦及漢初有左、右、前、後、中五校令,後唯置左、右校令。後漢因之,掌左、右工徒。魏併左校、右校於材官。晉左、右校屬少府。"

[4]【李賢注】若盧,獄名。【今注】案,惠棟《後漢書補注》引衛宏《漢舊儀》曰:"若盧獄有蠶室。若盧獄官主鞫將相大臣也。"

永初元年,[1]涼州先零種羌反畔,[2]遣車騎將軍鄧騭討之。參於徒中使其子俊上書曰:"方今西州流民擾動,而徵發不絶,水潦不休,地力不復。[3]重之以大軍,疲之以遠戍,農功消於轉運,資財竭於徵發。田疇不得墾闢,禾稼不得收入,搏手困窮,無望來秋。[4]百姓力屈,不復堪命。臣愚以爲萬里運糧,遠就羌戎,不若總兵養衆,以待其疲。車騎將軍騭宜且振旅,[5]留征西校尉任尚使督涼州士民，[6]轉居三輔。[7]休徭役以助其時，止煩賦以益其財，令男得耕種，女得織紝，[8]然後畜精鋭，乘懈沮，出其不意。攻其不備，則邊人之仇報，奔北之恥雪矣。”書奏，會御史中丞樊準上疏薦參曰：[9]“臣聞鷙鳥累百，不如一鶚。[10]昔孝文皇帝悟馮唐之言，而赦魏尚之罪，使爲邊守，匈奴不敢南向。[11]夫以一臣之身，折方面之難者，選用得也。臣伏見故左校令河南龐參，勇謀不測，卓爾奇偉，高才武略，有魏尚之風。前坐微法，輸作經時。今羌戎爲患，大軍西屯，臣以爲如參之人，宜在行伍。惟明詔採前世之舉，觀魏尚之功，免赦參刑，以爲軍鋒，必有成效，宣助國威。”鄧太后納其言，[12]即擢參於徒中，召拜謁者，使西督三輔諸軍屯，而徵鄧騭還。

［1］【今注】永初：東漢安帝劉祜年號（107—113）。

［2］【今注】涼州：西漢武帝時所置十三刺史部之一。東漢時治隴縣（今甘肅張家川回族自治縣）。　先零種羌：部族名。爲羌族先零種的主要分支。先零羌爲漢時西羌中的一支。主要分布在今甘肅臨夏回族自治州以西和青海東北等地。西漢武帝時移居西海（今青海湖）鹽池地區。以游牧爲生，常出入黄河、湟水一帶，屢進擾金城、隴西等郡。東漢初，被隴西太守馬援征服，遷徙天水、隴西、扶風一帶。

［3］【李賢注】言其耗損，不復於舊。【今注】潦：同“澇”。雨水過多。

［4］【李賢注】兩手相搏，言無計也。

［5］【今注】振旅：休整軍隊。

［6］【今注】任尚：東漢章帝章和二年（88）爲護羌校尉鄧訓

長史。和帝永元元年（89）爲竇憲司馬，遷中郎將。永元六年任護烏桓校尉。又任西域都護。安帝時任征西校尉，封樂亭侯，後任侍御史、中郎將。安帝永初五年（111），因詐增所斬首級，貪贓枉法，遭棄市。

［7］【今注】三輔：西漢京畿地區分設京兆尹、左馮翊、右扶風進行管轄，合稱“三輔”。東漢雖以雒陽爲都，但仍然沿用了三輔的行政區劃。

［8］【李賢注】紝音如深反。杜預注《左傳》云：“織紝，織繒布也。”

［9］【今注】御史中丞：官名。御史大夫屬官。西漢時監御史在殿中，掌密舉非法。成帝綏和元年（前8）御史大夫轉爲司空，因别留中，爲御史臺長官，後又屬少府。掌監察執法，領治書侍御史、侍御史，常受命領兵。秩千石。與司隸校尉、尚書令並稱“三獨坐”。　樊準：字幼陵，南陽湖陽（今河南唐河縣南）人。東漢官吏。傳見本書卷三二。

［10］【李賢注】《前書》鄒陽諫吴王之辭也。鶚，大鵰也。【今注】鷙鳥累百不如一鶚：一百隻鷙鳥不如一隻鶚鳥。

［11］【李賢注】《前書》馮唐謂文帝曰：“臣聞魏尚爲雲中守，匈奴遠避，不近雲中之塞。上功莫府，一言不相應，文吏以法繩之。愚以爲陛下法大明而賞大輕（大，大德本、殿本作‘太’，是）。”文帝悦，是日令唐持節赦魏尚，復以爲雲中守也。

［12］【今注】鄧太后：鄧綏，南陽新野（今河南新野縣）人。東漢和帝皇后。鄧禹孫女。永元四年入宫。永元十四年立爲皇后。元興元年（105）立殤帝，被尊爲皇太后。紀見本書卷一〇上。

四年，羌寇轉盛，兵費日廣，且連年不登，穀石萬餘。參奏記於鄧騭曰：“比年羌寇特困隴右，[1]供徭賦役爲損日滋，官負人責數十億萬。[2]今復募發百姓，調取穀帛，衒賣什物，[3]以應吏求。外傷羌虜，内困徵賦。[4]遂乃千里轉糧，遠給武都西郡。[5]塗路傾阻，難勞百端，疾行則鈔暴爲害，遲進則穀食稍損，運糧散於曠野，牛馬死於山澤。縣官不足，[6]輒貸於民。民已窮矣，將從誰求？名救金城，[7]而實困三輔。三輔既困，還復爲金城之禍矣。參前數言宜棄西域，乃爲西州士大夫所笑。今苟貪不毛之地，營恤不使之民，[8]暴軍伊吾之野，以慮三族之外，[9]果破涼州，禍亂至今。夫拓境不寧，無益於彊；多田不耕，何救飢敝！故善爲國者，務懷其内，不求外利；務富其民，不貪廣土。三輔山原曠遠，民庶稀疏，故縣丘城，可居者多。[10]今宜徙邊郡不能自存者，入居諸陵，[11]田戍故縣。[12]孤城絶郡，以權徙之；轉運遠費，聚而近之；徭役煩數，休而息之。此善之善者也。”騭及公卿以國用不足，欲從參議，衆多不同，乃止。

[1]【今注】隴右：地區名。指隴山以西地區，古代以西爲右，故名。

[2]【李賢注】責音側懈反。【今注】責：通“債”。

[3]【今注】衒賣：叫賣。

[4]【李賢注】爲羌寇所傷也。

[5]【今注】武都：郡名。西漢武帝元鼎六年（前111）置，治武都縣（今甘肅西和縣南）。東漢時徙治下辨縣（今甘肅成縣西）。因地處西部，故稱“武都西郡”。

[6]【今注】縣官：官府。

[7]【今注】金城：郡名。治允吾縣（今甘肅永靖縣西北）。

［8］【李賢注】恤，憂也。不使之人謂戎虜凶獷，不堪爲用。【今注】營恤：救濟，撫恤。　不使之民：無法使唤的民衆。此指羌人。

［9］【李賢注】言勞師救遠，以爲親戚之憂慮。

［10］【李賢注】丘，空也。

［11］【今注】諸陵：西漢帝王的陵墓。西漢在諸陵附近多設有陵邑。

［12］【今注】田戍：屯田戍守。

拜參爲漢陽太守。[1]郡人任棠者，有奇節，隱居教授。參到，先候之。棠不與言，但以薤一大本，[2]水一盂，置户屏前，自抱孫兒伏於户下。主簿白以爲倨。[3]參思其微意，良久曰："棠是欲曉太守也。水者，欲吾清也。拔大本薤者，欲吾擊强宗也。抱兒當户，欲吾開門恤孤也。"於是歎息而還。參在職，果能抑强助弱，以惠政得民。

［1］【今注】漢陽：郡名。本名天水，東漢明帝永平十七年（74）改稱漢陽，治冀縣（今甘肅甘谷縣東）。

［2］【今注】薤（xiè）：藠頭。　本：草木的根。

［3］【今注】倨：傲慢。

元初元年，[1]遷護羌校尉，[2]畔羌懷其恩信。明年，燒當羌種號多等皆降，[3]始復得還都令居，通河西路。[4]時先零羌豪僭號北地，[5]詔參將降羌及湟中義從胡七千人，[6]與行征西將軍司馬鈞期會北地擊之。[7]參於道爲羌所敗。既已失期，乃稱病引兵還，坐以詐疾徵下獄，校書郎中馬融上書請之曰：[8]“伏見西戎反畔，寇鈔五州，陛下愍百姓之傷痍，哀黎元之失業，單竭府庫以奉軍師。昔周宣玁狁侵鎬及方，[9]孝文匈奴亦略上郡，[10]而宣王立中興之功，文帝建太宗之號。非惟兩主有明叡之姿，抑亦扞城有虓虎之助，[11]是以南仲赫赫，列在周詩，亞夫赳赳，載於漢策。[12]竊見前護羌校尉龐參，文武昭備，[13]智略弘遠，既有義勇果毅之節，兼以博雅深謀之姿。又度遼將軍梁慬，[14]前統西域，勤苦數年，還留三輔，功效克立，閒在北邊，單于降服。今皆幽囚，陷於法網。昔荀林父敗績於邲，晉侯使復其位；[15]孟明視喪師於崤，秦伯不替其官。[16]故晉景并赤狄之土，秦穆遂霸西戎。[17]宜遠覽二君，使參、慬得在寬宥之科，誠有益於折衝，[18]毗佐於聖化。”[19]書奏，赦參等。

[1]【今注】元初：東漢安帝劉祜年號（114—120）。

[2]【今注】護羌校尉：官名。西漢武帝始置，掌西羌事務，秩比二千石，治護羌城（今青海湟源縣西），擁節，不常置。東漢光武帝建武六年（30）復置，治隴西令居縣（今甘肅永登縣西北），後時置時廢。章帝建初元年（76）至靈帝中平元年（184）遂爲常職，屬員有長史、司馬、從事等。

[3]【今注】燒當羌：部族名。羌人部落。居於今青海東部黄河兩岸海晏、貴德、同仁一帶。其居住地較爲富有，經濟實力較强，東漢和帝時其勢衰落。

[4]【李賢注】令居，縣，屬金城郡。令音零。【今注】始復得還都令居：中華本校勘記：“《集解》引黄山説，謂《通鑑》‘都’作‘治’，此避唐諱改。”令居，縣名。治所在今甘肅永登縣

西北。

［5］【今注】北地：郡名。治富平縣（今寧夏吴忠市西南）。

［6］【李賢注】湟，水名，今在鄯州。

［7］【今注】行征西將軍：攝行征西將軍職事。征西將軍，官名。漢四征將軍之一，東漢初始置，主征伐。　司馬鈞：東漢將領。安帝時爲從事中郎。永初中，車騎將軍鄧騭使其與征西校尉任尚與羌戰，大敗。後遷左馮翊，行征西將軍。元初二年（115），督右扶風仲光、安定太守杜恢、京兆虎牙都尉耿博與先零羌戰於丁奚城，敗。鈞下獄自殺。　期：約定。

［8］【今注】校書郎中：官名。東漢時，東觀爲國家藏書之府，以郎官掌管其事。由郎中入主者，稱爲校書郎中。　馬融：字季長，扶風茂陵（今陝西興平市東北）人。東漢名將馬援從孫，經學大師。傳見本書卷六〇上。

［9］【李賢注】《詩·小雅·六月》之詩曰："侵鎬及方，至於涇陽。"鄭玄注云："鎬、方皆北方地名。"【今注】周宣：周宣王，周厲王之子。周宣王在厲王被逐，共和行政之後即位。他在位期間，内政上任用方叔、尹吉甫等賢臣，軍事上討伐玁狁、西戎等外族，使西周的國力得到一定的恢復，史稱宣王中興。　獫（xiǎn）狁：中國古代北方少數民族名。也作"玁狁"。

［10］【今注】孝文：西漢文帝劉恒，公元前180年至前157年在位。廟號太宗，謚號孝文。紀見《史記》卷一〇、《漢書》卷四。　上郡：治膚施縣（今陝西綏德縣）。

［11］【李賢注】《詩》曰："公侯干城。"又曰："闞如虓虎。"干，扞也。虓虎，怒貌也。【今注】抑亦扞城有虓虎之助：還因爲他們捍衛城池有猛虎般將士相助。

［12］【李賢注】《詩》曰："赫赫南仲，薄伐西戎。"周亞夫爲漢將。赳赳，武貌。【今注】南仲：周宣王時的軍事將領，曾受命征伐獫狁。　亞夫：周亞夫，沛（今江蘇沛縣）人。西漢名將。

絳侯周勃之子。勃死後爲條侯。文帝後元六年（前 158），任將軍，拜爲中尉。景帝三年（前 154）吴楚七國之亂，遷太尉，率兵東擊，三月而平定，遷丞相。後被人誣告謀反，在獄中不食嘔血而卒。傳見《漢書》卷四〇。

［13］【今注】昭備：顯著齊備。

［14］【今注】度遼將軍：漢雜號將軍。西漢昭帝元鳳三年（前 78）遣中郎將范明友赴遼東征討烏桓，行軍需渡遼水，故以"度遼"爲將軍名號。銀印青綬，秩二千石。後有增秩。屯扎在五原曼柏縣（今内蒙古准格爾旗西北），與烏桓校尉合稱二營。一般流放的罪人都會發配到度遼將軍轄地。（參見李炳泉《兩漢度遼將軍新考》，《中國邊疆史地研究》2018 年第 4 期）　梁慬：字伯威，北地弋居（今甘肅寧縣南）人。東漢將軍。殤帝時任西域副校尉，參與平定龜兹。安帝時撤西域都護府，撤還時遇攻打三輔的羌兵，伏擊之，大勝。復參與出擊造反的南匈奴與烏桓大人，大勝，南匈奴復降。拜度遼將軍，以擅授羌侯印下獄。獲釋後，復擊叛羌，死於軍中。傳見本書卷四七。

［15］【李賢注】《左傳》曰，晉荀林父及楚師戰於邲，晉師敗績。林父請死，晉侯欲許之。士貞子諫曰："不可。夫其敗也，如日月之食，何損於明？"晉侯使復其位（大德本、殿本句末有"也"字）。

［16］【李賢注】《左傳》曰，晉敗秦師於崤，獲百里孟明視，後赦而歸之。秦伯曰："孤之罪也。"不替孟明。

［17］【李賢注】《左傳》曰，晉荀林父敗赤狄，遂滅之。晉侯賞林父狄臣千室，亦賞士貞子瓜衍之縣，曰："吾獲狄土，子之功也。"又曰："秦伯伐晉，遂霸西戎，用孟明也。"

［18］【今注】折衝：制敵取勝。

［19］【今注】毗佐：輔佐。

後以參爲遼東太守。[1]永建元年，[2]遷度遼將軍。四年，入爲大鴻臚。[3]尚書僕射虞詡薦參有宰相器能，[4]順帝時以爲太尉，録尚書事。[5]是時三公之中，參名忠直，數爲左右所陷毁，以所舉用忤帝旨，司隸承風案之。[6]時當會茂才孝廉，參以被奏，稱疾不得會。上計掾廣漢段恭因會上疏曰：[7]"伏見道路行人，農夫織婦，皆曰'太尉龐參，竭忠盡節，徒以直道不能曲心，孤立群邪之閒，自處中傷之地'。臣猶冀在陛下之世，當蒙安全，而復以讒佞傷毁忠正，此天地之大禁，人主之至誡。昔白起賜死，[8]諸侯酌酒相賀；季子來歸，魯人喜其紓難。[9]夫國以賢化，[10]君以忠安。今天下咸欣陛下有此忠賢，願卒寵任，以安社稷。"書奏，詔即遣小黄門視參疾，[11]太醫致羊酒。

[1]【今注】遼東：郡名。治襄平縣（今遼寧遼陽市白塔區）。

[2]【今注】永建：東漢順帝劉保年號（126—132）。

[3]【今注】大鴻臚：官名。九卿之一，秩中二千石。秦漢時初名典客。西漢景帝中元六年（前144）更名大行令，武帝太初元年（前104）更名大鴻臚。職掌諸侯、四方歸附的少數民族，以及典禮祭祀的禮儀工作。

[4]【今注】尚書僕射：官名。西漢時爲尚書令副貳，秩六百石。東漢時爲尚書臺次官。若公兼任，增秩至二千石。掌章奏文書，參議政事，監察百官等。　虞詡：字升卿，陳國武平（今河南鹿邑縣西北）人。少通《尚書》。爲太尉李修屬吏，拜郎中。初爲屬吏。任朝歌長、遷懷縣令、武都太守。東漢順帝永建元年（126），任司隸校尉，拜議郎、尚書僕射。永和初，遷尚書令。爲人剛正，終生不改。傳見本書卷五八。

［5］【今注】案，順帝時，中華本校勘記引沈欽韓説，上有永建元年事，此“順帝時”三字衍文。應據删。　太尉：官名。主掌全國軍政。東漢時，太尉與司馬、司空並列三公。録尚書事。

［6］【今注】司隸：官名。即司隸校尉。掌察舉三輔（京兆尹、左馮翊、右扶風）、三河（河東、河内、河南）、弘農七郡的犯法者。秩比二千石。西漢成帝元延四年（前9）省，哀帝時復置，改名司隸，隸大司空。東漢時仍名司隸校尉，掌糾察宫廷皇親、貴戚百官，兼領兵、搜捕罪犯，並爲司隸州行政長官。治所在今河南洛陽市。秩比二千石。光武帝特詔朝會時與御史中丞、尚書令並專席而坐，時號“三獨坐”。

［7］【今注】上計掾：漢代郡國每年需向朝廷匯報當地的人口、錢糧、税賦等情況。負責報送這些信息的官吏稱“上計掾”。　廣漢：郡名。西漢時治梓潼縣（今四川梓潼縣）。東漢安帝永初二年（108）移治涪縣（今四川綿陽市東），又徙治雒縣（今四川廣漢市）。

［8］【今注】白起賜死：白起是戰國時秦國名將，爲秦統一作出巨大貢獻。後因不肯帶兵圍攻邯鄲，被秦王削爵爲兵士，趕出咸陽，繼而又被賜死。

［9］【李賢注】紓，緩也。季子，魯公子季友也。閔公之時，國家多難，以季子忠賢，故請齊侯復之。《公羊傳》曰：“季子來歸。其言季子何？賢也。言其來歸何（中華本校勘記：《刊誤》謂‘言其’當作‘其言’。今本《公羊傳》作‘其言’。應據改）？喜之也。”

［10］【今注】案，中華本校勘記：“《集解》引惠棟説，謂‘化’當作‘治’。此亦章懷避諱改。”應據改。

［11］【今注】小黄門：官名。隸屬少府，職掌侍從皇帝左右，收受尚書奏事。其位下於中常侍，而高於中黄門。秩六百石。

後參夫人疾前妻子，[1]投於井而殺之。參素與洛陽令祝良不平，[2]良聞之，率吏卒入太尉府案實其事，乃上參罪，遂因災異策免。有司以良不先聞奏，輒折辱宰相，坐繫詔獄。良能得百姓心，洛陽吏人守闕請代其罪者，日有數千萬人，詔乃原刑。[3]

[1]【今注】疾：嫉恨。

[2]【李賢注】《謝承書》曰"良字邵平（邵平，中華本及曹金華《後漢書稽疑》認爲當作'邵卿'），長沙人。聰明博學有才幹，以廉平見稱"也。【今注】洛陽令：官名。東漢京畿地區的地方行政長官，地位高於列郡縣令。主要職責是維持社會治安、嚴懲罪犯和參與中央政府的重大禮儀活動（參見薛瑞澤《東漢洛陽令及相關問題論考》，《鄭州大學學報》1996年第6期）。 祝良：字邵卿，長沙臨湘（今湖南長沙縣）人。東漢官吏。順帝初爲洛陽令。後任涼、并二州刺史。永和三年（138）任九真太守。

[3]【今注】原刑：免除刑罰。

陽嘉四年，[1]復以參爲太尉。永和元年，[2]以久病罷，卒於家。

[1]【今注】陽嘉：東漢順帝劉保年號（132—135）。

[2]【今注】永和：東漢順帝劉保年號（136—141）。

陳龜字叔珍，上黨泫氏人也。[1]家世邊將，便習弓馬，雄於北州。

[1]【李賢注】泫氏故城，今澤州高平縣也。泫音公玄反。

【今注】上黨：郡名。治長子縣（今山西長子縣西南）。　泫氏：縣名。治所在今山西高平市。

龜少有志氣。永建中，[1]舉孝廉，五遷五原太守。[2]永和五年，拜使匈奴中郎將。[3]時南匈奴左部反亂，龜以單于不能制下，[4]外順内畔，促令自殺，坐徵下獄免。後再遷，拜京兆尹。[5]時三輔强豪之族，多侵枉小民。龜到，厲威嚴，悉平理其怨屈者，郡内大悦。

[1]【今注】永建：東漢順帝劉保年號（126—132）。

[2]【今注】五原：郡名。治九原縣（今内蒙古包頭市西）。

[3]【今注】使匈奴中郎將：官名。西漢時常遣中郎將使匈奴，稱匈奴中郎將，作爲使節，事訖即罷。東漢光武帝建武二十六年（50），遣中郎將段郴等使南匈奴，授南匈奴單于璽綬，令入居雲中，始置使匈奴中郎將以監護之，因設官府、屬吏。後徙至西河，而逐漸爲常制，秩比二千石。

[4]【今注】單于：匈奴人部落聯盟首領的專稱。《漢書》卷九四上《匈奴傳上》謂全稱作“撑犁孤塗單于”。“撑犁”爲匈奴語之“天”，“孤塗”意爲“子”，“單于”意爲“廣大”。

[5]【今注】京兆尹：西漢京畿地方行政長官之一。武帝時改右内史置，職掌如郡太守。其地屬京畿，爲“三輔”之一，故不稱郡。因治京師，又得參與朝政，故又有中央官性質。秩中二千石（一説秩二千石），地位高於郡守，位列諸卿。東漢中興，改都洛陽，但以陵廟所在，故不變稱號，惟減其秩爲二千石。

會羌胡寇邊，殺長吏，驅略百姓。桓帝以龜世諳邊俗，[1]拜爲度遼將軍。龜臨行，上疏曰：“臣龜蒙恩累世，馳騁邊垂，雖展鷹犬之用，頓斃胡虜之庭，魂骸不反，[2]薦享狐狸，[3]猶無以塞厚責，答萬分也。至臣頑駑，[4]器無鈆刀一割之用，[5]過受國恩，榮秩兼優，生年死日，永懼不報。臣聞三辰不軌，[6]擢士爲相；蠻夷不恭，拔卒爲將。臣無文武之才，而忝鷹揚之任，[7]上慚聖朝，[8]下懼素餐，[9]雖歿軀體，無所云補。今西州邊鄙，土地塉埆，[10]鞍馬爲居，射獵爲業，男寡耕稼之利，女乏機杼之饒，守塞候望，懸命鋒鏑，聞急長驅，去不圖反。自頃年以來，匈奴數攻營郡，[11]殘殺長吏，侮略良細。[12]戰夫身膏沙漠，[13]居人首係馬鞍。或舉國掩户，盡種灰滅，孤兒寡婦，號哭空城，野無青草，室如懸磬。[14]雖含生氣，實同枯朽。往歲并州水雨，[15]災螟互生，稼穡荒耗，租更空闕。[16]老者慮不終年，少壯懼於困厄。陛下以百姓爲子，品庶以陛下爲父，[17]焉可不日昃勞神，[18]垂撫循之恩哉！唐堯親捨其子以禪虞舜者，是欲民遭聖君，不令遇惡主也。[19]故古公杖策，其民五倍；[20]文王西伯，天下歸之。[21]豈復輿金輦寶，[22]以爲民惠乎！近孝文皇帝感一女子之言，除肉刑之法，[23]體德行仁，[24]爲漢賢主。陛下繼中興之統，承光武之業，[25]臨朝聽政，而未留聖意。且牧守不良，[26]或出中官，懼逆上旨，取過目前。呼嗟之聲，招致災害，胡虜凶悍，因衰緣隙。而令倉庫單於豺狼之口，功業無銖兩之效，[27]皆由將帥不忠，聚姦所致。前涼州刺史祝良，初除到州，多所糾罰，太守令長，[28]貶黜將半，政未踰時，功效卓然。實應賞異，以勸功能，改任牧守，去斥姦殘。又宜更選匈奴烏桓護羌中郎將校尉，[29]簡練文武，授之法令，除并涼二州今年租更，寬赦罪隸，埽除更始。則善吏知奉公之祐，[30]惡者覺營私之禍，胡馬可不窺長城，塞下無候望之患矣。"帝覺悟，乃更選幽、并刺史，自營郡太守都尉以下，多所革易，下詔"爲陳將軍除并、涼一年租賦，以賜吏民"。龜既到職，州郡重足震慄，[31]鮮卑不敢近塞，[32]省息經用，歲以億計。[33]

[1]【今注】桓帝：東漢桓帝劉志，公元146年至167年在位。紀見本書卷七。

[2]【今注】案，反，大德本、殿本作"返"。

[3]【今注】薦享：祭祀獻享。此指遺骸爲狐狸所吃。

[4]【今注】案，至臣頑駑，中華本據《刊誤》改爲"臣至頑駑"，是。

[5]【今注】鈆刀：鈆，同"鉛"。以鉛爲刀，言其鈍。喻才能微薄。

[6]【今注】三辰不軌：日月星不按照正常軌道運行。

[7]【李賢注】詩曰"惟師尚父，時惟鷹楊（第一個惟，殿本作'維'。第二個惟，大德本、殿本作'維'。楊，大德本、殿本作'揚'）"也。【今注】鷹揚：鷹隼飛揚，形容威武勇猛。

[8]【今注】案，朝，殿本作"明"。中華本據汲本、殿本改作"明"。

[9]【李賢注】素，空也。無功受禄爲素餐。

[10]【李賢注】埆音學（學，殿本作"覺"），又音確，謂薄土也。

［11］【李賢注】謂郡有屯兵者，即護羌校尉屯金城（紹興本無“羌”字），烏桓校尉屯上谷之類。

［12］【今注】良細：平民百姓。

［13］【今注】膏：油脂。引申爲滋潤。

［14］【李賢注】《左傳》曰：“室如懸磬，野無青草。”言其屋居如磬之懸，下無所有。

［15］【今注】并州：西漢武帝時所置十三刺史部之一。東漢時治太原郡（今山西太原市西南）。

［16］【李賢注】更謂卒更錢也。【今注】更：漢代成年男子輪番服役，叫作更。不能去的出卒更錢給官府，請人代替。

［17］【今注】品庶：老百姓。

［18］【李賢注】《書》曰“文王至于日中昃，不遑暇食”也。【今注】日昃：太陽西斜。

［19］【李賢注】《史記》曰“堯知子丹朱不肖，不足授天下，乃推授舜。則天下得其利而丹朱病（中華本據《刊誤》，《史記》本文‘授舜’二字後，更有‘授舜’二字。應據補），授丹朱則天下病而丹朱得其利。堯曰：‘終不以天下之病而利一人。’卒授舜以天下”也。

［20］【李賢注】《帝王世紀》曰“古公亶甫（甫，大德本作‘父’），是爲大王，爲百姓所附。狄人攻之，事之以皮幣玉帛，不能免焉。王遂杖策而去，踰梁山，止於岐山之陽，邑於周地。豳人從者如歸市，一年成邑，二年成都，三年五倍其初”也。

［21］【李賢注】《帝王世紀》曰西伯至仁，百姓襁負而至。

［22］【今注】輿金輦寶：用車輿裝着金銀財寶。

［23］【李賢注】女子即太倉令淳于公之女緹縈也。事見《前書》。【今注】孝文皇帝感一女子之言除肉刑之法：指緹縈上書救父。太倉令淳于公没有兒子，衹有五個女兒。他有一次犯罪當受刑，對他女兒説，没有兒子，有急事無人相幫。最小的女兒緹縈聽

後十分傷心，跟隨父親到長安，上書漢文帝，請求入官爲婢，爲父贖罪。文帝被她的言行感動，下令廢除了肉刑。

［24］【今注】體德行仁：身體力行，推行仁德之政。

［25］【今注】光武：東漢開國皇帝劉秀，公元25年至57年在位。紀見本書卷一。

［26］【今注】牧守：地方行政長官，指州牧和太守。

［27］【今注】功業無銖兩之效：功業没有多少。

［28］【今注】太守令長：太守和縣令長。漢代萬户以上縣的長官稱縣令，不足萬户稱長。

［29］【今注】匈奴烏桓護羌中郎將校尉：指匈奴中郎將、烏桓校尉、護羌校尉。匈奴中郎將，官名。西漢武帝時以中郎將出使匈奴，後爲定制，有匈奴中郎將之稱。東漢常置使匈奴中郎將，又稱爲護南匈奴中郎將，簡稱匈奴中郎將，秩比二千石，持節，管理南匈奴事務。烏桓校尉，官名。又稱護烏桓校尉。西漢時，烏桓内附，設護烏桓校尉管轄。後其官併於護匈奴中郎將。東漢初復置其官，秩比二千石，擁節，並領鮮卑。

［30］【今注】祐：福。

［31］【今注】重足：叠足而立。比喻非常害怕，不敢稍有移動。

［32］【今注】鮮卑：古族名。東胡的一支，因别依鮮卑山，故稱。漢初，爲匈奴所敗，入遼東塞外，與烏桓相接。東漢初，與匈奴攻遼東。和帝永元中，北匈奴西遷後，徙據其地。因兼併其衆，逐漸强盛，多次攻漢邊郡。桓帝時，首領檀石槐建庭立制，分爲東、中、西三部，各置大人率領。其後聯合體瓦解，步度根、軻比能等首領各擁其衆，附屬曹魏。

［33］【李賢注】經，常也。

大將軍梁冀與龜素有隙，[1]譖其沮毀國威，挑取功譽，[2]不爲胡虜所畏。坐徵還，遂乞骸骨歸田里。復徵爲尚書。冀暴虐日甚，龜上疏言其罪狀，請誅之。帝不省。自知必爲冀所害，不食七日而死。西域胡夷，并、涼民庶，咸爲舉哀，弔祭其墓。

［1］【今注】梁冀：字伯卓，安定烏氏（今寧夏固原市東南）人。東漢權臣。大將軍梁商子，兩妹分别爲順帝、桓帝皇后。順帝永和六年（141）繼任大將軍。順帝死，梁太后臨朝，復任大將軍，參録尚書事，執政二十餘年，先後立沖、質、桓三帝。桓帝延熹二年（159），帝與宦官定計誅滅梁氏，冀自殺。傳見本書卷三四。

［2］【李賢注】挑取猶獨取也。獨取其名，如挑戰之義。

橋玄字公祖，梁國睢陽人也。[1]七世祖仁，[2]從同郡戴德學，[3]著《禮記章句》四十九篇，號曰"橋君學"。成帝時爲大鴻臚。[4]祖父基，廣陵太守。[5]父肅，東萊太守。[6]

［1］【今注】梁國：諸侯王國名。原爲秦碭郡，西漢高帝改置國。東漢初爲郡。章帝建初四年（79），汝南王劉暢徙爲梁王，傳國至玄孫劉彌。　睢陽：縣名。治所在今河南商丘市南。

［2］【今注】案，曹金華《後漢書稽疑》："此謂喬玄七世祖仁，成帝時爲大鴻臚，而《太尉喬玄碑》作'公諱玄，字公祖……大鴻臚之曾孫'，《太尉喬玄碑陰》作'高祖諱仁，位至大鴻臚，列名於儒林'。其碑文雖異，亦不當爲'七世祖'也。"（第664頁）

［3］【今注】戴德：字延君，梁睢陽（今河南商丘市南）人。西漢學者。宣帝時，與從兄之子戴聖俱從后倉學《士禮》。立博士，

號大戴。任信都王太傅。弟子有琅邪徐良。中華本校勘記："'戴德'當作'戴聖'。《集解》引朱彝尊説，謂案《前書·儒林傳》，仁傳小戴之學，此云'戴德'，恐誤。"

[4]【今注】成帝：西漢成帝劉驁，公元前 33 年至前 7 年在位。紀見《漢書》卷一〇。中華本校勘記："《集解》引洪亮吉説，謂案《前書·百官表》，平帝元始元年始云大鴻臚橋仁，今言'成帝時'，誤。"

[5]【今注】廣陵：郡國名。西漢武帝元狩六年（前 117）改江都國置，治廣陵縣（今江蘇揚州市西北）。東漢光武帝建武十八年（42）改爲廣陵郡。東漢末移治射陽縣（今江蘇寶應縣東北）。惠棟《後漢書補注》："蔡邕《橋公碑》曰，祖侍中，廣川相。"曹金華《後漢書稽疑》："《太尉喬玄碑》作'公諱玄……廣川相之孫'，《碑陰》云'祖侍中，廣川相'。此謂'廣陵太守'當誤。"（第 664—665 頁）

[6]【今注】東萊：郡名。西漢時治掖縣（今山東萊州市）。東漢時徙治黄縣（今山東龍口市東南）。

玄少爲縣功曹。時豫州刺史周景行部到梁國，[1]玄謁景，因伏地言陳相羊昌罪惡，[2]乞爲部陳從事，[3]窮案其姦。景壯玄意，署而遣之。玄到，悉收昌賓客，具考臧罪。[4]昌素爲大將軍梁冀所厚，冀爲馳檄救之。[5]景承旨召玄，玄還檄不發，案之益急。昌坐檻車徵，[6]玄由是著名。

[1]【今注】豫州：西漢武帝時所置十三刺史部之一，東漢時治譙縣（今安徽亳州市）。　周景：字仲饗，廬江舒（今安徽廬江縣西南）人。傳見本書卷四五。　行部：漢制，刺史每年八月巡視所轄郡縣，考察行政刑獄。

[2]【今注】陳相：陳國之相。陳國，諸侯王國名。治所在今河南淮陽縣。　案，羊，中華本校勘記："《集解》引何焯説，謂'羊'舊抄《廣川書跋》作'芊'。"

[3]【李賢注】部猶領也。

[4]【今注】臧罪：貪贓受賄的罪行。

[5]【今注】馳檄：迅速傳遞檄文。

[6]【今注】檻車：囚車。

舉孝廉，補洛陽左尉。[1]時梁不疑爲河南尹，[2]玄以公事當詣府受對，恥爲所辱，棄官還鄉里。後四遷爲齊相，[3]坐事爲城旦。[4]刑竟，[5]徵，再遷上谷太守，[6]又爲漢陽太守。[7]時上邽令皇甫禎有臧罪，[8]玄收考髡笞，[9]死于冀市，[10]一境皆震。郡人上邽姜岐，守道隱居，[11]名聞西州。玄召以爲吏，稱疾不就。玄怒，敕督郵尹益逼致之，[12]曰："岐若不至，趣嫁其母。"[13]益固争不能得，遽曉譬岐。[14]岐堅卧不起。郡内士大夫亦競往諫，玄乃止。時頗以爲譏。後謝病免，復公車徵爲司徒長史，[15]拜將作大匠。[16]

[1]【李賢注】左部尉也。【今注】洛陽左尉：官名。漢制，郡國置尉一人，典兵禁，備盜賊。洛陽爲京城所在地，分部置尉，左尉即左部尉。尉又稱都尉。東漢初，諸郡都尉省併於太守，其他有特殊需要者方置。曹金華《後漢書稽疑》："《太尉喬玄碑》及《碑陰》皆作'舉孝廉，除郎中、洛陽左尉'。"（第665頁）

[2]【今注】梁不疑：安定烏氏（今寧夏固原市東南）人。東漢官吏、外戚。大將軍梁商之子，梁冀之弟。初爲侍中，順帝永和六年（141）爲河南尹。桓帝立，封爲潁陽侯，後轉光禄勳。因與

冀有隙，與弟梁蒙閉門自守。後卒。

［3］【今注】齊相：齊國之相。齊國，諸侯王國名。治所在今山東淄博市東北。惠棟《後漢書補注》："《太尉橋公廟碑》曰：舉高第，補侍御史，以考司隸校尉趙祁事，離司寇。又以高第補侍御史，拜涼州刺史。遷齊相。"

［4］【今注】城旦：秦漢時一種强制男性罪犯服勞役的刑罰。白天伺寇虜，夜晚築長城。

［5］【今注】竟：結束。

［6］【今注】上谷：郡名。治沮陽（今河北懷來縣東北）。

［7］【今注】漢陽：郡名。治冀縣（今甘肅甘谷縣東）。

［8］【今注】上邽：縣名。治所在今甘肅天水市。曹金華《後漢書稽疑》："'皇甫楨'諸書僅見，《太尉喬玄碑》與《碑陰》皆作'皇甫貞'。"（第665頁）

［9］【今注】髡笞：剃頭鞭笞。

［10］【李賢注】冀，縣名，屬漢陽郡。【今注】案，市，大德本作"中"。

［11］【今注】案，守，殿本作"字"。

［12］【今注】督郵：官名。漢置，郡府屬吏。掌監屬縣、督送郵書，兼及案繫盜賊、點録囚徒、催繳租賦等。漢代每郡依據所轄縣多少，分東、西、南、北、中等爲五部（或二部、三部），分部循行。

［13］【李賢注】趣音促。

［14］【今注】遽：立即。　曉譬：曉喻，開導。

［15］【今注】公車徵：漢代設公車令，臣民上書及被徵召由公家的車馬接送。公車，指漢代公家的車馬。　司徒長史：官名。東漢司徒屬官有長史一人，秩千石，有掾屬三十一人。

［16］【今注】將作大匠：官名。西漢景帝中元六年（前144）由將作少府改名。秩二千石，或以功勞增秩中二千石。掌領徒隸修

建宫室、宗廟、陵寢及其他土木工程，植樹於道旁。新莽改名都匠。東漢初復舊，但不置專官，常以謁者兼領其事，至章帝始真授。

桓帝末，鮮卑、南匈奴及高句驪嗣子伯固並畔，[1]爲寇鈔，四府舉玄爲度遼將軍，[2]假黄鉞。[3]玄至鎮，休兵養士，然後督諸將守討擊胡虜及伯固等，皆破散退走。在職三年，邊境安静。

[1]【今注】高句驪：古民族名。相傳爲夫餘别種。漢代時分布於今鴨綠江及其支流渾江流域。西漢武帝時以其地爲高句驪縣，屬玄菟郡。

[2]【今注】四府：東漢時指太尉、司徒、司空、大將軍府。本書卷二七《趙典傳》"建和初，四府表薦"，李賢注云："四府，太尉、司徒、司空、大將軍府也。"

[3]【今注】假黄鉞：賜予黄金爲裝飾的大斧。皇帝派遣大臣出師，假以黄鉞以示威重。

靈帝初，徵入爲河南尹，轉少府、大鴻臚。[1]建寧三年，[2]遷司空，轉司徒。素與南陽太守陳球有隙，[3]及在公位，而薦球爲廷尉。[4]玄以國家方弱，自度力無所用，乃稱疾上疏，引衆災以自劾。遂策罷。歲餘，拜尚書令。[5]時太中大夫蓋升與帝有舊恩，[6]前爲南陽太守，臧數億以上。玄奏免升禁錮，没入財賄。帝不從，而遷升侍中。[7]玄託病免，拜光禄大夫。[8]光和元年，[9]遷太尉。數月，復以疾罷，拜太中大夫，就醫里舍。

［1］【今注】少府：官名。戰國時三晉和秦均有設置，漢因之。掌山澤陂池市肆租税，以供宫廷開支。兼管宫廷日常事務及手工製作。秩中二千石。西漢武帝時期將少府部分山澤陂池之税移交大司農。東漢少府職屬進一步精簡，掌宫中服御諸物、實貨珍膳的供給和服務。

［2］【今注】建寧：東漢靈帝劉宏年號（168—172）。

［3］【今注】南陽：郡名。治宛縣（今河南南陽市卧龍區）。陳球：字伯真，下邳淮浦（今江蘇漣水縣西）人。東漢大臣。傳見本書卷五六。

［4］【今注】廷尉：官名。位列九卿，主掌司法審判，秩中二千石。

［5］【今注】尚書令：官名。西漢時爲尚書署長官，掌文書，爲少府屬官。秩六百石。武帝以後，職權稍重，掌傳達詔命章奏。秩千石。東漢時爲尚書臺長官，掌決策詔令、總領朝政。如以公兼任，增秩至二千石。朝會時，與御史中丞、司隸校尉皆專席坐，時號“三獨坐”。

［6］【今注】太中大夫：官名。秦置，掌顧問應對、奉詔出使，隸屬郎中令。西漢時秩比千石，東漢時秩千石。

［7］【今注】侍中：官名。隸屬少府。職掌侍從左右、顧問應對等事務，秩比二千石。

［8］【今注】光禄大夫：官名。西漢武帝太初元年（前104），改中大夫置，屬光禄勳，秩比二千石。掌論議。東漢時多用以案行州郡，拜假賵贈之使，及監護諸國嗣喪事。

［9］【今注】光和：東漢靈帝劉宏年號（178—184）。

玄少子十歲，獨游門次，[1]卒有三人持仗劫執之，[2]入舍登樓，就玄求貨，玄不與。有頃，司隸校尉陽球率河南尹、洛陽令圍守玄家。[3]球等恐并殺其子，未欲迫之。玄瞋目呼曰："姦人無狀，玄豈以一子之命而縱國賊乎！"促令兵進。於是攻之，玄子亦死。玄乃詣闕謝罪，乞下天下："凡有劫質，皆并殺之，不得贖以財寶，開張姦路。"詔書下其章。初，自安帝以後，法禁稍弛，京師劫質，不避豪貴，自是遂絶。

[1]【今注】門次：門邊。

[2]【今注】案，仗，大德本、殿本作"杖"。

[3]【今注】陽球：字方正，漁陽泉州（今天津市武清區西南）人。初舉孝廉，補尚書侍郎。出爲高唐令，以嚴酷爲郡守收繫彈劾。後舉高第，拜九江太守，遷平原相。靈帝特拜爲議郎，遷將作大匠，拜尚書令。光和二年（179）遷司隸校尉，奏捕奸宦，威震京師，權宦疾之，帝乃徙爲衞尉。與司徒劉郃等議收捕宦官，謀泄誅死。傳見本書卷七七。

玄以光和六年卒，[1]時年七十五。玄性剛急無大體，然謙儉下士，子弟親宗無在大官者。及卒，家無居業，[2]喪無所殯，當時稱之。

[1]【今注】光和六年：公元 183 年。中華本校勘記："《集解》引惠棟説，謂《橋公廟碑》'七年五月甲寅，以太中大夫薨于京師'。案《橋公》二碑皆云光和七年，疑傳誤也。又引侯康説，謂玄卒時年七十五，而蔡伯喈《西鼎銘》載玄于光和元年有'犬馬齒七十'之語，則實卒於六年，傳不誤。今按：光和七年十二月己巳改元中平，如依《橋公廟碑》，則當書'中平元年'。"曹金華《後漢書稽疑》："《西鼎銘》謂'犬馬齒七十'，時在'光和元年冬十二月丁巳'，若以逾年七十計之或舉成數言之皆可，不可泥也。

又玄卒於光和七年五月甲寅，‘九月乙酉’葬而銘碑，而是年十二月己巳方改光和七年爲中平元年，碑不當書‘中平元年’。‘六年’必是‘七年’之誤。光和七年五月乙巳，甲寅爲初十，九月癸酉朔，乙酉十三日，而六年九月己酉朔，是月無‘乙酉’也。”（第667頁）

［2］【今注】案，居業，中華本校勘記：“《集解》引惠棟説，謂張璠《漢記》‘居業’作‘餘業’。”

初，曹操微時，人莫知者，嘗往候玄，玄見而異焉，謂曰：“今天下將亂，安生民者其在君乎！”操常感其知己。及後經過玄墓，輒悽愴致祭。自爲其文曰：“故大尉橋公，[1]懿德高軌，汎愛博容。[2]國念明訓，士思令謨。[3]幽靈潛翳，遐哉緬矣！[4]操以幼年，逮升堂室，特以頑質，見納君子。增榮益觀，皆由獎助，[5]猶仲尼稱不如顏淵，[6]李生厚歎賈復。[7]士死知己，懷此無忘。又承從容約誓之言：‘徂没之後，路有經由，不以斗酒隻雞過相沃酹，[8]車過三步，腹痛勿怨。’雖臨時戲笑之言，非至親之篤好，胡肯爲此辭哉？懷舊惟顧，念之悽愴。[9]奉命東征，屯次鄉里，北望貴土，乃心陵墓。裁致薄奠，公其享之！”[10]

［1］【今注】案，大，紹興本、大德本、殿本作“太”，是。

［2］【今注】懿德高軌汎愛博容：德行懿美，節操高尚，博愛而待人寬容。汎，紹興本、大德本、殿本作“汎”，是。

［3］【今注】國念明訓士思令謨：國家追念他的英明教誨，士人思念他的美妙計策。

［4］【今注】幽靈潛翳遐哉緬矣：他的靈魂隱幽不見，祇能遥

遠地緬懷。

［5］【今注】案，助，大德本、殿本作“勗”。

［6］【李賢注】《論語》孔子謂子貢曰：“汝與回也孰愈?”子貢曰：“賜也何敢望回。”子曰：“吾與汝俱不如也。”

［7］【李賢注】復少好學，師事舞陰李生。李生奇之，曰：“賈君國器也。”

［8］【今注】沃酹：以酒澆地祭奠。

［9］【李賢注】惟，思也。

［10］【李賢注】《魏志》曰“建安七年，曹公軍譙，遂至浚儀，遣使以太牢祀橋玄，進軍官度”也。

玄子羽，官至任城相。[1]

［1］【今注】任城相：任城國之相。任城，諸侯王國名。治任城縣（今山東濟寧市東南）。

論曰：任棠、姜岐，世著其清。結甕牖而辭三命，[1]殆漢陽之幽人乎?[2]龐參躬求賢之禮，故民悅其政；橋玄厲邦君之威，而衆失其情。夫豈力不足歟?將有道在焉。[3]如令其道可忘，則彊梁勝矣。[4]語曰：“三軍可奪帥，匹夫不可奪志。”[5]子貢曰：“寧喪千金，不失士心。”昔段干木踰牆而避文侯之命，[6]泄柳閉門不納穆公之請。[7]貴必有所屈，賤亦有所申矣。[8]

［1］【李賢注】結猶構也。《莊子》曰：“原憲處魯，居環堵之室（環，紹興本作‘壞’），桑樞而甕牖。”《周禮》：“一命受職，再命受服，三命受位。”謂任、姜辭太守之辟也（太，大德本

作‘大’)。【今注】甕牖：以破甕爲窗，指貧寒之家。

[2]【李賢注】《易》曰："履道坦坦，幽人貞吉。"【今注】殆：大概。　幽人：隱士。

[3]【李賢注】橋玄之舍姜岐（之，大德本、殿本無"之"字），以道不可違，故不得以威力逼也。

[4]【今注】彊梁：强悍、武斷。

[5]【李賢注】鄭玄注《論語》言（言，大德本、殿本作"云"）："匹夫之守志，重於三軍之死將者也。"【今注】三軍可奪帥匹夫不可奪志：語出《論語·子罕》。意爲軍隊的首領可以被改變，但是有志氣的人的志向是不能被改變的。

[6]【李賢注】《高士傳》曰，段干木者，晉人也。守道不仕。魏文侯造其門，段干木踰牆而避之。

[7]【李賢注】泄柳，魯之賢人也。魯穆公時，請見之，泄柳閉門而不納。事見《孟子》。

[8]【今注】案，申，大德本、殿本作"伸"。

贊曰：李叟勤身，甘飢辭饋。禪爲君隱，之死靡貳。[1]龜習邊功，參起徒中。橋公識運，先覺時雄。[2]

[1]【今注】之死靡貳：到死都没有貳心。

[2]【今注】先覺時雄：指橋玄以曹操爲梟雄。

後漢書　卷五二

列傳第四十二

崔駰 子瑗 孫寔

崔駰字亭伯，涿郡安平人也。[1]高祖父朝，[2]昭帝時爲幽州從事，[3]諫刺史無與燕剌王通。及剌王敗，擢爲侍御史。[4]生子舒，歷四郡太守，所在有能名。

[1]【今注】涿郡：治涿縣（今河北涿州市）。　安平：縣名。治所在今河北安平縣。東漢光武帝建武二年（26），封虎牙將軍蓋延爲安平侯。明帝永平十三年（70），蓋延之孫安平侯蓋側因謀反罪被誅，國除。

[2]【今注】高祖父：曾祖的父親。

[3]【今注】昭帝：西漢昭帝劉弗陵，公元前87年至前74年在位。紀見《漢書》卷七。　幽州從事：即幽州刺史從事，官名。從事又稱從事史。漢制，司隸校尉和州刺史，置從事史十二人，分掌政事，秩皆百石。

[4]【李賢注】燕剌王旦（剌，殿本作“刺”），武帝子，坐與上官桀等謀亂，自殺。剌，力割反。【今注】刺史：官名。西漢

武帝元封五年（前106）置，共十三部（州），每部置刺史一人，秩六百石。無治所，每年歲末入奏。成帝綏和元年（前8）更名州牧，秩二千石。哀帝建平二年（前5）復爲刺史，元壽二年（前1）又稱州牧。東漢光武帝建武元年復置州牧。建武十一年省。十八年，罷州牧，置刺史，秩六百石。有固定治所，高於郡級地方行政長官。掌監察、選舉、劾奏、領兵等。屬吏有從事史、假佐。靈帝中平五年（188），改置州牧。　案，刺，殿本作“剌”。　侍御史：官名。御史中丞屬官。員十五人，秩六百石。掌察舉非法，受公卿群吏奏事，有違失舉劾之。

舒小子篆，王莽時爲郡文學，[1]以明經徵詣公車。[2]太保甄豐舉爲步兵校尉，[3]篆辭曰：“吾聞伐國不問仁人，[4]戰陳不訪儒士。[5]此舉奚爲至哉?”遂投劾歸。[6]

[1]【今注】王莽：字巨君。西漢元帝王皇后侄。漢末以外戚掌權。初始元年（8）稱帝，改國號爲新，實行改制。地皇四年(23)，政權被緑林、赤眉等義軍推翻。傳見《漢書》卷九九。　郡文學：官名。漢制，郡國設學校，置學官管理其事，稱郡文學，或稱郡文學掾。

[2]【今注】明經：漢代選舉制度。指通曉經學。西漢武帝尊崇儒術，多補博士、議郎。東漢章帝元和二年（85）始令郡國舉通曉經學者，凡十萬以上舉五人，十萬以下舉三人。質帝本初元年(146）規定被選舉者年齡應在五十以上，七十以下，方可推舉。　公車：官名。西漢皇宫中有公車司馬門，設公車司馬令、丞以掌之，夜徼宫中，凡臣民上書和徵召出入皆由其接待管理。公車司馬令秩六百石，隸衛尉。簡稱公車、公車令。東漢時掌宫南闕門，主凡吏民上章、四方貢獻及徵詣公車者。屬官有丞、尉等。丞掌察非

法，尉主門衞兵禁，以戒非常。

[3]【今注】太保：古三公之一。周置，西漢平帝元始元年（1）復置，位次太傅。　甄豐：字長伯。西漢末官吏。平帝時任少府。王莽爲宰衡，他旦夕入謀議，莽篡位後，任更始將軍。後被殺。　步兵校尉：西漢武帝始置，爲北軍八校尉之一，秩二千石，位次列卿，屬官有丞、司馬等。領上林苑門屯兵，戍衞京師，兼任征伐。東漢時爲北軍五校尉之一，秩比二千石，隸北軍中候。掌宿衞禁兵，有司馬一員。中華本校勘記："《集解》引黄山説，謂《前書·王莽傳》甄邯爲太保，豐爲太阿，未爲太保也，'保''豐'二字當有一誤。"曹金華《後漢書稽疑》："《御覽》卷二四二引《東觀記》亦作'太保甄豐'，然《王莽傳》云'甄豐爲太阿右拂，甄邯爲太保後承'，又云'太保、後承承陽侯甄邯'，'大阿、右拂、大司空、衞將軍廣陽侯甄豐'，'大阿、右拂、大司空豐'，《翟方進傳》作'太保後丞丞陽侯甄邯'，《三國志·魏書·后妃傳》謂'文昭甄皇后……漢太保甄邯后也'，皆無'太保甄豐'之説，故疑本傳承《東觀記》誤矣。又崔篆《慰志》'嗟三事之我負兮，乃迫餘以天威'，章懷注：'三事謂三公也。負謂太保甄豐舉也。'若以'三事'解之，則甄豐是，'太保'當作'太阿'，因甄豐爲大司空也。"（中華書局2014年版，第669頁）

[4]【李賢注】《前書》董仲舒曰："昔在魯君問柳下惠曰（中華本校勘記據汲本改'在'爲'者'，'與《前書》董仲舒傳合'，是）：'吾欲伐齊，如何？'柳下惠曰：'不可。'歸而有憂色，曰：'吾聞伐國不問仁人，此言何爲至於我哉？'"

[5]【李賢注】《論語》曰："衞靈公問陳於孔子。孔子對曰：'俎豆之事則嘗聞之，軍旅之事未之學也。'"【今注】陳：通"陣"。

[6]【李賢注】投辭自劾有過，不合應舉。

莽嫌諸不附己者，多以法中傷之。時纂兄發以佞巧幸於莽，位至大司空。[1]母師氏能通經學、百家之言，莽寵以殊禮，賜號義成夫人，金印紫綬，[2]文軒丹轂，[3]顯於新世。

［1］【今注】大司空：官名。西漢初稱御史大夫。成帝綏和元年（前8）更名大司空。哀帝建平二年（前5）復稱御史大夫，元壽二年（前1）又改稱大司空。東漢初仍稱大司空，光武帝建武二十七年（51）改稱司空，掌水土工程、祭祀等。秩萬石。

［2］【今注】金印紫綬：黄金印紫色綬帶。漢代女性極少有金印紫綬者。東漢光武帝時置貴人，金印紫綬，位次皇后。

［3］【今注】文軒丹轂：裝飾華美的軒車、配備紅色的車轂。

後以纂爲建新大尹，[1]纂不得已，乃歎曰："吾生無妄之世，值澆、羿之君，[2]上有老母，下有兄弟，安得獨潔己而危所生哉？"乃遂單車到官，稱疾不視事，三年不行縣。[3]門下掾倪敞諫，[4]纂乃强起班春。[5]所至之縣，獄犴填滿。[6]纂垂涕曰："嗟乎！刑罰不中，乃陷人於穽。此皆何罪，而至于是！"遂平理，所出二千餘人。掾吏叩頭諫曰："朝庭初政，[7]州牧峻刻。[8]宥過申枉，[9]誠仁者之心；然獨爲君子，將有悔乎！"纂曰："邾文公不以一人易其身，君子謂之知命。[10]如殺一大尹贖二千人，蓋所願也。"遂稱疾去。

［1］【李賢注】莽改千乘郡曰建新，守曰大尹。【今注】建新大尹：建新郡太守。建新，即千乘郡，王莽時改稱建新郡。西漢時

治所在今山東高青縣東北。大尹，即太守。王莽改稱大尹。

［2］【李賢注】《易》曰："無妄之行，窮之災也。"《左傳》曰："昔有夏之方衰也，后羿自鉏遷於窮石，因夏人以代夏政，而淫於原獸。用寒浞，伯明氏之讒子弟也。而虞羿于田，以取其國家（家，大德本作'寒'）。浞因羿室，生澆及豷，恃其讒慝詐僞，而不德於人。"澆音五弔反。豷音許既反。【今注】澆：寒浞之子。寒浞曾任后羿之相，後篡位。澆曾助父作亂。　羿：后羿，夏代有窮氏首領，曾篡位夏代國君太康。此處以澆、羿代指王莽。

［3］【李賢注】《續漢志》曰："郡國常以春行至縣（中華本校勘記：'陳景雲謂"至"當從《續志》本文作"主"。主縣者，所主之縣也。按：《百官志》云"常以春行所主縣"，陳説是，今據改。'應據改），勸人農桑，振救乏絶。"

［4］【今注】門下掾：本書卷一三《公孫述傳》李賢注："州郡有掾，皆自辟除之，常居門下，故以爲號。"縣亦有之。

［5］【李賢注】班布春令。【今注】班春：郡太守在春季頒布春令，勸農桑，班時令（參見薛夢瀟《東漢郡守"行春"考》，《中國史研究》2014 年第 1 期）。

［6］【李賢注】犴音岸。《前書音義》曰："鄉亭之獄曰犴。"

［7］【今注】案，庭，大德本、殿本作"廷"。

［8］【李賢注】初政謂莽即位。

［9］【今注】宥過申枉：寬免罪過，伸張冤屈。

［10］【李賢注】《左傳》曰"邾文公卜遷於繹。史曰：'利於人，不利於君。'邾子曰：'苟利於人，孤之利也。人既利矣，孤必與焉。'遂遷于繹。五月，邾文公卒。君子曰知命"也。【今注】邾文公不以一人易其身：邾文公不因一人之得失而改變自己的主張。

建武初，[1]朝庭多薦言之者，[2]幽州刺史又舉篆賢良。[3]篆自以宗門受莽僞寵，慙愧漢朝，遂辭歸不仕。客居滎陽，[4]閉門潛思，著《周易林》六十四篇，[5]用決吉凶，多所占驗。[6]臨終作賦以自悼，名曰《慰志》。其辭曰：

［1］【今注】建武：東漢光武帝劉秀年號（25—56）。

［2］【今注】案，庭，大德本、殿本作“廷”。

［3］【今注】幽州：西漢武帝時所置十三刺史部之一。東漢時治薊縣（今北京市西南）。　賢良：漢代選舉人才的科目之一。始於漢文帝，東漢因之。賢良與方正和文學常常並提，稱賢良方正或賢良文學。

［4］【今注】滎陽：縣名。治所在今河南鄭州市西北。

［5］【今注】周易林：書名。一作《家林》《卦林》。《舊唐書·經籍志》《新唐書·藝文志》均著録十六卷，後佚。曹金華《後漢書稽疑》：“‘周易林’，《儒林傳》作‘家林’。”（第670頁）

［6］【今注】案，多所占驗，大德本無“所”字。

嘉昔人之遘辰兮，[1]美伊、傅之遻時。[2]應規矩之淑質兮，過班、倕而裁之。[3]協準矱之貞度兮，同斷金之玄策。[4]何天衢於盛世兮，超千載而垂績。[5]豈脩德之極致兮，將天祚之攸適？[6]

［1］【李賢注】遘，遇也。辰，時也。

［2］【李賢注】伊尹干湯（干，紹興本作“于”，殿本作“於”），傅説遇高宗。《爾雅》曰：“遻，遇也。”音五故反。【今注】伊：伊尹。商初大臣。傳説出身奴隸，爲有莘氏女的陪嫁之臣，後輔佐商湯滅夏。　傅：傅説。商王武丁時大臣。相傳曾爲在

傅岩從事版築的奴隸，後被武丁重用，國家大治。

［3］【李賢注】公輸班，魯人也。倕，舜時爲共工之官（官，殿本作“言”）。皆巧人也。以喻湯及高宗也。【今注】應規矩之淑質兮過班倕而裁之：（他們）有符合規矩的美好資質，可供魯班和倕那樣的能工巧匠裁用。規，圓規。矩，方尺。淑質，美好的資質。班，魯班。著明工匠。倕，傳説舜帝時共公的巧匠。

［4］【李賢注】準，繩也。矱，尺也。貞，正也。《易》曰：“二人同心，其利斷金。”玄策猶妙策也。【今注】協準矱之貞度兮同斷金之玄策：（他們）有合乎準繩尺度的貞正品質，有同心斷金的絶妙計策。

［5］【李賢注】《易·大畜》卦，《乾》下《艮》上（下，殿本作“上”。下，殿本作“上”），其《上九》曰：“何天之衢，亨。”鄭玄云：“《艮》爲手，手上肩也。《乾》爲首。首肩之閒荷物處。《乾》爲天，《艮》爲徑路，天衢象也。”【今注】天衢：天路。　垂績：功績流傳。

［6］【今注】豈脩德之極致兮將天祚之攸適：難道是他們的美好品德到達了極致，還是上天賜予的福佑歸屬於他們。脩德，美好的品德。將，猶“豈”。表反詰的副詞。天祚，天賜福佑。攸，所。適，往，歸。

愍余生之不造兮，［1］丁漢氏之中微。［2］氛霓鬱以横厲兮，羲和忽以潛暉。［3］六柄制于家門兮，王綱漼以陵遲。［4］黎、共奮以跋扈兮，羿、浞狂以恣睢。［5］睹嫚臧而乘釁兮，竊神器之萬機。［6］思輔弼以婾存兮，亦號咷以詶咨。［7］嗟三事之我負兮，乃迫余以天威。［8］豈無熊僚之微介兮？悼我生之殲夷。［9］庶明哲之末風兮，懼《大雅》之所譏。［10］遂翕翼以委命兮，受符守乎艮維。[11]恨遭閉而不隱兮，違石門之高蹤。[12]揚蛾眉於復關兮，犯孔戒之冶容。[13]懿氓蚩之悟悔兮，慕白駒之所從。[14]乃稱疾而屢復兮，歷三祀而見許。[15]悠輕舉以遠遁兮，託峻峗以幽處。[16]竫潛思於至賾兮，騁《六經》之奥府。[17]皇再命而紹卹兮，乃云眷乎建武。[18]運欃搶以電埽兮，清六合之土宇。[19]聖德滂以横被兮，黎庶愷以鼓舞。[20]闢四門以博延兮，彼幽牧之我舉。[21]分畫定而計決兮，豈云賁乎鄙耇，[22]遂懸車以縶馬兮，[23]絶時俗之進取。歎暮春之成服兮，闔衡門以歸軌。[24]聊優游以永日兮，守性命以盡齒。[25]貴啓體之歸全兮，庶不忝乎先子。[26]

[1]【李賢注】造，成也。【今注】愍：憐憫。

[2]【李賢注】丁，當也。

[3]【李賢注】氛，祲也。霓，日傍之氣。横厲謂氣盛而陵於天也。羲和，日也。氣盛而日光微，諭王莽篡漢（諭，大德本、殿本作“喻”）。【今注】氛霓鬱以横厲兮羲和忽以潛暉：不祥的雲氣鬱積凌厲，太陽一時被遮蔽了光輝。氛霓，不祥的雲氣。潛暉，遮蔽光輝。

[4]【李賢注】《國語》管仲對齊桓公曰：“昔者聖人之理天下也，而愼用其六柄焉。”韋昭注云：“六柄，生、殺、貧、賤、富、貴也。”漼猶摧落也，音千隗反。【今注】家門：卿大夫之家。《左傳》昭公三年：“政在家門，民無所依。”　王綱：朝廷綱紀。陵遲：衰落。

[5]【李賢注】《國語》曰：“昔少皞之衰（皞，大德本作

‘皓’)，九黎亂德，人神雜揉，不可方物。”《淮南子》曰：“昔者共工與顓頊争爲帝，怒而觸不周之山，天柱折，地維絶。”跛扈，强梁也。恣睢，自用之貌也。恣音呰。睢音許維反。羿、浞已見上。【今注】黎：九黎。古代部落名。傳説少昊末期，九黎部落曾經作亂。 共：共工。 恣睢：肆意妄爲。

[6]【李賢注】《易》曰：“嫚臧誨盜（嫚，紹興本作‘慢’。臧，紹興本、大德本、殿本作‘藏’）。”釁，隙也。神器，帝王之位。《老子》曰：“天下神器，不可爲也。”《書》曰（曰，殿本作“云”）：“兢兢業業，一日二日萬機。”【今注】睹嫚臧而乘釁兮竊神器之萬機：（他們）看到財物趁機偷盜，竊取帝王之位。嫚藏，財物保管不當。

[7]【李賢注】輔弼謂王莽輔政也。偷，苟且也。號咷，哀呼也。《前書》王莽策孺子嬰爲定安公，莽親執孺子手，流涕歔欷也。【今注】媮存：苟且偷生。媮，同“偷”。 詶咨：咨詢；顧問。

[8]【李賢注】三事謂三公也。負謂太保甄豐舉也。【今注】三事：古稱三公爲三事大夫。《詩·小雅·雨無正》：“三事大夫，莫肯夙夜。” 負：違背。此指崔篆拒絶甄豐保舉。

[9]【李賢注】《左傳》曰：“楚白公勝爲亂。石乞曰：‘市南有熊相宜僚者，若得之，可以當五百人矣。’從白公而見之。與之言，説；告之故，辭；承之以劍，不動。勝曰：‘不爲利諂，不爲威惕，不泄人言以求媚者。’去之。”介，耿介也。我生謂母也。殲，滅也。夷，傷也。言其母老，恐禍及也。【今注】豈無熊僚之微介兮悼我生之殲夷：難道是我没有熊宜僚那樣耿介嗎？是因爲顧念母親受牽連而遭害。熊僚，即熊宜僚。春秋末年楚國勇士。殲夷，誅滅。

[10]【李賢注】《詩·大雅》曰：“既明且哲，以保其身。”

[11]【李賢注】艮，東北之位。謂篆爲千乘太守也。【今注】

遂翕翼以委命兮受符守乎艮維：於是收斂翅翼委身於命運，接受符節出任東北方位的太守。翕翼，收斂翅翼。此指收斂自己的心智。

［12］【李賢注】《易》曰：“天地閉而賢人隱。”《論語》曰：“子路宿於石門。晨門曰：‘奚自。’子路曰：‘自孔氏。’曰：‘是知其不可而爲之者歟？’”【今注】恨遭閉而不隱兮違石門之高蹤：怨恨自己遭遇閉塞的天地而不能隱退，有違石門高徒的心迹。石門，魯國都城外門。

［13］【李賢注】《楚詞》曰：“衆女皆妒余之蛾眉。”《詩·國風序》曰：“《氓》，刺時也。淫風大行，男女無別，故序其事以風焉。”其《詩》曰：“乘彼垝垣，以望復關。”毛萇注云：“垝，毀也。復關，君子所近之處也。”《易·繫辭》曰：“冶容誨淫。”鄭玄云：“謂飾其容而見於外曰冶。”【今注】揚蛾眉於復關兮犯孔戒之冶容：在復關高揚蛾眉，違背孔子不能妖冶容貌的告誡。冶容，修飾得很妖媚。孔戒，孔子的告誡。

［14］【李賢注】《詩》曰“氓之蚩蚩，抱布貿絲。匪來貿絲，來即我謀”。注云（注，大德本作“註”）：“氓，人也。蚩蚩，殷厚之貌。布，幣也。即，就也。言此之人，非買絲來，就我爲室家也。”又曰：“及爾偕老，老使我怨。”注云：“我欲與汝俱至老，汝反薄我使怨也。”又曰：“皎皎白駒。”諭賢人也（諭，大德本、殿本作“喻”）。【今注】懿氓蚩之悟悔兮慕白駒之所從：感嘆被氓蚩男子所誤女子的悔恨，羡慕跟從皎皎白駒的賢人。懿，感嘆。氓蚩之悟悔，典出《詩·衞風·氓》。此詩以女子口吻，回憶了戀愛生活的甜蜜以及婚後被負心丈夫虐待的悔恨。

［15］【李賢注】復猶白也。【今注】乃稱疾而屢復兮歷三祀而見許：於是稱病多次上言請辭，經過三年纔被允許。祀，年。

［16］【李賢注】峻峗謂山也。峗音魚委反。【今注】悠輕舉以遠遁兮託峻峗以幽處：悠然高飛以遠遠地隱遁，托身於險峻深山幽居獨處。

［17］【李賢注】賾，深也。【今注】竫潛思於至賾兮騁六經之奧府：安静沉思到至深之處，馳騁於《六經》的深奥之府。竫，安静。六經，《詩》《書》《禮》《樂》《易》《春秋》。奥府，深奥微妙之處。

［18］【李賢注】皇，天也。紹，繼也。卹，憂也。言天憂卹眷顧漢家，所以再命光武也。【今注】皇再命而紹卹兮乃云眷乎建武：皇天再次垂命憂慮漢家的紹繼，於是眷顧於光武。

［19］【李賢注】欃搶（搶，紹興本作"槍"，是），彗也。【今注】運欃搶以電埽兮清六合之土宇：用彗星像閃電一樣清掃，廓清天地四方的疆土。搶，紹興本作"槍"。電埽，像閃電一樣清掃。六合，天地四方。土宇，疆土。

［20］【今注】聖德滂以横被兮黎庶愷以鼓舞：聖德如大水滂沱四處遍及，百姓安樂歡欣鼓舞。滂，滂沱，喻恩澤廣降。横被，遍及。黎庶，百姓。愷，安樂。

［21］【李賢注】開闢四方之門，廣求賢也。幽牧謂爲幽州刺史所舉也。【今注】博延：廣爲延攬。

［22］【李賢注】賁，飾也。《易》曰"束帛戔戔，賁於丘園"也。【今注】分畫：籌劃。　鄙耇（gǒu）：鄉野老人。謙詞。耇，年老。

［23］【今注】懸車：懸車致仕。古人年七十辭官家居，廢車不用。　縶馬：拴馬。

［24］【李賢注】《論語》曾點曰："暮春（大德本、殿本'春'後有'者'字。中華本校勘記：'據汲本、殿本補，與《論語》合。'應據改），春服既成。"衡，横也，謂横木爲門。軌，跡也。【今注】暮春之成服：語出《論語·先進》："暮春者，春服既成，冠者五六人，童子六七人，浴乎沂，風乎舞雩，咏而歸。"　闔：關閉。　案，歸，大德本、殿本作"掃"，是。

［25］【李賢注】齒，年也。

［26］【李賢注】《論語》曰："曾子有疾，召門弟子曰：'啓余足（余，殿本作"予"。中華本校勘記："汲本、殿本'余'作'予'，與《論語》合"）。'"注云："父母全己生之（己，大德本、殿本作'而'），亦當全而歸之。"忝，辱也。先子謂先人也。《孟子》曾西曰："吾先子之所畏。"【今注】貴啓體之歸全兮庶不忝乎先子：人生貴在保全身體，祈求不辱没先人。

篆生毅，以疾隱身不仕。

毅生駰，年十三能通《詩》《易》《春秋》，博學有偉才，盡通古今訓詁百家之言，善屬文。少游太學，[1]與班固、傅毅同時齊名。[2]常以典籍爲業，未遑仕進之事。[3]時人或譏其太玄静，將以後名失實。[4]駰擬揚雄《解嘲》，作《達旨》以答焉。[5]其辭曰：

［1］【今注】太學：中國古代國家的最高學府。西漢武帝元朔五年（前124）始置太學。至東漢，太學制度大爲發展，生員衆多。

［2］【今注】班固：字孟堅，扶風安陵（今陝西咸陽市東北）人。史學家，著有《漢書》。傳見本書卷四〇。　傅毅：字武仲，扶風茂陵（今陝西興平市東北）人。著《七激》等文賦二十八篇。傳見本書卷八〇上。

［3］【今注】遑：閑暇。

［4］【今注】後名失實：聲名在人後而掩蓋實際本領。

［5］【李賢注】《華嶠書》曰："駰譏楊雄（楊，殿本作'揚'），以爲范、蔡、鄒衍之徒，乘釁相傾，誑曜諸侯者也，而云'彼伐異時'（伐，紹興本、大德本、殿本作"我"，是）。又

曰，竊貲卓氏，割炙細君，斯蓋士之贅行，而云‘不能與此數公者同’。以爲失類而改之也。”【今注】揚雄：字子雲，蜀郡成都（今四川成都市）人。西漢著名辭賦家。一作“楊雄”。少時好學，博覽群書。成帝時以文見召，呈《甘泉》《河東》《羽獵》《長楊》四賦。不久爲郎，給事黄門。王莽篡位，作《劇秦美新》。以年資高而轉爲大夫，校書天禄閣。後受劉歆之子劉棻進獻“符命”案牽連，自殺未遂。旋因病免。晚年潛心治學，仿《論語》作《法言》，仿《易》作《太玄》。另撰《訓纂》《方言》。傳見《漢書》卷八七。揚，紹興本、大德本作“楊”。　解嘲：揚雄作《太玄》，有人嘲笑他不善仕進，空講玄奥道理。他特作《解嘲》作答。

或説己曰：“《易》稱‘備物致用’，‘可觀而有所合’，故能扶陽以出，順陰而入。[1]春發其華，秋收其實，有始有極，爰登其質。[2]今子韞櫝《六經》，服膺道術，[3]歷世而游，高談有日，俯鉤深於重淵，仰探遠乎九乾，[4]窮至賾於幽微，測潛隱之無源。[5]然下不步卿相之廷，上不登王公之門，進不黨以讚己，退不黷於庸人。[6]獨師友道德，合符曩真，抱景特立，與士不群。[7]蓋高樹靡陰，獨木不林，隨時之宜，道貴從凡。[8]于時太上運天德以君世，憲王僚而布官；[9]臨雍泮以恢儒，疏軒冕以崇賢；[10]率惇德以厲忠孝，揚茂化以砥仁義；[11]選利器於良材，求鏌鎁於明智。[12]不以此時攀台階，闚紫闥，[13]據高軒，望朱闕，夫欲千里而咫尺未發，[14]蒙竊惑焉。[15]故英人乘斯時也，[16]猶逸禽之赴深林，蝱蚋之趣大沛。[17]胡爲默默而久沈滯也?”[18]

[1]【李賢注】“備物致用”，《易·繫辭》之文也。“可觀而有所合”，《序卦》之文也。鄭玄注《易乾鑿度》曰：“陽起於子，陰起於午，天數大分（大，大德本作‘天’）。以陽出《離》，以陰入《坎》，《坎》爲中男，《離》爲中女。太一之行（一，大德本、殿本作‘乙’），出從中男，入從中女。因陰陽男女之偶爲終始也。”【今注】備物致用：置備實物讓人使用。　可觀而有所合：可以受人觀瞻而後上下融合。　扶陽以出順陰而入：攀扶陽氣而升騰，順着陰氣而歸息。

[2]【今注】爰：語首助詞。　登：取。　質：本體。《易·繫辭下》：“原始有終，以爲質也。”　有始有極爰登其質：有開始便有終極，衹是取其本質而已。

[3]【李賢注】韞，匣也。櫝，匱也。《論語》曰：“有美玉，韞櫝而臧諸（臧，大德本、殿本作‘藏’）。”【今注】韞櫝：藏於櫃中。引申爲保持不失。

[4]【李賢注】《易》曰：“探賾索隱，鉤深致遠。”九乾謂天有九重也。《離騷·天問》曰：“圜則九重，孰營度之?”【今注】俯鉤深於重淵仰探遠乎九乾：俯則於深淵求取，仰則至九天探尋。

[5]【今注】窮至賾於幽微測潛隱之無源：於幽微之處窮盡深義，在無緒之源探尋隱秘。窮，盡。

[6]【李賢注】讚猶稱也。【今注】進不黨以讚己退不黷於庸人：仕進則不美言以稱贊自己，隱退則不受辱於平庸之人。黨，黨言，美言。黷，玷污，蒙辱。

[7]【今注】獨師友道德合符曩真抱景特立與士不群：獨自與道德爲師友，符合往昔的純真，守着自己的影子特立獨行，不與世俗之士合群。合符，符合。曩，往昔，從前。景，通“影”。

[8]【李賢注】《華嶠書》作“高樹不庇”。《易》曰：“隨時

之義大矣哉!”《老子》曰:“和其光而同其塵。”故言道貴從凡。【今注】靡:無,没有。 隨時之宜道貴從凡:跟隨時宜,大道貴在隨從凡俗。

[9]【李賢注】太上,明帝也。傳曰:“太上立德。”天德,含弘光大也。《易》曰:“乃位乎天德。”《尚書》曰:“唐虞稽古,建官惟百,夏商官倍,亦克用乂。”憲,法也。僚,官也。言法三王而建官也。【今注】于時太上運天德以君世憲王僚而布官:現在皇上以弘光大德來統治世界,效法三王以建立官職。君世,統治世界。

[10]【李賢注】天子辟雍,諸侯頖宫。璧雍者,環之以水,圓而如璧也。頖,半也。諸侯半天子之宫。皆所以立學垂教也。【今注】雍泮:古時天子辦的學校叫辟雍,諸侯辦的學校叫泮宫。 疏:雕飾。 軒冕:士大夫的軒車和冕服。

[11]【李賢注】砥,礪也。【今注】惇德:敦厚篤實的品德。 茂化:淳美的教化。

[12]【李賢注】《吴越春秋》曰:“干將,吴人也,造二劍,一曰干將,二曰莫邪。莫邪者,干將之妻名也。干將作劍,采玉山之精(玉,紹興本、大德本、殿本作‘五’,是),合六金之英,百神臨觀,遂以成劍。”《説苑》曰:“所以尚干將、莫邪者,貴其立斷。所以尚騏驎者(驎,殿本作‘驥’),貴其立至。必且歷日曠久,絲氂猶能挈石,駑馬亦能致遠。是以聰明敏捷,人之美材也。”

[13]【李賢注】三台謂之三階,三公之象也。【今注】闚:同“窺”。窺視。 紫闥:帝王宫庭。

[14]【李賢注】八寸爲咫(爲,大德本、殿本作“曰”)。

[15]【今注】蒙:自稱的謙詞。

[16]【李賢注】《文子》曰:“智過萬人謂之英,千人謂之俊。”

［17］【李賢注】蚋，小蟲，蚊之類。蚋音芮。《説文》曰："秦謂之蚋，楚謂之蚊。"《孟子》曰："污池沛澤。"劉熙曰："沛，水草相半。"【今注】沛：多水草的沼澤。

［18］【今注】默默：沉默。紹興本、大德本、殿本作"嘿嘿"。

答曰："有是言乎？子苟欲勉我以世路，[1]不知其跌而失吾之度也。[2]古者陰陽始分，天地初制，[3]皇綱云緒，[4]帝紀乃設，傳序歷數，三代興滅。昔大庭尚矣，赫胥罔識。[5]淳樸散離，人物錯乖。高辛攸降，厥趣各違。[6]道無常稽，與時張弛。[7]失仁爲非，得義爲是。[8]君子通變，各審所履。[9]故士或掩目而淵潛，[10]或盥耳而山棲；[11]或草耕而僅飽，[12]或木茹而長飢；[13]或重聘而不來，[14]或屢黜而不去；[15]或冒詢以干進，或望色而斯舉；[16]或以役夫發夢於王公，[17]或以漁父見兆於元龜。[18]若夫紛繷塞路，凶虐播流，[19]人有昏墊之厄，主有疇咨之憂，[20]條垂藟蔓，上下相求。[21]於是乎賢人授手，援世之災，[22]跋涉赴俗，急斯時也。[23]昔堯含慼而皋陶謨，高祖歎而子房慮；[24]禍不散而曹、絳奮，[25]結不解而陳平權。[26]及其策合道從，克亂弭衝，[27]乃將鏤玄珪，册顯功，[28]銘昆吾之冶，[29]勒景、襄之鍾。[30]與其有事，則褰裳濡足，冠挂不顧。[31]人溺不拯，則非仁也。當其無事，則躝纓整襟，規矩其步。[32]德讓不修，則非忠也。是以險則救俗，平則守禮，舉以公心，不私其體。[33]

[1]【今注】世路：指入仕爲官。

[2]【今注】度：原則。

[3]【李賢注】制，協韻音之設反。

[4]【今注】云：文言助詞。 緒：開始。

[5]【李賢注】大庭、赫胥並古帝王號也。尚，遠也。罔，無也。識，記也（記，大德本作“託”）。【今注】昔大庭尚矣赫胥罔識：以前大庭的事已很遥遠，赫胥也没有記載。

[6]【李賢注】高辛氏，帝嚳也。【今注】高辛攸降厥趣各違：從高辛氏以下，他們的志趣各不相同。攸，所。厥，其。各違，各不相同。

[7]【李賢注】隨時弛張，不考之於常道也。【今注】稽：停留。

[8]【李賢注】《老子》曰：“失道後德，失德後仁，失仁後義，失義後禮。”

[9]【今注】君子通變各審所履：君子通曉變化，各自判定自己的實踐。

[10]【李賢注】《莊子》曰：“北人無澤與舜爲友，舜以天下讓之，無澤乃自投清泠之淵（泠，大德本作‘冷’），終身不反”也。【今注】淵潛：潛藏在深淵。

[11]【李賢注】盥，洗也。許由字武仲，隱於沛澤之中。堯聞之，乃致天下而讓焉。由以爲污，乃臨池洗耳。其友巢父飲犢，聞由爲堯所讓，曰：“何以污吾犢口！”牽於上流而飲之。見《莊子》及《高士傳》。【今注】山棲：在山林居住。

[12]【李賢注】伯成子高，唐虞時爲諸侯。至禹，去而耕。禹往見之，則耕在野。見《吕氏春秋》。

[13]【李賢注】《説苑》曰：“鮑焦衣木皮，食木實。”《韓

詩外傳》曰“焦棄其蔬，而立槁死於洛濱”也（大德本“洛濱”後有“之上”二字）。【今注】茹：吃。

［14］【李賢注】狂接輿者，楚人也。耕而食。楚王聞其賢，使使者持金百溢、車二駟聘之，曰：“願煩先生理江南。”接輿笑而不應。使者去而遠徙，莫知所之。見《莊子》。

［15］【李賢注】《論語》曰“柳下惠爲士師，三黜。人曰：‘可以去矣。’曰：‘直道而事人，何往而不三黜’”也。【今注】黜：黜免。

［16］【李賢注】詬，辱也，音火豆反（大德本“音”前有“詬”字）。《新序》曰：“伊尹蒙恥辱，負鼎俎以干湯。”《論語》曰：“色斯舉矣，翔而後集。”舉，協韻音據。【今注】干進：求取任用。　望色而斯舉：看見人家的臉色就有所行動。

［17］【李賢注】高宗夢得説，乃使百工營求諸野，得諸傅巖。孔安國曰：“傅氏之巖，在虞、虢之界，通道所經，有澗水壞道（壞，大德本、殿本作‘環’），常使胥靡刑人築護此道。説賢而隱，代胥靡築之以供食。”事見《尚書》。王公，總而言也。《爾雅》：“皇、王、后、辟、公、侯，君也。”

［18］【李賢注】《戰國策》曰：“吕尚之遇文王也，身爲漁父。”《史記》曰：“大公以釣干周西伯（大，紹興本、大德本、殿本作‘太’）。西伯將出獵，卜之，曰（曰，紹興本作‘口’）：‘所獲非龍非螭（螭，大德本作“𪊧”），非熊非羆，所獲霸王之輔。’於是西伯獵，果遇太公渭水之陽，與語大説。”元，大也。【今注】案，漁，大德本作“魚”。兆，預兆。

［19］【李賢注】《方言》云：“𦆘，盛多也。”音奴董反。【今注】紛𦆘塞路凶虐播流：紛紛攘攘的人物充塞道路，凶殘暴虐的人流佈四方。播流，流佈。𦆘，殿本作“𦆘”。中華本校勘記：“《集解》引惠棟説，謂‘𦆘’依方言作‘𦆘’，云‘南楚凡大而多謂之䆎，或謂之𦆘’。郭璞曰‘𦆘音奴動反’。按：據惠説，則字當作

‘濃’。”

［20］【李賢注】《尚書》曰：“下人昬墊（人，大德本、殿本作‘民’）。”孔安國曰“昬瞀墊溺，皆困水災也。”又曰：“帝曰：咨洪水滔天，浩浩懷山襄陵，有能俾又（又，紹興本、殿本作‘乂’，是）。”【今注】昬墊：陷於水災。此指迷惘無所適從。疇咨：訪求。

［21］【李賢注】藟，藤也。音壘。《詩》曰：“南有樛木，葛藟纍之。”【今注】條垂藟蔓上下相求：藤條蔓延，上下相求。形容從上至下都渴求賢良。

［22］【李賢注】《孟子》曰：“天下溺則援之以道，嫂溺則援之以手”也。

［23］【李賢注】草行爲跋。

［24］【李賢注】謨，謀也。堯遭洪水，咨嗟憂愁，訪下人有能理者，皋陶、大禹陳其謀（謀，大德本、殿本作“謨”）。見《尚書》。《史記》曰，高祖爲項羽所敗，下馬踞鞍而問子房曰：“吾欲捐關以東，誰可與共功者?”子房曰：“九江王布、彭越、韓信。即欲捐之此三人，楚可破之（之，中華本據《刊誤》改作‘也’）。”【今注】堯：傳説中的古代帝王，號陶唐氏，史稱唐堯。皋陶：相傳爲堯舜時人，舜命爲管理刑政的士。佐禹平水土有功，後禹封其後裔於英、六（今安徽六安市）。　高祖：西漢高祖劉邦，公元前206年至前195年在位。紀見《史記》卷八、《漢書》卷一。　子房：張良，字子房。漢初名臣，輔佐劉邦統一天下。世家見《史記》卷五五，傳見《漢書》卷四〇。

［25］【李賢注】曹參及絳侯周勃，皆從高祖征伐，以定天下也。【今注】曹：曹參。西漢開國功臣，在蕭何死後繼任漢朝相國。世家見《史記》卷五四，傳見《漢書》卷三九。　絳：周勃。西漢開國功臣，被封爲絳侯。曾任太尉、丞相。吕后死後平定諸吕之亂。世家見《史記》卷五七，傳見《漢書》卷四〇。

［26］【李賢注】高祖擊匈奴，至白登，被圍七日，用陳平計得出。【今注】陳平：漢初名臣，輔佐劉邦統一天下，曾任丞相。與周勃一起平定諸吕之亂。世家見《史記》卷五六，傳見《漢書》卷四〇。

［27］【今注】策合道從克亂弭衝：策略相合、主張一致，消除混亂、制止衝突。克亂，消除混亂。弭衝，制止衝突。

［28］【李賢注】珪，玉也。《詩含神霧》曰："刻之玉版，臧之金匱（臧，紹興本、殿本作'藏'）。"【今注】册：册封。

［29］【李賢注】《墨子》曰："昔夏后開冶使飛廉析金於山（中華本校勘記：'沈欽韓謂"冶"字衍文，見《墨子·耕柱篇》。今據删。按：《墨子》"析"作"折"，王念孫謂作"折"是。'應據改），以鑄鼎於昆吾。"蔡邕《銘論》曰"吕尚作周太師，其功銘於昆吾之鼎"也。【今注】銘昆吾之冶：銘刻在昆吾山的銅鼎。

［30］【李賢注】《國語》曰："晉魏顆以其身退秦師于輔氏，其勳銘于景鍾。"此兼言襄也。【今注】勒景襄之鍾：勒銘於景公、襄公之鍾。

［31］【李賢注】褰裳，涉水（紹興本、大德本、殿本句末有"也"字）。《新序》曰："今爲濡足之故，不救人溺，可乎?"《淮南子》曰"禹之趨時，冠挂而不顧，履遺而不取"也。【今注】濡足：浸濕脚。　冠挂：掛起帽子。

［32］【李賢注】躐音吕涉反。躐，踐也。此字宜從"手"。《廣雅》云："擸，持也。"言持纓整襟，修其容止。《史記》曰："攝纓整襟。"《華嶠書》"躐"作"攝"也。【今注】躐纓整襟：手持帽帶，整理衣襟。

［33］【今注】險則救俗平則守禮舉以公心不私其體：危難則拯救世俗，太平就謹守禮儀，舉止處以公心，不私愛自己的身體。

“今聖上之育斯人也，樸以皇質，雕以唐文。[1]六合怡怡，比屋爲仁。[2]壹天下之衆異，齊品類之萬殊。參差同量，坏冶一陶。[3]群生得理，庶績其凝。[4]家家有以樂和，人人有以自優。威械臧而俎豆布，六典陳而九刑厝。[5]濟兹兆庶，出於平易之路。[6]雖有力牧之略，尚父之厲，[7]伊、皋不論，奚事范、蔡？[8]夫廣厦成而茂木暢，遠求存而良馬縶，[9]陰事終而水宿臧，[10]場功畢而大火入。[11]方斯之際，處士山積，學者川流，衣裳被宇，冠蓋雲浮。譬猶衡陽之林，岱陰之麓，[12]伐尋抱不爲之稀，蓺拱把不爲之數。[13]悠悠罔極，亦各有得。[14]彼採其華，我收其實。舍之則臧，己所學也。[15]故進動以道，則不辭執珪而秉柱國；[16]復静以理，則甘糟糠而安藜藿。[17]

[1]【李賢注】孔子曰：“大哉堯之爲君也，焕乎其有文章。”故言唐文。【今注】皇質：三皇的品質。　唐文：唐堯的文采。

[2]【今注】六合怡怡比屋爲仁：天下怡和，家家户户都是仁人。

[3]【李賢注】坏，土器之未燒者。郭璞注《爾雅》曰：“坏胎，物之始也。”坏音普才反。【今注】坏冶一陶：陶坯和陶器一同燒製。冶，已燒製的器物。

[4]【李賢注】凝，成也。【今注】庶績：各種功績。

[5]【李賢注】械謂器械甲兵之屬也。厝謂置之不用也（殿本無“也”字）。《周禮》：“太宰之職，掌建邦之六典，以佐王理邦國；一曰理典，二曰教典，三曰禮典，四曰政典，五曰刑典，六曰事典。”《左傳》曰：“周有亂政而作九刑。”杜預注云：“周

之衰，爲刑書，謂之九刑。"　【今注】案，臧，大德本、殿本作"藏"。　俎豆：指禮器。　布：陳列。　厝：廢棄。

［6］【今注】濟兹兆庶：幫助衆多平民。濟，幫助。兆，衆多。

［7］【李賢注】力牧，黄帝臣也。《史記》，尚父吕望相武王以伐紂。厲謂威容嚴厲。【今注】略：謀略。

［8］【李賢注】伊尹、皋繇、范雎、蔡澤。【今注】伊皋：伊尹、皋陶。　范蔡：范雎、蔡澤。范雎，戰國魏人，曾任秦昭王之相。蔡澤，戰國燕人，被范雎舉薦繼任秦昭王之相，後輔佐秦孝文王、莊襄王、秦始皇。二人傳見《史記》卷七九。

［9］【李賢注】廣厦既成，不求材，故林木條暢也。遠求謂遠方珍異之物也。存猶止息也。言所求之物既止，不資良馬之力也。

［10］【李賢注】立冬之後，德在水（紹興本、大德本、殿本"德"前有"盛"字，是），陰氣用事，故曰陰事。水宿謂北方七宿，斗、牛、女、虚、危、室、壁也。《月令》曰，孟冬之月昏危中，仲冬昏東壁中，季冬昏婁中，孟春昏參中，水星伏臧不見也（臧，大德本、殿本作"藏"）。【今注】案，臧，大德本、殿本作"藏"。

［11］【李賢注】《爾雅》曰："心爲大火。"《詩·豳風》曰："七月流火。"又曰"九月築場圃"也。【今注】場功：指農事。

［12］【李賢注】山南曰陽，山北曰陰。《穀梁傳》曰："林屬於山曰麓。"【今注】衡：衡山。　岱：泰山。

［13］【李賢注】八尺曰尋。蓺，殖也。兩手曰拱。數猶概也。數音踈角反。【今注】伐尋抱不爲之稀蓺拱把不爲之數：砍伐尋抱之樹不算稀疏，種植拱把之樹不算稠密。

［14］【李賢注】悠悠，衆多也。罔極猶無窮也。亦各有得，言皆自以爲得也。

[15]【李賢注】彼，彼衆人也。《論語》曰："用之則行，舍之則臧（臧，大德本、殿本作'藏'）。"【今注】舍之則臧己所學也：被捨棄就隱居起來，這是我所學到的。臧，大德本、殿本作"藏"。

[16]【李賢注】《吕氏春秋》曰："得伍員者位執珪。"《前書音義》曰："古爵名也。"又曰："柱國，楚官，猶秦之相國也。"【今注】故進動以道則不辭執珪而秉柱國：所以以進動以道爲準則，那麽不推辭執珪之爵而擔任柱國。柱國，戰國時楚國的最高爵位。

[17]【今注】復静以理則甘糟糠而安藜藿：歸静以理爲據，那麽吃糟糠藜藿也甘甜安樂。藜藿，藜和藿，指粗劣的飯菜。

"夫君子非不欲仕也。恥夸毗以求舉；[1]非不欲室也，惡登牆而摟處。[2]叫呼衒鬻，縣旌自表，[3]非隨和之寶也。[4]暴智燿世，因以干禄，非仲尼之道也。[5]游不倫黨，苟以徇己，[6]汗血競時，利合而友。[7]子笑我之沈滯，吾亦病子屑屑而不已也。[8]先人有則而我弗虧，[9]行有枉徑而我弗隨。[10]臧否在予，唯世所議。固將因天質之自然，誦上哲之高訓；詠太平之清風，行天下之至順。懼吾躬之穢德，勤百畝之不耘。[11]縶余馬以安行，俟性命之所存。[12]昔孔子起威於夾谷，[13]晏嬰發勇於崔杼；[14]曹劌舉節於柯盟，[15]卞嚴克捷於彊禦；[16]范蠡錯埶於會稽，[17]五員樹功於柏舉；[18]魯連辯言以退燕，[19]包胥單辭而存楚；[20]唐且華顛以悟秦，[21]甘羅童牙而報趙；[22]原衰見廉於壺殯，[23]宣孟收德於束脯；[24]吴札結信於丘木，[25]展季效貞於門女；[26]顔回明仁於度轂，程嬰顯義於趙武。[27]僕誠不能編德於數者，竊慕古人之所序。"[28]

［1］【李賢注】夸毗謂佞人足恭，善爲進退。【今注】夸毗：諂媚。

［2］【李賢注】《孟子》曰："踰東家牆摟其處子則得妻，不摟則不得，將摟之乎？"趙歧注云（歧，紹興本、大德本、殿本作"岐"）："摟，牽也。"其字從"子"（子，紹興本、大德本、殿本作"手"，是）。"處子，處女也。"【今注】室：娶妻成家。

［3］【今注】衒鬻：自我誇耀以求禄位。　縣旌自表：懸掛旌旗自我表彰。

［4］【今注】隨和：隨侯珠與和氏璧。

［5］【李賢注】《華嶠書》曰"因"字作"回"（嶠，大德本作"蟜"）。回，邪也。【今注】暴智：顯露才智。　燿世：在世上炫耀。　干禄：求取俸禄。

［6］【李賢注】倫謂等倫，黨謂朋黨。徇，營也。言交非其類，苟以營己而已。【今注】游不倫黨苟以徇己：游歷時不尋找志同道合的朋友，而是苟且營求自己的利益。

［7］【李賢注】汗血謂勞力也。競時謂趨時也。時合而友，不以道義。【今注】汗血競時利合而友：盡力相驅於當時，利益相合纔成爲朋友。

［8］【李賢注】屑屑猶區區也。【今注】屑：卑下、渺小。

［9］【今注】先人有則而我弗虧：祖先有準則而我不去破壞。則，準則。

［10］【李賢注】枉，曲也。徑，道也。【今注】案，弗，大德本、殿本作"非"。

[11]【李賢注】《尚書》曰："穢德彰聞。"《禮記》曰："夫人情者，聖王之田也。修禮以耕之，陳義以種之，講學以耨之。"古者夫田百畝。耘，除草也。【今注】懼吾躬之穢德勤百畝之不耘：擔心自身德行污穢，辛勤耕種心田而不能去除雜草。

[12]【李賢注】安行，不奔馳也。天命之謂性。言隱居以體命。【今注】俟：等待。

[13]【李賢注】解見《陳禪傳》。【今注】案，本書卷五一《陳禪傳》李賢注："《家語》曰，魯定公與齊侯會於夾谷，孔子攝相事。齊奏中宮之樂，倡優侏儒戲於前。孔子趨曰：'匹夫而侮諸侯，罪應誅。'於是斬侏儒，手足異處。"

[14]【李賢注】解見《馮衍傳》。【今注】案，本書卷二八上《馮衍傳》李賢注引《晏子春秋》曰："齊大夫崔杼弑齊莊公，乃劫諸大夫盟。有敢不盟者，戟鉤其頸，劍承其心，曰：'不與崔氏而與公室者，盟神視之，言不疾，指不至血者死。'所殺者七人，而後及晏子。晏子奉血仰天曰：'崔氏無道而殺其君，若有能復崔氏而嬰不與，盟神視之。'遂仰而飲血。崔氏曰：'晏子與我，則齊國吾與共之。不與我，則戟在脰，劍在心，子圖之。'晏子曰：'劫吾以刃而失其意，非勇也。留吾以利而背其君，非義也。《詩》云："愷悌君子，求福不回。"嬰可回而求福乎？劍刃鉤之，直兵推之，嬰不革矣。'崔子遂釋之。"

[15]【李賢注】曹劌，曹沫也。《史記》曰，曹沫以勇事魯莊公，爲魯將，與齊戰，三敗，莊公懼，乃獻遂邑地以和，猶以爲將。齊桓公與莊公會于柯而盟（大德本、殿本無"而"字）。桓公與莊公既盟於壇上，曹沫執匕首劫齊桓公，左右莫敢動，乃還魯之侵地。

[16]【李賢注】《新序》曰"卞莊子養母，戰而三北，交游非之，國君辱之。及母死三年，齊與魯戰，莊子請從，遂赴敵而鬬，三獲甲首。曰：'夫三北，以養母也。今志節小具，而責塞

矣。吾聞之，節士不以辱生。’遂反敵，殺十人而死。君子曰：三北已塞，滅世斷宗，於孝未終”也。【今注】彊禦：强敵。

［17］【李賢注】錯，置也，音七故反。埶謂謀略也。《史記》曰，吴王敗越於夫椒，越王乃以餘兵五千人保於會稽。吴師追而圍之。越王謂范蠡曰：“奈何?”范蠡對曰：“卑辭厚禮以遺之。”句踐乃命大夫種行成於吴（句，大德本、殿本作“勾”）。膝行頓首曰：“句踐請爲臣（句，殿本作‘勾’），妻爲妾。”吴王乃赦越王。越王反國，拊循其士。范蠡曰：“可矣。”乃伐吴。吴師敗，越復棲吴王姑蘇之山也。

［18］【李賢注】伍子胥名員，楚人也。子胥父誅於楚，子胥挾弓矢而干吴王闔閭，闔閭甚勇之，爲興師伐楚，戰於柏舉，楚師敗績。事見《穀梁傳》。【今注】案，五，大德本、殿本作“伍”。

［19］【李賢注】《史記》曰，魯仲連，齊人也。燕將攻下齊聊城，固保守之，田單攻之不下。魯仲連乃爲書遺燕將。燕將見書，泣三日，乃自殺。遂平聊城。

［20］【李賢注】《左傳》曰，楚昭王爲吴所敗，奔隨（隨，紹興本作“遺”，殿本作“隋”），申包胥如秦乞師，曰：“吴爲封豕長蛇，以荐食上國，寡君越在草莽，使下臣告急。”立依於庭牆而哭，日夜不絶聲，勺飲不入口，七日，秦師乃出軍敗吴而復楚國。

［21］【李賢注】唐且即唐睢也（中華本校勘記：“‘睢’字各本並訛‘睢’，逕改正。”應據改）。《戰國策》曰：“齊、楚伐魏，魏使人請救（大德本‘救’後有‘于秦’二字，殿本作‘於秦’），不至。魏人有唐睢者，年九十餘矣，西見秦王。秦王曰：‘丈人忙然乃遠至魏，此來者數矣（殿本無“此”字。此句中華本據汲本改作“丈人忙然乃遠至此，魏來者數矣”），寡人知魏之急矣。’唐且曰：‘夫魏，萬乘之國也。稱東藩者，以秦之强

（大德本、殿本句末後有“也”字）。今齊、楚之兵以在魏郊矣（以，殿本作“已”，是），大王之救不至，魏急，且割地而約從。是王亡一萬乘之魏，而强二敵之齊、楚。’秦王悟，遽發兵救魏。”《爾雅》曰：“顛，頂也。”華顛頂也華顛謂白首也（紹興本、大德本、殿本無“頂也華顛”四字，是）。

［22］【李賢注】甘羅，下蔡人，甘茂孫也。年十二，事秦相吕不韋。秦使張唐往相燕。羅曰：“借臣車五乘，請爲張唐先報趙。”不韋乃言之於始皇，召見，使甘羅於趙，趙襄王郊迎。事見《史記》。童牙謂幼小也。

［23］【李賢注】昔趙衰爲原大夫，故曰原衰。《左傳》曰，晉侯問原守於寺人勃鞮，對曰：“昔趙衰以壺飧從徑，餒而不食，故使處原。”見音胡殿反。【今注】案，衰，紹興本、大德本作“襄”。

［24］【李賢注】《吕覽》曰，昔趙宣孟將之絳，見桑下有餓人，宣孟止車下食而餔之，再咽而能視。宣孟問之曰：“汝何爲而餓若是？”對曰：“臣宦於絳（宦，紹興本、大德本作‘官’），歸而糧絶，羞行乞，故至行此。”宣子與脯三朐，拜受而弗敢食。問其故。曰：“臣有老母，將以遺之。”宣孟曰：“食之，吾更與汝。”乃復與脯二束。

［25］【李賢注】《史記》曰：“吴公子季札使過徐，徐君好季札劍，口不敢言。季札知之，爲使上國，未獻。洎還至徐，徐君已死，於是乃解其寶劍，繫之徐君冢樹而去。”

［26］【李賢注】展季，柳下惠也。《韓詩外傳》曰：“魯有男子獨處，夜暴風雨至，婦人趨而託之，男子閉户不納，曰：‘吾聞男子不六十不閒居。’婦人曰：‘子何不學柳下惠然？嫗不逮門之女，國人不稱其亂焉。’”

［27］【李賢注】程嬰，解見《馮衍傳》。度轂，未詳。【今注】案，本書《馮衍傳》李賢注：“趙盾，晉卿，生趙朔，朔娶晉

成公姊爲夫人。晉景公三年，大夫屠岸賈誅趙氏，殺趙朔，滅其族。朔妻有遺腹，走公宫。趙朔客程嬰、公孫杵臼。杵臼謂程嬰曰：'胡不死？'程嬰曰：'朔之婦有遺腹，若幸而生男，吾奉之。即女也，吾徐死耳。'居無何，朔妻生男，屠岸賈聞之，乃索於宫中。夫人置兒於絝中，祝曰：'趙宗滅乎，若嘑。即不滅，若無聲。'乃索兒，竟無聲。程嬰曰：'今一索不得，後必復索之。'杵臼乃取它嬰兒負之匿山中。諸將共攻殺杵臼並孤兒，然趙氏真孤乃在程嬰所，即趙武也。居十五年，晉景公乃立趙武爲卿，而復其田邑。"

［28］【今注】僕誠不能編德於數者竊慕古人之所序：我的德行的確不能與上述數人相比，但私下仰慕古人所説的事情。序，通"敘"。

元和中，[1]肅宗始修古禮，[2]巡狩方岳。[3]駰上《四巡頌》以稱漢德，辭甚典美，文多故不載。[4]帝雅好文章，自見駰頌後，帝嗟歎之，[5]謂侍中竇憲[6]曰："卿寧知崔駰乎？"對曰："班固數爲臣説之，然未見也。"帝曰："公愛班固而忽崔駰，此葉公之好龍也。試請見之。"[7]駰由此候憲。[8]憲屣履迎門，[9]笑謂駰曰："亭伯，吾受詔交公，公何得薄哉？"遂揖入爲上客。居無幾何，帝幸憲第，[10]時駰適在憲所，帝聞而欲召見之。憲諫，以爲不宜與白衣會。[11]帝悟曰："吾能令駰朝夕在傍，何必於此！"適欲官之，會帝崩。

［1］【今注】元和：東漢章帝劉炟年號（84—87）。

［2］【今注】肅宗：東漢章帝劉炟，公元75年至88年在位。肅宗爲其廟號。紀見本書卷三。

［3］【今注】巡狩：天子出行，視察邦國州郡。　方岳：四方和五嶽。

［4］【李賢注】案：《駰集》有東、西、南、北四巡頌，流俗本"四"多作"西"者，誤。

［5］【今注】案，帝，中華本據汲本改爲"常"，是。

［6］【今注】侍中：官名。西漢時爲加官。東漢時爲正式職官，秩比二千石，無員。居首者稱祭酒，或置或否。掌顧問應對，皇帝出行則參乘騎從，多由功臣貴戚擔任，地位尊貴親近。　竇憲：字伯度，扶風平陵（今陝西咸陽市西北）人。東漢外戚。其妹爲章帝皇后。傳見本書卷二三。

［7］【李賢注】劉向《新序》曰："子張見魯哀公，七日，哀公不禮焉而去，曰：'君之好士，有似葉公子高好龍。天龍聞而降之，窺頭於牖，拖尾於堂，葉公見之，失其魂魄，五色無主。是葉公非好龍也，好夫似龍而非龍者。'"

［8］【今注】候：拜訪。

［9］【李賢注】屣履謂納履曳之而行，言忽遽也。屣音山爾反。

［10］【今注】第：宅第。

［11］【今注】白衣：平民。

竇太后臨朝，[1]憲以重戚出内詔命。[2]駰獻書誡之曰：

［1］【今注】竇太后：東漢章帝皇后。扶風平陵（今陝西咸陽市西北）人。和帝即位，臨朝執政。永元四年（92），和帝與宦官鄭衆等誅滅竇氏，被迫歸政。紀見本書卷一〇上。

［2］【今注】重戚：身份、地位都很重要的親戚。竇憲是竇太后之兄，東漢和帝之舅。

騆聞交淺而言深者，愚也；在賤而望貴者，惑也；未信而納忠者，謗也。三者皆所不宜，而或蹈之者，思效其區區，[1]憤盈而不能已也。[2]竊見足下體淳淑之姿，[3]躬高明之量，[4]意美志厲，[5]有上賢之風。騆幸得充下館，序後陳，[6]是以竭其拳拳，敢進一言。

[1]【今注】區區：微小。

[2]【今注】憤盈而不能已：憤懣已經積滿而不能停止。

[3]【今注】體：具有。　淳淑：質樸美善。

[4]【今注】躬：自身。

[5]【今注】意美志厲：意志美好堅定。

[6]【李賢注】陳，列也。

傳曰："生而富者驕，生而貴者傲。"生富貴而能不驕傲者，未之有也。今寵禄初隆，百僚觀行，當堯舜之盛世，處光華之顯時，[1]豈可不庶幾夙夜，以永衆譽，[2]弘申伯之美，致周邵之事乎？[3]語曰："不患無位，患所以立。"[4]昔馮野王以外戚居位，稱爲賢臣，[5]近陰衛尉克己復禮，終受多福。[6]郟氏之宗，非不尊也；[7]陽侯之族，非不盛也。重侯累將，建天樞，執斗柄。[8]其所以獲譏於時，垂愆於後者，[9]何也？蓋在滿而不挹，[10]位有餘而仁不足也。漢興以後，迄于哀、平，[11]外家二十，保族全身，四人而已。[12]《書》曰："鑒于有殷。"[13]可不慎哉！

[1]【李賢注】《尚書大傳》曰："舜時百工相和爲卿雲之歌曰：'卿雲爛兮，禮漫漫兮（禮，殿本作"糺"。中華本據殿本改作"糾"。校勘記："疑'糾'先訛作'禮'，轉寫又訛作'禮'。"應據改），日月光華，旦復旦兮。'"

[2]【今注】庶幾夙夜以永衆譽：意爲應日夜謹慎勤勉，以使衆人長久稱譽。《詩·周頌·振鷺》："庶几夙夜，以永終譽。"

[3]【李賢注】申伯，周宣王之元舅。周公、邵公皆輔佐周室也。

[4]【李賢注】《論語》曰孔子之言也（中華本據《校補》删"曰"字，是）。言但患立身不處於仁義也。【今注】不患無位患所以立：語出《論語·里仁》，意爲不要憂慮没有職位，要憂慮怎樣立身處世。

[5]【李賢注】《前書》曰，馮野王字君卿，妹爲元帝昭儀，野王爲左馮翊。御史大夫缺，上使尚書選第中二千石，而野王行能第一。

[6]【李賢注】陰衞尉，光烈皇后同母弟興也。以謹敕親幸焉。【今注】陰衞尉：陰興，字君陵，南陽新野（今河南新野縣）人。東漢外戚。光烈陰皇后之弟。傳見本書卷三二。

[7]【李賢注】史丹封郲，故云郲氏。《前書》史丹字君仲，魯國人也。祖父恭有女弟，武帝時爲衞太子良娣。成帝即位，擢丹爲長樂衞尉，遷右將軍，封爲武陽侯，封東海郲之武彊聚，以舊恩見褒賞，賜累千金。

[8]【李賢注】王氏九侯五大司馬。《春秋運斗樞》曰："北斗七星，第一名天樞，第二至第四爲魁，第五至第七爲杓（大德本後三處'第'皆作'弟'）。"杓即柄。《前書》"斗運中央，制臨四海"。【今注】陽侯之族：指西漢末王氏家族。元帝封皇后王政君之父王禁爲陽平侯。王禁是王莽祖父。中華本改"侯"爲"平"。校勘記曰："《刊誤》謂案文'侯'當作'平'，王鳳封陽平

侯，《前書》亦謂陽平之王也。今據改。按：《集解》引黄山說，謂鳳乃嗣侯，始封陽平者，鳳父頃侯禁也。”當據改。

[9]【今注】愆：過錯。

[10]【今注】挹：舀。

[11]【今注】哀平：西漢哀帝、平帝。哀帝劉欣，公元前7年至前1年在位。紀見《漢書》卷一一。平帝劉衎，公元前1年至5年在位。紀見《漢書》卷一二。

[12]【李賢注】外家（外，大德本作“公”），當爲后家也。二十者（二，大德本作“三”），謂高帝吕后産、禄謀反誅，惠帝張皇后廢，文帝母薄大后弟昭被殺（大，紹興本、大德本、殿本作“太”），孝文帝竇皇后從昆弟子嬰誅，景帝薄皇后、武帝陳皇后並廢，衛皇后自殺，昭帝上官皇后家族誅，宣帝祖母史良娣爲巫蠱死，宣帝母王夫人弟子商下獄死，霍皇后家破，元帝王皇后弟王莽篡位（中華本校勘記：“《校補》謂‘王’乃‘子’之訛，莽乃后弟曼子也，各本皆未正。今據改。”應據改），成帝許皇后賜死，趙皇后廢自殺，哀帝祖母傅太后家屬徙合浦，平帝母衛姬家屬誅，昭帝趙太后憂死是也。四人者，哀帝母丁姬，景帝王皇后，宣帝許皇后、王皇后，其家族並全。

[13]【今注】鑒于有殷：以殷商爲鑑。

竇氏之興，肇自孝文。[1]二君以淳淑守道，成名先日；[2]安豐以佐命著德，顯自中興。[3]内以忠誠自固，外以法度自守，卒享祚國，垂祉於今。[4]夫謙德之光，《周易》所美；滿溢之位，道家所戒。[5]故君子福大而愈懼，爵隆而益恭。遠察近覽，俯仰有則，銘諸几杖，刻諸盤杅。[6]矜矜業業，無殆無荒。如此，則百福是荷，慶流無窮矣。[7]

［1］【李賢注】《前書》曰，竇嬰字王孫，孝文皇后從兄子也。孝文時爲吴相，孝景時爲詹事也。（大德本、殿本無此注）【今注】孝文：西漢文帝劉恒，公元前 180 年至前 157 年在位。廟號太宗，謚號孝文。紀見《史記》卷一〇、《漢書》卷四。

［2］【李賢注】竇太后之弟長君、少君，退讓君子，不敢以富貴驕人，故云淳淑守道也。【今注】二君：竇長君和竇少君。竇長君，名建，字長君，清河觀津（今河北武邑縣東）人。西漢外戚。竇太后兄（李賢注誤）。周勃等恐竇長君兄弟效吕氏弄權，爲他們選有節行的師傅及賓客。竇長君兄弟亦因此而有謙讓君子之風。卒于文帝時，未得封侯，竇太后深感遺恨。竇少君，名廣國，字少君，清河觀津（今河北武邑縣東）人。西漢外戚。竇太后弟。少時家貧，年四五歲被人掠賣爲奴僕，與家人斷絶音訊。轉賣十餘家，後從主人遷至長安，聞文帝立竇皇后，乃上書自陳，姐弟始得相認。文帝曾欲用他爲相，因畏人言乃止。文帝后元七年（前 157），景帝即位，封爲章武侯。在位七年卒。謚景。　成名先日：聞名於從前。

［3］【李賢注】竇融封爲安豐侯。【今注】安豐：指竇融。字周公，扶風平陵（今陝西咸陽市）人。傳見本書卷二三。　中興：光武中興。

［4］【今注】垂祉：賜福。

［5］【李賢注】《易》曰："謙尊而光，卑而不可踰。"《老子》曰："富貴而驕，自遺其咎。功成名遂而身退，天之道也。"

［6］【李賢注】《太公金匱》曰："武王曰：'吾欲造起居之誡，隨之以身。'几之書曰：'安無忘危（忘，大德本作"亡"），存無忘亡，孰惟二者，必後無凶。'杖之書曰：'輔人無苟，扶人無容（容，殿本作"咎"。中華本校勘記："《集解》引錢大昭説，

謂‘容’當作‘咎’”應據改)。’”《墨子》曰：“堯、舜、禹、湯書其事於竹帛，瑑之盤盂。”杅亦盂也。

[7]【今注】百福是荷慶流無窮：承受百福，喜慶流長無窮。

及憲爲車騎將軍，[1]辟駰爲掾。[2]憲府貴重，掾屬三十人，皆故刺史、二千石，[3]唯駰以處士年少，擢在其閒。憲擅權驕恣，駰數諫之。及出擊匈奴，道路愈多不法，駰爲主簿，[4]前後奏記數十，指切長短。憲不能容，稍踈之，因察駰高第，出爲長岑長。[5]駰自以遠去，不得意，遂不之官而歸。永元四年，[6]卒于家。所著詩、賦、銘、頌、書、記、表、《七依》、《婚禮結言》、《達旨》、《酒警》合二十一篇。中子瑗。

[1]【今注】車騎將軍：西漢初爲臨時將軍之號，因領車騎士得名，事訖即罷。武帝後常設，地位次於大將軍、驃騎將軍。武帝後常典京城、皇宮禁衞軍隊，出征時常總領諸將軍。文官輔政者亦或加此銜，領尚書政務，成爲中朝重要官員。東漢時位比三公，常以貴戚充任，秩萬石。出掌征伐，入參朝政。

[2]【今注】掾：官員的屬吏。

[3]【今注】二千石：因漢代所得俸禄以米穀爲準，故官秩等級以“石”名。漢朝二千石爲中央政府機構的九卿等列卿及地方州牧郡守、諸侯王國相等。

[4]【今注】主簿：官名。漢朝中央及州郡官府均置，典領文書簿籍，經辦各種事務。此處指郡主簿。

[5]【李賢注】長岑，縣，屬樂浪郡，其地在遼東。【今注】長岑：縣名。治所在今朝鮮黄海南道長淵郡北。　長：縣長。一縣的最高行政長官。《漢書·百官公卿表上》：“縣令、長，皆秦官，

掌治其縣。萬户以上爲令，秩千石至六百石。減萬户爲長，秩五百石至三百石。”

［6］【今注】永元：東漢和帝劉肇年號（89—105）。

瑗字子玉，早孤，鋭志好學，盡能傳其父業。年十八，至京師，從侍中賈逵質正大義，[1]逵善待之，瑗因留游學，遂明天官、歷數、《京房易傳》、六日七分。[2]諸儒宗之。與扶風馬融、南陽張衡特相友好。[3]初，瑗兄章爲州人所殺，瑗手刃報仇，因亡命。會赦，歸家。家貧，兄弟同居數十年，鄉邑化之。

［1］【今注】賈逵：字景伯，扶風平陵（今陝西咸陽市）人。東漢古文經學家。著作有《春秋左氏傳解詁》《國語解詁》《周官解故》等書。傳見本書卷三六。　質正大義：辯證大道理。

［2］【李賢注】解見《郎顗傳》。【今注】案，《郎顗傳》李賢注：“《易稽覽圖》曰：‘甲子卦氣起中孚，六日八十分日之七。’鄭玄注云：‘六以候也。八十分爲一日之七者，一卦六日七分也。’”

［3］【今注】扶風：漢三輔之一。即右扶風。治長安縣（今陝西西安市西北）。東漢時移治槐里縣（今陝西興平市東南）。　馬融：字季長，扶風茂陵（今陝西興平市東北）人。東漢名將馬援從孫，經學大師。傳見本書卷六〇上。　南陽：郡名。治宛縣（今河南南陽市卧龍區）。　張衡：字平子，南陽西鄂（今河南南陽市北）人。東漢科學家、文學家。傳見本書卷五九。

年四十餘，始爲郡吏。以事繫東郡發干獄。[1]獄掾善爲《禮》，瑗閒考訊時，輒問以《禮》説。其專心好學，雖顛沛必於是。後事釋歸家，爲度遼將軍鄧遵所辟。[2]居無何，遵被誅，瑗免歸。

［1］【李賢注】發干縣之獄也。【今注】東郡：治濮陽縣（今河南濮陽市華龍區西南）。東漢獻帝初平二年（191），郡治徙至東武陽縣（今山東莘縣南）。　發干：縣名。治所在今山東冠縣東。東漢光武帝建武十七年（41），封郭匡爲發干侯。傳國至其孫郭駿，明帝永平十三年（70），牽涉楚王劉英謀反案，國除。

［2］【今注】度遼將軍：漢雜號將軍。西漢昭帝元鳳三年（78）遣中郎將范明友赴遼東征討烏桓，行軍需渡遼水，故以"度遼"爲將軍名號。銀印青綬，秩二千石。後有增秩。屯扎在五原曼柏縣，與烏桓校尉合稱二營。一般流放的罪人都會發配到度遼將軍轄地（參見李炳泉《兩漢度遼將軍新考》，《中國邊疆史地研究》2018年第4期）。　鄧遵：南陽新野（今河南新野縣）人，東漢將領。和熹鄧皇后從弟。安帝初，爲烏桓校尉。元初元年（114），拜度遼將軍。三年，率南匈奴擊先零羌於靈州，破之。六年，鮮卑寇馬城，遵又率南匈奴擊破之，封舞陽侯（或作"武陽侯"）。後被誣陷謀廢安帝，自殺。

後復辟車騎將軍閻顯府。[1]時閻太后稱制，[2]顯入參政事。先是安帝廢太子爲濟陰王，[3]而以北鄉侯爲嗣。[4]瑗以侯立不以正，知顯將敗，欲説令廢立，而顯日沈醉，[5]不能得見。乃謂長史陳禪曰：[6]"中常侍江京、陳達等，[7]得以嬖寵惑蠱先帝，[8]遂使廢黜正統，扶立踈孽。少帝即位，發病廟中，周勃之徵，於斯復見。[9]今欲與長史君共求見，説將軍白太后，收京等，廢少帝，引立濟陰王，必上當天心，下合人望。伊、霍之功，[10]不下席而立，則將軍兄弟傳祚於無窮。若拒違天意，久曠神器，[11]則將以無罪并辜元惡。[12]此所謂禍福之會，分功之時。"[13]禪猶豫未敢從。會北鄉侯薨，孫程立濟陰王，[14]是爲順帝。[15]閻顯兄弟悉伏誅，瑗坐被斥。門生蘇祇具知瑗謀，欲上書言狀，瑗聞而遽止之。時陳禪爲司隸校尉，[16]召瑗謂曰："弟聽祇上書，禪請爲之證。"[17]瑗曰："此譬猶兒妾屏語耳，[18]願使君勿復出口。"遂辭歸，不復應州郡命。

［1］【今注】閻顯：東漢外戚。河南滎陽人，安思閻皇后兄。安帝元初四年（117），以親貴嗣封北宜春侯。延光元年（122），任大鴻臚，更封長社侯。三年謀廢太子爲濟陰王。四年，爲車騎將軍。安帝崩，孫程等人發動宮廷政變，擁立濟陰王即帝位，顯及其弟均下獄死。

［2］【今注】閻太后：名姬，河南滎陽（今河南滎陽市東北）人。東漢安帝皇后。安帝崩，尊爲皇太后。紀見本書卷一〇下。

［3］【今注】濟陰王：指東漢順帝爲太子時廢爲濟陰王。

［4］【今注】北鄉侯：劉懿。東漢章帝孫。封北鄉侯。延光四年，安帝崩，即皇帝位。在位僅七個月即病薨，謚少帝。

［5］【今注】案，沈，殿本作"沉"。

［6］【今注】長史：車騎將軍府屬吏。　陳禪：字紀山，巴郡安漢（今四川南充市北）人。東漢大臣。傳見本書卷五一。

［7］【今注】中常侍：官名。初稱常侍，掌侍從皇帝。武帝後參與朝議，爲中朝官。西漢元帝後稱中常侍，爲加官。東漢時非加官，而成爲專職。掌侍從皇帝，顧問應對。秩千石，又增爲比二千石。本無員數，明帝時定爲四人。章帝、和帝時，漸以宦官擔任。江京：東漢安帝時宦官。以小黄門迎立安帝，封都鄉侯，遷中常

侍兼大長秋。與中常侍樊豐、安帝乳母王聖、帝舅大將軍耿寶、皇后兄大鴻臚閻顯等勾結，枉殺太尉楊震，譖廢太子劉保。安帝死，又與閻顯等擁立北鄉侯，即少帝。少帝崩，孫程等擁立劉保爲順帝，遂被殺。　陳達：東漢宦官。安帝時爲中常侍、鉤盾令，依附外戚閻顯。帝崩，宦官孫程等發動政變，被殺。

［8］【今注】嬖寵：受寵愛。

［9］【李賢注】吕后立惠帝後宫子爲少帝，周勃廢之也。

［10］【今注】伊：伊尹。　霍：霍光，字子孟，河東平陽（今山西臨汾市西南）人。西漢大臣。驃騎將軍霍去病異母弟。武帝時，任奉車都尉、光禄大夫，封博陸侯。後元二年（前 87），任大司馬大將軍，受遺詔輔佐昭帝。昭帝去世後，立昌邑王劉賀，後廢而立宣帝。地節二年（前 68），卒於官，謚宣成侯。傳見《漢書》卷六八。

［11］【今注】久曠神器：使帝位長久空缺。

［12］【李賢注】元，大也。《書》曰："元惡大憝。"【今注】則將以無罪并辜元惡：則將雖然無罪而與大惡之人同罪。辜，罪。

［13］【李賢注】《史記》蔡澤説范雎曰："君獨不觀夫博者乎？或欲大投，或欲分功。今君相秦，坐制諸侯，使天下皆畏秦，此亦秦之分功之時也（殿本無第一個'之'字）。"

［14］【今注】孫程：字稚卿，涿郡新城（今河北保定市徐水區西）人。東漢宦官。傳見本書卷七八。

［15］【今注】順帝：東漢順帝劉保，公元 125 年至 144 年在位。紀見本書卷六。

［16］【今注】司隸校尉：官名。簡稱司隸。掌察舉三輔（京兆尹、左馮翊、右扶風）、三河（河東、河内、河南）、弘農七郡的犯法者。秩比二千石。西漢成帝元延四年（前 9）省，哀帝時復置，改名司隸，隸大司空。東漢時仍名司隸校尉，掌糾察宫廷皇親、貴戚百官，兼領兵、搜捕罪犯，並爲司隸州行政長官。治所在

今河南洛陽市。秩比二千石。光武帝特詔朝會時與御史中丞、尚書令並專席而坐，時號“三獨坐”。

［17］【李賢注】弟（大德本作“第”），但也。《司馬相如》（中華本“相如”後增一“傳”字。校勘記曰：“據《集解》引黄山説改。按：此非司馬相如語，乃文君謂相如云云也。”應據改）曰：“第如臨邛。”【今注】案，弟，大德本作“第”。中華本校勘記：“‘第’原作‘弟’，殿本同，此據汲本改，注同。按：‘第’‘弟’通。”

［18］【今注】屏語：避人密語。

久之，大將軍梁商初開莫府，[1]復首辟瑗。自以再爲貴戚吏，不遇被斥，遂以疾固辭。歲中舉茂才，[2]遷汲令。[3]在事數言便宜，爲人開稻田數百頃。視事七年，百姓歌之。

［1］【今注】大將軍：武官名。漢代將軍的最高稱號。漢初爲臨時封號，位在三公後，事迄則罷，至武帝元朔五年（前124）封衛青爲大將軍後，乃爲掌武職的常置之官。武帝時，大將軍一職主要掌統兵征戰。自霍光以大司馬大將軍的名義輔政，乃兼領尚書事，成爲中朝官領袖，權力已逾丞相，成爲事實上的最高軍政長官。西漢後期此職位多由貴戚擔任，多加大司馬銜，領尚書事，秩萬石，位高權重，位在三公上。東漢時不冠大司馬，成爲獨立官職，多授予貴戚，常兼録尚書事，開府置僚屬，與太傅、太尉等共同主持政務。　梁商：字伯夏，安定烏氏（今寧夏固原市東南）人。東漢權臣、外戚。梁皇后及梁冀之父。傳見本書卷三四。　莫府：即幕府。莫，通“幕”。

［2］【今注】茂才：察舉科目之一。《漢書》顔師古注引應劭曰：“舊言秀才，避光武諱稱茂才。”師古曰：“茂，美也。”

［3］【李賢注】汲，縣名，屬河内。【今注】汲：縣名。治所在今河南汲縣西南。

漢安初，[1]大司農胡廣、少府竇章共薦瑗宿德大儒，[2]從政有迹，不宜久在下位，由此遷濟北相。[3]時李固爲太山太守，[4]美瑗文雅，奉書禮致殷勤。歲餘，光禄大夫杜喬爲八使，徇行郡國，[5]以臧罪奏瑗，[6]徵詣廷尉。[7]瑗上書自訟，得理出。會病卒，年六十六。臨終，顧命子寔曰：[8]“夫人稟天地之氣以生，及其終也，歸精於天，還骨於地。何地不可臧形骸，[9]勿歸鄉里。其賵贈之物，[10]羊豕之奠，一不得受。”寔奉遺令，遂留葬洛陽。[11]

［1］【今注】漢安：東漢順帝劉保年號（142—144）。

［2］【今注】大司農：官名。西漢武帝太初元年（前104）改大農令置。秩中二千石。九卿之一。掌管全國租賦收入和國家財政經濟等。新莽先後改名羲和、納言。東漢機構減省，掌皇室財政開支。　胡廣：字伯始，南郡華容（今湖北潛江市西南）人。東漢大臣。傳見本書卷四四。　少府：官名。戰國時三晉和秦均有設置，漢因之。掌山澤陂池市肆租税，以供宫廷開支。兼管宫廷日常事務及手工製作。秩中二千石。西漢武帝時期將少府部分山澤陂池之税移交大司農。東漢少府職屬進一步精簡，掌宫中服御諸物、寶貨珍膳的供給和服務。　竇章：字伯向，扶風平陵（今陝西咸陽市西北）人。東漢大臣。安豐侯竇萬全子。傳見本書卷二三。

［3］【今注】濟北相：濟北國相。濟北國，東漢和帝永元二年（90），分泰山郡置，治盧縣（今山東濟南市長清區東南）。

［4］【今注】李固：字子堅，漢中南鄭（今陝西漢中市）人。

傳見本書卷六三。　太山太守：太山郡太守。太山郡，即泰山郡，治奉高縣（今山東泰安市東北）。

［5］【李賢注】八使見《周舉傳》。【今注】光禄大夫：官名。西漢武帝太初元年，改中大夫置，屬光禄勳，秩比二千石。掌論議。東漢時多用以案行州郡，拜假賵贈之使，及監護諸國嗣喪事。杜喬：字叔榮，河内林慮（今河南林州市）人。東漢大臣。傳見本書卷六三。　八使：本書卷六一《周舉傳》："時詔遣八使巡行風俗，皆選素有威名者，乃拜舉爲侍中，與侍中杜喬、守光禄大夫周栩、前青州刺史馮羡、尚書欒巴、侍御史張綱、兖州刺史郭遵、太尉長史劉班並守光禄大夫，分行天下。其刺史、二千石有臧罪顯明者，驛馬上之。墨綬以下，便輒收舉。其有清忠惠利，爲百姓所安，宜表異者，皆以狀上。於是八使同時俱拜，天下號曰'八俊'。"

［6］【今注】臧罪：貪贜受賄的罪行。

［7］【今注】廷尉：官名。位列九卿，主掌司法審判，秩中二千石。

［8］【今注】案，寔，殿本作"實"。下同不注。

［9］【今注】案，臧，大德本、殿本作"藏"。

［10］【今注】賵贈：贈送車馬、財物等以助人辦喪事。《荀子·大略》："故吉行五十，奔喪百里，賵贈及事，禮之大也。"

［11］【今注】案，寔，殿本作"實"。　洛陽：東漢都城。

瑗高於文辭，尤善爲書、記、箴、銘，所著賦、碑、銘、箴、頌、《七蘇》、[1]《南陽文學官志》、《歎辭》、《移社文》、《悔祈》、《草書埶》、七言，凡五十七篇。其《南陽文學官志》稱於後世，諸能爲文者皆自以弗及。瑗愛士，好賓客，盛脩肴膳，單極滋味，[2]不問餘産。居常蔬食菜羹而已。家無擔石儲，當世清之。[3]

［1］【李賢注】《瑗集》載其文，即枚乘《七發》之流。

［2］【今注】單極：窮盡，竭盡。單，通“殫”。

［3］【李賢注】《華嶠書》曰“瑗愛士（嶠，大德本作‘撟’），好賓客，盛脩肴膳。或言其太奢。瑗聞之怒，敕妻子曰：‘吾并日而食，以供賓客，而反以獲譏，士大夫不足養如此。後勿過菜具，無爲諸子所蚩也（殿本無“也”字）。’終不能改，奉禄盡於賓饗”也。

寔字子真，一名台，字元始。少沈静，好典籍。父卒，隱居墓側。服竟，[1]三公並辟，皆不就。

［1］【今注】服竟：服喪期滿。

桓帝初，[1]詔公卿郡國舉至孝獨行之士。寔以郡舉，徵詣公車，[2]病不對策，除爲郎。[3]明於政體，吏才有餘，論當世便事數十條，名曰《政論》。[4]指切時要，言辯而确，[5]當世稱之。仲長統曰：[6]“凡爲人主，宜寫一通，置之坐側。”其辭曰：

［1］【今注】桓帝：東漢桓帝劉志，公元146年至167年在位。紀見本書卷七。

［2］【今注】公車：公車司馬令西漢時掌公車司馬門，受天下奏章，主宫中巡邏。東漢時掌南闕門，受吏民奏章四方貢獻等。《漢官儀》曰：“公車司馬掌殿司馬門，夜徼宫中，天下上事及闕下凡所徵召皆總領之。”

[3]【今注】郎：官名。掌守宫門，備諮詢，出充車騎。東漢於光禄勳下設五官、左、右中郎將署，主管諸中郎、侍郎、郎中，實爲儲備官吏人才的機構，其郎官多達二千餘人。

[4]【今注】案，曹金華《後漢書稽疑》："此謂桓帝初崔寔'除爲郎'時著作《政論》，誤矣。嚴可均於《全後漢文》卷四十六序中謹按：'其書成於守遼東後，故有"僕前爲五原太守"及"今遼東耕犂"云云。本傳繫於桓帝初除爲郎時，未得其實。'"（第675頁）

[5]【李賢注】确，堅正也，音口角反（口，大德本作"曰"）。

[6]【今注】仲長統：字公理，山陽高平（今山東鄒城市西南）人。東漢末政論家。著有《昌言》三十四篇。傳見本書卷四九。

自堯舜之帝，湯武之王，皆賴明哲之佐，博物之臣。故皋陶陳謨而唐虞以興，[1]伊、箕作訓而殷周用隆。[2]及繼體之君，[3]欲立中興之功者，曷嘗不賴賢哲之謀乎！凡天下所以不理者，常由人主承平日久，俗漸敝而不悟，政寖衰而不改，[4]習亂安危，怢不自睹。[5]或荒耽嗜欲，不恤萬機；或耳蔽箴誨，厭僞忽真；[6]或猶豫歧路，莫適所從；[7]或見信之佐，括囊守禄；[8]或疎遠之臣，言以賤廢。是以王綱縱弛於上，智士鬱伊於下。[9]悲夫！

[1]【今注】皋陶陳謨：皋陶陳述計謀。《尚書》有《皋陶謨》。　唐虞：唐堯與虞舜的合稱。

[2]【李賢注】伊尹作《伊訓》，箕子作《洪範》。【今注】

箕：箕子。商朝貴族。紂王之叔父，一說爲紂庶兄。官太師，封子爵，國於箕（今山西太谷縣東）。傳說《尚書·洪範》爲其所作。

[3]【今注】繼體之君：繼位的君主。

[4]【今注】寖衰：漸漸衰敗。

[5]【李賢注】怢音他没反。怢，忽忘也（怢，大德本作"忲"）。【今注】怢：忽視。怢，大德本作"忲"。

[6]【李賢注】厭飫姦僞，輕忽至真。【今注】厭：滿足。

[7]【今注】案，歧，殿本作"岐"。

[8]【李賢注】《易》曰："括囊無咎無譽。"括，結也。結囊不言，持禄而已。【今注】括囊：像扎緊的袋子，指不説好話也不説壞話。

[9]【李賢注】鬱伊，不申之貌。《楚詞》曰"獨鬱伊而誰語"也（鬱伊，大德本、殿本作"伊蔚"）。【今注】鬱伊：悶悶不樂，有志不得伸。

自漢興以來，三百五十餘歲矣。政令垢翫，上下怠懈，[1]風俗雕敝，人庶巧僞，百姓囂然，[2]咸復思中興之救矣。且濟時拯世之術，豈必體堯蹈舜然後乃理哉？期於補綻決壞，枝柱邪傾，[3]隨形裁割，要措斯世於安寧之域而已。[4]故聖人執權，遭時定制，[5]步驟之差，各有云設。[6]不彊人以不能，背急切而慕所聞也。[7]蓋孔子對葉公以來遠，哀公以臨人，景公以節禮，非其不同，所急異務也。[8]是以受命之君，每輒創制；中興之主，亦匡時失。昔盤庚愍殷，遷都易民；[9]周穆有闕，甫侯正刑。[10]俗人拘文牽古，不達權制，奇偉所聞，簡忽所見，烏可與論國家之大事哉！故言事者，雖合聖德，輒見掎奪。[11]何者？其頑士闇於時權，安習所見，不知樂成，況可慮始，[12]苟云率由舊章而已。[13]其達者或矜名妒能，恥策非己，舞筆奮辭，以破其義，寡不勝衆，遂見擯棄。雖稷、契復存，[14]猶將困焉。斯賈生之所以排於絳、灌，屈子之所以攄其幽憤者也。[15]夫以文帝之明，[16]賈生之賢，絳、灌之忠，而有此患，況其餘哉！

[1]【李賢注】垢，惡也。【今注】垢翫：污濁混亂，玩忽荒怠。翫，同"玩"。

[2]【今注】囂然：憂愁貌。

[3]【李賢注】綻音直莧反，《禮記》曰："衣裳綻裂紉箴請補綴。"柱音陟主反。【今注】補綻：縫補。

[4]【今注】要措：放置。

[5]【李賢注】權謂變也。遭遇其時而定法制，不循於舊也。

[6]【今注】設：設置。

[7]【李賢注】背當時之急切，而慕所聞之事，則非濟時之要。

[8]【李賢注】《韓子》曰，葉公問政於仲尼。仲尼曰："攻在悦近而來遠。"（攻，紹興本、大德本、殿本作"政"，是）魯哀公問政於仲尼。仲尼曰："政在選賢。"齊景公問政於仲尼。仲尼曰："政在節財。"此云"臨人""節禮"，文不同也。【今注】葉公：沈諸梁，楚國大夫，封地在葉城（今河南葉縣南），所以叫葉公。 哀公：魯哀公。春秋時期魯國君主。公元前494年至前468年在位。 景公：魯景公。春秋時期齊國君主。公元前547年至前490年在位。 所急異務：當務之急不同。曹金華《後漢書稽

疑》："《漢書·武帝紀》元朔六年詔云'哀公以論臣，景公以節用，非期不同，所急異務也'。《集解》引惠棟説，謂當從詔書。又引黄山説，謂《尚書大傳·略説》作'論臣'，《説苑·政理》作'諭臣'，又皆作'節用'也。"（第676頁）

［9］【李賢注】盤庚，殷王也。自耿遷於亳邑，作書三篇以告之。【今注】愍：憐憫。

［10］【李賢注】甫侯即吕侯也。爲周穆王訓暢夏禹用刑之法。並見《尚書》。【今注】周穆：周穆王。周昭王之子，西周第五位君主。　甫侯：即吕侯。周穆王任爲司寇。爲周穆王作《吕刑》，正刑罰，事見《尚書》。

［11］【李賢注】掎音居蟻反。賈逵注《國語》曰："從後牽曰掎。"【今注】案，德，中華本校勘記："張森楷《校勘記》謂《治要》'德'作'聽'，疑'聽'字是。"　掎奪：拖住而遭排擠。

［12］【李賢注】《前書》劉歆曰："夫可與樂成，難與慮始，此乃衆庶所爲耳。"【今注】不知樂成況可慮始：不知享受成功的快樂，又怎麽能謀慮事情的開始。

［13］【今注】苟：衹。　率由舊章：一切按照以前的制度。《詩·大雅·假樂》："不愆不忘，率由舊章。"

［14］【今注】稷：后稷。名弃，是周人的始祖，擅長農耕技藝，教民耕種與稼穡之術，堯舜時曾做過農官。　契：商人始祖，封於商邑。舜時曾做過司徒，負責教化。

［15］【李賢注】孝文帝時，賈誼請更定律，令列侯就國，周勃、灌嬰等毁之。屈原爲楚三閭大夫，上官靳尚妒害其能，憂愁憤懣，遂作《離騷經》。【今注】賈生：賈誼，洛陽（今河南洛陽市）人。西漢初年著名政論家、文學家。少有才名，文帝時任博士，遷太中大夫，受周勃、灌嬰排擠，謫爲長沙王太傅，後爲梁懷王太傅。梁懷王墜馬而死，賈誼深自歉疚，抑鬱而亡。傳見《漢

書》卷四八。　灌：灌嬰，睢陽（今河南商丘市南）人。西漢開國功臣。以戰功封潁陰侯。後又參與平定韓王信、陳豨、黥布等反叛，協助周勃平定諸吕之亂，擁立漢文帝，拜爲太尉，後任丞相。傳見《漢書》卷四一。　屈子：屈原，名平，字原。戰國時楚國政治家、詩人。因遭排擠被流放，秦滅楚後投汨羅江殉國。傳見《史記》卷八四。　攄：發泄。曹金華《後漢書稽疑》："此文似云賈誼、屈原二人之事，而《群書治要》引作'斯賈生之所以排絳、灌，吊屈子所以幽憤者也'，是述賈生一人之事。又據下文'夫以文帝之明，賈生之賢，絳、灌之忠，而有此患'云云，當以《治要》爲是。《後漢紀》卷二一引作'斯賈誼所以見悲於上世也'，亦是此意。"（第676頁）

［16］【今注】文帝：西漢文帝劉恒，公元前180年至前157年在位。紀見《史記》卷一〇、《漢書》卷四。

故宜量力度德，《春秋》之義。[1]今既不能純法八世，故宜參以霸政，[2]則宜重賞深罰以御之，明著法術以檢之。自非上德，嚴之則理，寬之則亂。何以明其然也？近孝宣皇帝明於君人之道，[3]審於爲政之理，故嚴刑峻法，破姦軌之膽，海内清肅，天下密如。[4]薦勳祖廟，[5]享號中宗。筭計見效，優於孝文。及元帝即位，[6]多行寬政，卒以墮損，[7]威權始奪，遂爲漢室基禍之主。政道得失，於斯可監。昔孔子作春秋，褒齊桓，懿晉文，歎管仲之功。夫豈不美文、武之道哉？誠達權救敝之理也。[8]故聖人能與世推移，而俗士苦不知變，[9]以爲結繩之約，可復理亂秦之緒，《干戚》之舞，足以解平城之圍。[10]

［1］【李賢注】《左氏傳》曰，息侯伐鄭，“不度德，不量力”。【今注】故宜：中華本校勘記：“《刊誤》謂案文多‘故宜’二字，下文自有用‘故宜’字處。今據删。”

［2］【李賢注】八世謂三皇、五帝也。霸政謂齊桓、晉文也。【今注】世：中華本校勘記：“《刊誤》謂‘世’當作‘代’。《集解》引惠棟説，謂《文選》注引作‘八代’。按：此轉改之失，今據改。注同。”

［3］【今注】孝宣皇帝：西漢宣帝劉詢，公元前74年至前49年在位。紀見《漢書》卷八。

［4］【李賢注】密，静也。

［5］【今注】薦勳：獻告功勳。

［6］【今注】案，大德本、殿本無“及”字。　元帝：西漢元帝劉奭，公元前49年至前33年在位。紀見《漢書》卷九。

［7］【李賢注】墮讀曰隳。

［8］【李賢注】《左傳》，齊桓公伐楚，責以包茅不貢，王祭不供；晉文公召王盟諸侯於踐土；管仲相公子糾而射祖公（祖，紹興本、大德本、殿本作“桓”，是。中華本校勘記：“《集解》引黄山説，謂原注‘射桓公’下當有‘卒乃相桓公’句”）：此並權變之道也。【今注】齊桓：齊桓公。名小白，春秋時期齊國君主，春秋五霸之一。　懿：贊美。　晉文：晉文公。名重耳，春秋時期晉國君主，春秋五霸之一。　管仲：名夷吾，字仲。初從公子糾，後經鮑叔牙推薦，被齊桓公任用爲相，助齊桓公稱霸。傳見《史記》卷六二。　達權救敝：通達權變，救止衰敗。

［9］【李賢注】《楚詞·漁父》曰“聖人不凝滯於物，而與時推移”也。

［10］【李賢注】《易》曰：“上古結繩而化，後世聖人易之以書契。”干，盾也。戚，鉞也。《尚書》曰，苗人逆命，禹乃舞干羽於兩階，七旬有苗格。《前書》，高祖被匈奴圍於平城，用陳平

計得解。言《干戚》之舞，非平城之所用也。【今注】結繩之約：用結繩的方式來約定。此指用原始古老的方法處事。　干戚之舞：古代軍舞的一種。舞者手持盾和斧。干，盾。戚，斧。　平城之圍：西漢初年，劉邦北征，被匈奴冒頓單于困於平城之旁的白登山，後用陳平之計纔得以脱險。　平城：縣名。治所在今山西大同市東北。

夫熊經鳥伸，雖延歷之術，非傷寒之理；呼吸吐納，雖度紀之道，非續骨之膏。[1]蓋爲國之法，有似理身，平則致養，[2]疾則攻焉。夫刑罰者，治亂之藥石也；德教者，興平之梁肉也。夫以德教除殘，是以梁肉理疾也；以刑罰理平，是以藥石供養也。方今承百王之敝，值厄運之會。自數世以來，政多恩貸，[3]馭委其轡，馬駘其銜，四牡横奔，皇路險傾。[4]方將柑勒鞬輈以救之，豈暇鳴和鑾，請節奏哉？[5]昔高祖令蕭何作九章之律，[6]有夷三族之令，[7]黥、劓、斬趾、斷舌、梟首，故謂之具五刑。[8]文帝雖除肉刑，當劓者笞五百，當斬左趾者笞三百，[9]當斬右趾者棄市。右趾者既殞其命，笞撻者往往至死，[10]雖有輕刑之名，其實殺也。當此之時，民皆思復肉刑。至景帝元年，[11]乃下詔曰："笞與重罪無異，幸而不死，不可爲民。"[12]乃定律，減笞輕捶。自是之後，笞者得全。[13]以此言之，文帝乃重刑，非輕之也；以嚴致平，非以寬致平也。必欲行若言，[14]當大定其本，使人主師五帝而式三王。[15]盪亡秦之俗，遵先聖之風，棄苟全之政，蹈稽古之蹤，復五等之爵，[16]立井田之制。[17]然後選稷契爲佐，伊吕爲輔，樂作而鳳皇儀，擊石而百獸舞。[18]若不然，則多爲累而已。

［1］【李賢注】《莊子》曰："吹呴呼吸（呴，大德本作'噓'），吐故納新，熊經鳥伸，此導引之士，養形之人也。"《黄帝素問》曰："人傷於寒而轉爲熱，何也？夫寒盛則生於熱也。"度紀猶延年也。言鳥伸不可瘵傷寒，吸氣不能續斷骨也。【今注】熊經鳥伸：古代導引養生之術，形如熊之攀樹、鳥之伸脚。馬王堆三號漢墓出土有《導引圖》。

［2］【今注】案，殿本無"致"字。曹金華《後漢書稽疑》："《後漢紀》卷二一引作'平則致養，疾則致攻'。"（第677頁）

［3］【今注】恩貸：施恩寬宥。

［4］【李賢注】《家語》曰："古者天子以德法爲銜勒，以百官爲轡策。善御馬者，正銜勒，齊轡策，鈞馬力，和馬心，故口無聲而極千里。善御人者，一其德法，正其百官，均齊人物，和安人心，故刑不用而天下化。"《説文》曰："駘，馬銜脱也（銜脱，大德本作'鋭'）。"音達來反。皇路，天路也。【今注】馭委其轡馬駘其銜四牡横奔皇路險傾：馭者拋棄了韁繩，駕馬脱落了馬銜，四馬横衝直撞，帝王之路險惡將傾。委，拋棄。轡，韁繩。駘，馬銜脱落。銜，馬具。置於馬口之中，用以勒馬。四牡，四匹公馬。

［5］【李賢注】何休注《公羊傳》曰："柑，以木銜其口也。"柑音巨炎反。勒，馬轡。輈，車轅。鞬猶束也。《説苑》曰："鑾設於鑣，和設於軾，馬動鑾鳴，鑾鳴則應（'動'後殿本有'則'字。中華本據汲本、殿本補作：'馬動則鑾鳴，鑾鳴則和應'），行節也（殿本無'行'字，大德本無'節'字。中華本據今本

《説苑》補作‘行之節也’)。”【今注】方將柑勒鞬鞫以救之豈暇鳴和鑾請節奏哉：正要用柑勒鞬鞫去拯救它，哪有空使和鑾齊鳴，馬行有節呢？請，殿本作“清”，是。

[6]【今注】蕭何：沛（今江蘇沛縣）人。西漢開國功臣。初任沛主吏掾，隨劉邦起兵，輔佐劉邦統一天下。後編次律令，協助劉邦、吕后計誅韓信等異姓諸侯王，拜爲相國。惠帝二年（前193），卒於官。世家見《史記》卷五三，傳見《漢書》卷三九。九章之律：《漢書·刑法志》：“相國蕭何攈摭秦法，取其宜於時者，作律九章。”九章律分别爲盜律、賊律、囚律、捕律、雜律、具律、户律、興律、厩律。前六篇大體同於秦律，源於李悝《法經》。後三篇據説爲蕭何所造。從目前所見出土文獻來看，蕭何作九章律之説尚不能完全明確。

[7]【今注】夷三族之令：一人犯罪，夷滅三族的酷刑。

[8]【今注】黥：刑罰名。在犯人面額刺字後塗墨。　劓：刑罰名。割掉犯人鼻子的酷刑。　梟首：刑罰名。砍掉犯人腦袋懸掛示衆。

[9]【今注】案，五，紹興本、大德本、殿本作“三”。三，紹興本、大德本、殿本作“五”，是。

[10]【今注】案，榼，紹興本、大德本、殿本作“撻”。

[11]【今注】景帝元年：公元前156年。景帝，西漢景帝劉啓，公元前157年至前141年在位。紀見《史記》卷一一、《漢書》卷五。

[12]【今注】案，殿本“笞”前有一“加”字，中華本校勘記：“據汲本、殿本補，與《前志》合。”民，中華本改作“人”，校勘記曰：“《校補》案《前志》本作‘不可爲人’，此轉改之失。今據改。”

[13]【李賢注】此以上並見《前書·刑法志》。

[14]【今注】若言：此言。

［15］【李賢注】式，法也。【今注】五帝：黄帝、顓頊、帝嚳、唐堯、虞舜。　三王：夏禹、商湯、周文王與周武王。

［16］【今注】五等之爵：周代爵位分爲公、侯、伯、子、男五等。

［17］【李賢注】畝百爲夫，九夫爲井。【今注】井田之制：商周時期的土地制度。《穀梁傳》宣公十五年："古者三百步爲里，名曰井田。"《孟子·滕文公上》："方里而井，井九百畝。其中爲公田，八家皆私百畝，同養公田。公事畢，然後敢治私事。"

［18］【李賢注】《尚書》曰："《簫韶》九成，鳳皇來儀。"又"夔曰：'於余擊石拊石，百獸率舞。'"

其後辟太尉袁湯、大將軍梁冀府，[1]並不應。大司農羊傅、少府何豹上書薦寔才美能高，[2]宜在朝庭。[3]召拜議郎，[4]遷大將軍冀司馬，[5]與邊韶、延篤等著作東觀。[6]

［1］【今注】太尉：官名。主掌全國軍政。東漢時，太尉與司馬、司空並列三公。　袁湯：字仲河，汝南汝陽（今河南商水縣西北）人。東漢大臣。事見本書卷四五《袁京傳》。　梁冀：字伯卓，安定烏氏（今寧夏固原市東南）人。東漢權臣。大將軍梁商子，兩妹分别爲順帝、桓帝皇后。傳見本書卷三四。

［2］【今注】大司農：官名。西漢武帝太初元年（前104）改大農令置。秩中二千石。九卿之一。掌管全國租賦收入和國家財政經濟等。新莽先後改名羲和、納言。東漢機構減省，掌皇室財政開支。曹金華《後漢書稽疑》："'羊傅'，疑作'羊儒'。《羊續傳》作'儒'，《後漢紀》卷二一作'儒'。《黄瓊傳》作'溥'亦誤。"（第678頁）

［3］【今注】案，庭，大德本、殿本作"廷"。

[4]【今注】議郎：官名。西漢時爲光禄勳屬官。掌顧問應對，參與議政。秩比六百石。東漢時更爲顯要，除議政外，也給事宫中。

[5]【今注】司馬：官名。此指大將軍司馬，秩千石，專管兵事。

[6]【今注】邊韶：字孝先，陳留浚儀（今河南開封市）人。東漢官吏。以文章知名。傳見本書卷八〇上。　延篤：字叔堅，南陽犨（今河南魯山縣東南）人。東漢官吏。傳見本書卷六四。　東觀：位於洛陽南宫，是皇家著述及藏書之所。

出爲五原太守。[1]五原土宜麻枲，而俗不知織績，民冬月無衣，積細草而卧其中，見吏則衣草而出。寔至官，斥賣儲峙，[2]爲作紡績、織紝、練緼之具以教之，民得以免寒苦。[3]是時胡虜連入雲中、朔方，[4]殺略吏民，一歲至九奔命。寔整厲士馬，嚴烽候，[5]虜不敢犯，常爲邊最。[6]

[1]【今注】五原：郡名。治九原縣（今内蒙古包頭市西）。

[2]【今注】儲峙：儲蓄。

[3]【李賢注】杜預注《左傳》曰："織紝，織布者。"孔安國《論語》注曰："緼，枲也。"

[4]【今注】雲中：郡名。治雲中縣（今内蒙古托克托縣東北）。　朔方：郡名。東漢時治臨戎縣（今内蒙古磴口縣北）。

[5]【今注】烽候：烽火候望。

[6]【李賢注】最爲第一。

以病徵，拜議郎，復與諸儒博士共雜定《五

經》。[1]會梁冀誅，寔以故吏免官，禁錮數年。

［1］【今注】博士：官名。秦置，漢因之。九卿之一奉常（太常）屬官。掌通古今，教弟子，備顧問。秩比六百石。設僕射一人領之。西漢武帝罷黜百家以前，博士治各家之學。其後博士主要傳授儒家經典，員額依時有所增減。　五經：指《易》《書》《詩》《禮》《春秋》五部經典。

時鮮卑數犯邊，[1]詔三公舉威武謀略之士，司空黄瓊薦寔，[2]拜遼東太守。[3]行道，母劉氏病卒，上疏求歸葬行喪。母有母儀淑德，博覽書傳。初，寔在五原，常訓以臨民之政，寔之善績，母有其助焉。服竟，召拜尚書。[4]寔以世方阻亂，稱疾不視事，數月免歸。

［1］【今注】鮮卑：古族名。東胡的一支，因别依鮮卑山，故稱。漢初，爲匈奴所敗，入遼東塞外，與烏桓相接。東漢初，與匈奴攻遼東。和帝永元中，北匈奴西遷後，徙據其地。因兼併其衆，逐漸强盛，多次攻漢邊郡。桓帝時，首領檀石槐建庭立制，分爲東、中、西三部，各置大人率領。其後聯合體瓦解，步度根、軻比能等首領各擁其衆，附屬曹魏。

［2］【今注】司空：官名。即大司空。　黄瓊：字世英，江夏安陸（今湖北雲夢縣）人。傳見本書卷六一。

［3］【今注】遼東：郡名。治襄平縣（今遼寧遼陽市白塔區）。

［4］【今注】尚書：官名。西漢初爲掌文書小吏。武帝後事權漸重。成帝建始四年（前29），增爲五員，掌文書章奏詔命。東漢尚書臺分六曹，各置尚書，秩六百石，位在令、僕射下，丞、郎上。與令、僕射合稱“八座”。掌接納章奏、擬定詔令，位輕權重。

初，寔父卒，剽賣田宅，起冢塋，立碑頌。[1]葬訖，資産竭盡，因窮困，以酤釀販鬻爲業。[2]時人多以譏之，[3]寔終不改。亦取足而已，不致盈餘。及仕官，[4]歷位邊郡，而愈貧薄。建寧中病卒。[5]家徒四壁立，無以殯斂，光禄勳楊賜、太僕袁逢、少府段熲爲備棺槨葬具，[6]大鴻臚袁隗樹碑頌德。[7]所著碑、論、箴、銘、答、七言、祠、文、表、記、書凡十五篇。

［1］【李賢注】《廣雅》曰："剽，削也，音匹妙反（匹，大德本作'四'）。"一作"標"。【今注】剽賣：削價售賣。

［2］【今注】酤釀販鬻：釀酒販賣。

［3］【今注】案，大德本、殿本"以"後有一"此"字。中華本亦據汲本、殿本補。

［4］【今注】案，官，大德本、殿本作"宦"。中華本校勘記："汲本、殿本'官'作'宦'，《勘誤》謂案文'宦'當作'官'。按：《集解》引王會汾説，謂古書中言'仕宦'者甚多，'仕官'不成文理，此傳寫互誤，傳及注'宦'字當本作'官'，劉注當本作'官當作宦'。"

［5］【今注】建寧：東漢靈帝劉宏年號（168—172）。

［6］【今注】光禄勳：官名。秦置郎中令，漢因之。武帝太初元年（前104）更名光禄勳，王莽時改爲司中，東漢時仍稱光禄勳。秩中二千石，掌宿衛宫殿門户，典謁署郎更直執戟，宿衛門户，考其德行而進退之。郊祀之事，掌三獻。丞一人，比千石。　楊賜：字伯獻，弘農華陰（今陝西華陰市東）人。東漢大臣。楊秉之子。傳見本書卷五四。　太僕：官名。九卿之一，秩中二千石。掌供皇帝車馬，大駕則執馭。　袁逢：字周陽，汝南汝陽（今河南商水縣西北）人。東漢大臣。安國亭侯袁湯之子。事見本書卷四五

《袁京傳》。　段熲：字紀明，武威姑臧（今甘肅武威市）人。曾駐守涼州，屢敗諸羌。傳見本書卷六五。

[7]【今注】大鴻臚：官名。九卿之一，秩中二千石。秦漢時初名典客。景帝中元六年（前144）更名大行令，武帝太初元年更名大鴻臚。職掌諸侯、四方歸附的少數民族，以及典禮祭祀的禮儀工作。　袁隗：字次陽，汝南汝陽（今河南商水縣西北）人。袁湯之子。東漢大臣。事見本書卷四五《袁京傳》。

寔從兄烈，[1]有重名於北州，歷位郡守、九卿。[2]靈帝時，[3]開鴻都門榜賣官爵，[4]公卿州郡下至黄綬各有差。[5]其富者則先入錢，貧者到官而後倍輸，或因常侍、阿保別自通達。[6]是時段熲、樊陵、張温等雖有功勤名譽，[7]然皆先輸貨財而後登公位。烈時因傅母入錢五百萬，得爲司徒。[8]及拜日，天子臨軒，百僚畢會。帝顧謂親倖者曰："悔不小靳，可至千萬。"[9]程夫人於傍應曰："崔公冀州名士，豈肯買官？賴我得是，反不知姝邪！"[10]烈於是聲譽衰減。久之不自安，從容問其子鈞曰："吾居三公，於議者何如？"鈞曰："大人少有英稱，歷位卿守，論者不謂不當爲三公；[11]而今登其位，天下失望。"烈曰："何爲然也？"鈞曰："論者嫌其銅臭。"烈怒，舉杖擊之。鈞時爲虎賁中郎將，[12]服武弁，[13]戴鶡尾，[14]狼狽而走。烈罵曰："死卒，父檛而走，孝乎？"[15]鈞曰："舜之事父，小杖則受，大杖則走，非不孝也。"[16]烈慙而止。烈後拜太尉。

［1］【今注】從兄：堂兄。

［2］【今注】九卿：漢代朝廷一系列高級官員的合稱，而非指具體的九種官職。當時習慣將奉常（太常）、郎中令（光禄勳）、太僕、廷尉（大理）、典客（大鴻臚）、宗正、治粟内史（大司農）、少府、衛尉、中衛（執金吾）、三輔長官等秩中二千石的中央官員並列爲九卿，亦稱列卿。

［3］【今注】靈帝：東漢靈帝劉宏，公元168年至189年在位。紀見本書卷八。

［4］【今注】鴻都門：東漢洛陽皇宫門。靈帝在此設立學堂。

［5］【今注】黄綬：黄色綬帶。漢代二百石至四百石之秩級的官員，一般爲銅印黄綬。《漢書》卷八三《朱博傳》“刺史不察黄綬”，顔師古注：“丞尉職卑皆黄綬。”

［6］【李賢注】阿保謂傅母也。【今注】阿保：保姆。

［7］【今注】樊陵：字德雲，南陽湖陽（今河南唐河縣西南）人。東漢大臣。中平五年（188）四月，由永樂少府升任太尉，六月罷。靈帝卒，宦官張讓等矯詔以陵爲司隸校尉。不久，爲袁紹所斬。　張温：字伯慎，南陽穰（今河南鄧州市）人。東漢末大臣。歷任司隸校尉、尚書令、司空等職。靈帝中平二年，以司空職兼車騎將軍。三年，拜爲太尉，四年，免。後任衛尉。獻帝初平二年（191），爲董卓所殺。

［8］【今注】司徒：官名。三公之一。西漢哀帝元壽二年（前1），正三公官分職，改丞相爲大司徒。東漢光武帝建武二十七年（51）去“大”字，稱司徒，掌全國民政、教化等事宜。

［9］【李賢注】靳，固惜之也。靳或作“僑”。《説文》曰：“僑，引爲價也。”音一建反。【今注】靳：吝惜。

［10］【李賢注】姝，美也。言反不知斯事之美也。姝或作“株”。株，根本也。

［11］【今注】案，不當爲三公，大德本無“不”字。

［12］【今注】虎賁中郎將：官名。隸屬光禄勳，負責率領虎賁衛士，負責宫殿的宿衛侍從，秩比二千石。

［13］【今注】武弁：武士戴的帽子。

［14］【今注】鶡尾：鶡鳥的尾羽。鶡鳥好鬬，至死不却。古人以其尾羽飾武士之冠，以示勇猛。

［15］【李賢注】以其武官，故罵爲卒。或作"孔卒"者，誤也。

［16］【李賢注】《家語》曰："曾子耘瓜，誤傷其根。曾晳怒，建大杖以擊其首。曾子仆地不知人，有頃乃蘇。孔子聞之怒，謂門弟子曰：'參來勿内也。昔瞽叟有子曰舜，瞽叟欲使之，未嘗不往，則欲殺之，未嘗可得。小箠則待，大杖則逃，不陷父於不義也。'"

鈞少交結英豪，有名稱，爲西河太守。[1]獻帝初，[2]鈞與袁紹俱起兵山東，[3]董卓以是收烈付郿獄，[4]錮之，鋃鐺鐵鎖。[5]卓既誅，拜烈城門校尉。[6]及李傕入長安，[7]爲亂兵所殺。

［1］【今注】西河：郡名。治平定縣（今内蒙古准格爾旗西南）。東漢順帝永和五年（140）徙治離石縣（今山西吕梁市離石區）。

［2］【今注】獻帝：東漢獻帝劉協，公元189年至220年在位。紀見本書卷九。

［3］【今注】袁紹：字本初，汝南汝陽（今河南商水縣）人。傳見本書卷七四上。

［4］【今注】董卓：字仲穎，隴西臨洮（今甘肅岷縣）人。傳見本書卷七二。　郿：縣名。兩漢時屬右扶風，治所在今陝西眉縣東。

[5]【李賢注】《説文》曰："鋃鐺，鎖也。"《前書》曰："人犯鑄錢，以鐵鎖鋃鐺其頸。"鋃音郎，鐺音當。

[6]【今注】城門校尉：官名。職掌京城諸城門警衛，統領城門屯兵。秩比二千石。

[7]【今注】李傕：傕，紹興本、大德本、殿本作"傕"，是。李傕，東漢末董卓部將。字稚然，北地（今寧夏吴忠西南）人。初平三年（192），董卓被殺，傕與郭汜、樊稠等攻破京師。獻帝以傕爲車騎將軍、開府，領司隸校尉，與汜、稠共掌朝政。興平二年（195），拜大司馬。後與郭汜相攻，劫質獻帝。二人重修舊好後，獻帝得以東歸。建安三年（198），獻帝遣軍討殺傕於關中，夷三族。

烈有文才，所著詩、書、教、頌等凡四篇。

論曰：崔氏世有美才，兼以沈淪典籍，遂爲儒家文林。駰、瑗雖先盡心於貴戚，而能終之以居正，則其歸旨異夫進趣者乎！[1]李固，高絜之士也，與瑗鄰郡，奉贄以結好。[2]由此知杜喬之劾，[3]殆其過矣。寔之《政論》，言當世理亂，雖晁錯之徒不能過也。[4]

[1]【今注】則其歸旨異夫進趣者乎：那麽他們的旨趣與急於攀附進取者不同。歸旨，旨趣。進趣，急於攀附進取。

[2]【李賢注】《儀禮》曰："士相見之禮，贄冬用雉，夏用腒，奉之曰：'某也欲見無由達。'"腒，乾腒（乾腒，大德本作"乾朐"，殿本作"乾雉"，中華本改作"乾朐"。校勘記："按：張元濟《後漢書校勘記》謂汪文盛刊本、元大德本並作'乾朐'。今據改。又按：殿本作'乾雉'，與《儀禮·士相見禮》'夏用腒'《釋文》合。"），音渠。【今注】贄：相見時所執禮物。

［3］【今注】案，大德本“知”後有一“名”字。

［4］【今注】晁錯：潁川（今河南禹州市）人。西漢大臣。初從張恢學申不害、商鞅“刑名”之術。文帝時，以文學舉爲太常掌故，曾奉命從故秦博士伏生受《尚書》。後歷任太子舍人、門大夫、博士、太子家令等職。景帝即位，遷内史，後任御史大夫，建議削藩。吴楚七國之亂中，被景帝處死。傳見《史記》卷一〇一、《漢書》卷四九。

贊曰：崔爲文宗，世禪雕龍。[1]建新恥潔，摧志求容。[2]永矣長岑，于遼之陰。[3]不有直道，曷取泥沈。[4]瑗不言禄，亦離冤辱。子真持論，感起昏俗。

［1］【李賢注】《史記》曰：“談天衍，雕龍奭。”劉向《别録》曰：“言鄒奭脩飾之文若雕龍文也。”禪謂相傳授也。【今注】雕龍：指善於文辭。

［2］【今注】建新恥潔摧志求容：（崔篆）任建新太守認爲有耻於身清志潔，摧折自己的志節以求容身。

［3］【今注】永矣長岑于遼之陰：（崔駰所貶的）長岑遥遠，地處遼東的南邊。

［4］【今注】不有直道曷取泥沈：没有直道，何不取隱逸消失之道。

後漢書　卷五三

列傳第四十三

周燮　黄憲　徐穉　姜肱　申屠蟠

《易》曰："君子之道，或出或處，或默或語。"[1]孔子稱"蘧伯玉邦有道則仕，邦無道可卷而懷也"。[2]然用舍之端，君子之所以存其誠也。[3]故其行也，則濡足蒙垢，出身以效時；[4]及其止也，則窮棲茹菽，臧寶以迷國。[5]

[1]【李賢注】《上繫》之詞也（詞，大德本、殿本作"辭"）。言賢哲所行，其趣異也。【今注】或：有時。　出：出仕。　處：退隱。　默：不語。

[2]【李賢注】《論語》蘧伯玉名瑗，衛大夫也。卷而懷謂不預時政，不忤於人者也。【今注】邦有道：國家政治清明。　卷：收卷。　懷：藏。　案，大德本、殿本"可"前有"則"字。中華本校勘記："'則'字原脱，逕據汲本、殿本補。"曹金華《後漢書稽疑》："據《論語·衛靈公》，此句當作'邦無道則可卷而懷之'。"（中華書局 2014 年版，第 679 頁）

［3］【李賢注】誠，實也。孔子曰："用之則行，舍之則臧（大德本、殿本作'藏'）。"《易》曰："閑邪存其誠。"【今注】用：被任用。　舍：不被任用。　端：事物的某種情況。

［4］【李賢注】《新序》曰："申徒狄非時（徒，大德本、殿本作'屠'），將自投河，崔嘉聞而止之曰：'吾聞聖人從事於天地之間，人之父母也。今爲濡足之故，不救溺人乎？'"【今注】濡：沾污。　蒙垢：遭受耻辱，指入世做官。

［5］【李賢注】《爾雅》曰："啜，茹也。"孫卿子曰："君子啜菽飲水，非愚也，是節然也。"《論語》曰，陽貨謂孔子曰："懷其寶而迷其邦，可謂仁乎？"【今注】窮棲：困苦地隱居。　茹菽：吃豆。喻生活窮苦。　臧：通"藏"。大德本、殿本作"藏"。　寶：喻才德。　迷：迷惑。

太原閔仲叔者，[1]世稱節士，[2]雖周黨之絜清，自以弗及也。黨見其含菽飲水，遺以生蒜，受而不食。[3]建武中，[4]應司徒侯霸之辟，[5]既至，霸不及政事，徒勞苦而已。[6]仲叔恨曰："始蒙嘉命，且喜且懼；今見明公，喜懼皆去。以仲叔爲不足問邪，不當辟也。辟而不問，是失人也。"遂辭出，投劾而去。[7]復以博士徵，[8]不至。客居安邑。[9]老病家貧，不能得肉，日買猪肝一片，屠者或不肯與，安邑令聞，敕吏常給焉。仲叔怪而問之，知，乃歎曰："閔仲叔豈以口腹累安邑邪？"遂去，客沛。[10]以壽終。

［1］【李賢注】《謝沈書》曰（沈，殿本作"承"）："閔貢字仲叔。"【今注】太原：郡名。治晉陽縣（今山西太原市西南）。

［2］【今注】節士：有節操的人。

［3］【李賢注】黨與仲叔同郡，亦貞介士也。見《逸人傳》。皇甫謐《高士傳》曰："黨見仲叔食無菜，遺之生蒜。仲叔曰：'我欲省煩耳，今更作煩邪？'受而不食。"【今注】周黨：字伯況，太原廣武（今山西代縣西南）人。兩漢之際隱士。家産千金，散與宗族，免遣奴婢，至長安游學。新莽建立，黨託疾杜門。東漢初，徵爲議郎，以病去職，携家人。光武帝召見，伏而不謁。著書上下篇而終。傳見本書卷八三。

［4］【今注】建武：東漢光武帝劉秀年號（25—56）。

［5］【今注】司徒：官名。西漢哀帝元壽二年（前1），正三公官分職，改丞相爲大司徒。東漢光武帝建武二十七年（51）去"大"字，稱司徒，掌全國民政、教化等事宜。與太尉、司空並列爲三公。　侯霸：字君房，河南密（今河南新密市東南）人。東漢大臣。傳見本書卷二六。

［6］【李賢注】勞其勤苦也。勞音力到反。

［7］【李賢注】案罪曰劾，自投其劾狀而去也。投猶下也。今有投辭、投牒之言也。

［8］【今注】博士：官名。秦置，漢因之。九卿之一奉常（太常）屬官。掌通古今，教弟子，備顧問。秩比六百石。設僕射一人領之。漢武帝罷黜百家以前，博士治各家之學。其後博士主要傳授儒家經典，員額依時有所增減。

［9］【今注】安邑：縣名。河東郡郡治，治所在今山西夏縣西北禹王城。

［10］【今注】沛：郡名。故秦泗水郡。西漢高祖改爲沛郡。新莽時改名爲吾符郡。東漢光武帝建武二十年改爲沛國。屬豫州刺史部。治相縣（今安徽淮北市相山區）。

仲叔同郡荀恁，字君大，[1]少亦脩清節。資財千萬，父越卒，悉散與九族。[2]隱居山澤，以求厥志。[3]

王莽末，[4]匈奴寇其本縣廣武，[5]聞恁名節，相約不入荀氏閭。[6]光武徵，[7]以病不至。永平初，[8]東平王蒼爲驃騎將軍，[9]開東閤延賢俊，[10]辟而應焉。及後朝會，顯宗戲之曰：[11]"先帝徵君不至，驃騎辟君而來，何也？"對曰："先帝秉德以惠下，故臣可得不來。驃騎執法以檢下，[12]故臣不敢不至。"後月餘，罷歸，卒於家。

［1］【李賢注】恁音而甚反。【今注】案，中華本校勘記："《集解》引錢大昕說，謂案《劉平傳》，數薦達名士承宫、郇恁等，即此荀恁也。《説文》無'荀'字，當以'郇'爲正。"曹金華《後漢書稽疑》："《後漢紀》卷九作'郇'。《文選》卷六十《齊竟陵文宣王行狀》李善注引《東觀記》作'荀'，姚本、《書鈔》卷三四引作'郇'。本傳恁'父越'，《漢書·王貢兩龔鮑傳》作'郇越'，顔師古注：'郇音荀，又音胡頑反。今荀郇二姓並有之，俱稱周武王之后也。'《漢書》有'荀息'，《潛夫論·志姓氏》作'郇息'。據此，二字本通作也。又《漢書》有荀彘、荀䓨、荀訢、荀林父等，范書有荀爽、荀遷、荀彧、荀淑、荀悦等，故不當以《説文》無'荀'，而證之爲'郇'也。"（第680頁）

［2］【今注】九族：經學家認爲"九族"是説每個人都有直近親屬九個家族。古文經學家説九個家族是指自高祖至玄孫九代，都是同姓。今文經學家説九個家族包括父族四、母族三、妻族二，有同姓也有異姓。這裏泛指族人。曹金華《後漢書稽疑》："此謂荀恁于父越死後散財與九族，而《漢書·王貢兩龔鮑傳》作'越散其先人訾千餘萬，以分施九族州里'，是其父越散財與九族也。本傳疑誤。"（第680頁）

［3］【今注】厥：其。

［4］【今注】王莽：字巨君，魏郡元城（今河北大名縣東北）

人。西漢元帝皇后王政君侄子。孺子嬰初始元年（8）稱帝，改國號爲新，年號始建國。傳見《漢書》卷九九。

［5］【李賢注】廣武，縣，屬太原郡，故城在今代州鴈門縣也。【今注】廣武：縣名。治所在今山西代縣西南。

［6］【今注】案，大德本無“相”字。　閭：閭里。

［7］【今注】光武：東漢光武帝劉秀，公元25年至57年在位。紀見本書卷一。

［8］【今注】永平：東漢明帝劉莊年號（58—75）。

［9］【今注】東平王蒼：劉蒼。東漢光武帝子，明帝同母弟。建武十七年（41）封爲東平王，都無鹽（今山東東平縣）。少好經書，明帝即位，拜爲驃騎將軍。參與議定南北郊冠冕車服制度及光武廟登歌八佾舞。撰《光武受命中興頌》。章帝即位，多次上疏議論政事，皆見納用。謚號憲。傳見本書卷四二。　驃騎將軍：西漢武帝置爲重號將軍，僅次於大將軍。秩萬石。東漢時位比三公，地位尊崇。

［10］【今注】東閤：漢代丞相、公侯及郡守府東向開的小門。後以東閤泛指招致、款待賓客之所。

［11］【今注】顯宗：東漢明帝劉莊，公元57年至75年在位。顯宗是其廟號。紀見本書卷二。

［12］【李賢注】檢猶察也。

桓帝時，[1]安陽人魏桓，[2]字仲英，亦數被徵。其鄉人勸之行。桓曰：“夫干禄求進，所以行其志也。今後宫千數，其可損乎？厩馬萬匹，其可減乎？左右悉權豪，其可去乎？”皆對曰：“不可。”桓乃慨然歎曰：“使桓生行死歸，於諸子何有哉！”[3]遂隱身不出。

［1］【今注】桓帝：東漢桓帝劉志，公元146年至167年在位。

紀見本書卷七。

［2］【今注】安陽：縣名。治所在今河南正陽縣南。東漢光武帝建武元年（25）爲朱祐侯國，次年更封堵陽侯。建武中，封吴漢兄子吴彤爲安陽侯。桓帝延熹四年（161）至八年，爲外戚鄧會侯國。

［3］【李賢注】若忤時强諫，死而後歸（死，大德本作“正”），於諸勸行者復何益也。

若二三子，可謂識去就之概，候時而處。[1]夫然，豈其枯槁苟而已哉？[2]蓋詭時審己，以成其道焉。[3]余故列其風流，區而載之。[4]

［1］【李賢注】概，節也。候時以居，不失去就也。【今注】去就：進退。　概：節操。

［2］【今注】枯槁：憔悴窮困。　苟：苟且。

［3］【李賢注】詭，違也。亦若違時（亦，殿本作“迹”，是），志存量己也。【今注】詭時：違背時宜。

［4］【李賢注】言其清潔之風，各有條流，故區别而紀之。【今注】風流：風度。　區：區别。

周燮字彦祖，汝南安城人，[1]決曹掾燕之後也。[2]燮生而欽頤折頞，醜狀駭人。[3]其母欲棄之，其父不聽，曰：“吾聞賢聖多有異貌。[4]興我宗者，乃此兒也。”於是養之。

［1］【今注】汝南：郡名。治平輿縣（今河南平輿縣北）。安城：縣名。治所在今河南汝南縣東南。

［2］【李賢注】燕具《獨行篇·周嘉傳》。【今注】決曹掾：漢代三公府及郡國之司法官吏，主罪法事。決，紹興本作“法”。中華本校勘記：“殿本《考證》云‘決’字監本作‘法’。王會汾謂《周嘉傳》言燕於宣帝時爲郡決曹掾，則作‘法曹’者誤。”燕：周燕，字少卿，汝南安成（今河南汝南縣東南）人。西漢官吏，宣帝時爲郡決曹掾。太守欲枉殺人，燕苦諫而不從。後四家詣闕稱冤，詔遣復考，燕甘代太守受過，悉以罪加諸己身。被繫獄，不食而死。

［3］【李賢注】頤，頷也。欽頤，曲頷也。《説文》曰：“頞，鼻莖也。”折亦曲也。欽音丘凡反。欽或作“顩”，音同。【今注】欽頤折頞：歪下巴，彎鼻梁。

［4］【李賢注】伏羲牛首，女媧蛇軀，皋繇鳥喙（繇，大德本、殿本作“陶”），孔子牛脣，是聖賢異貌也。又蔡澤亦顩頤蹙頞。

始在髫髻，而知廉讓；[1]十歲就學，能通《詩》《論》；[2]及長，專精《禮》《易》。[3]不讀非聖之書，不脩賀問之好。[4]有先人草廬結于罔畔，[5]下有陂田，[6]常肆勤以自給。[7]非身所耕漁，則不食也。鄉黨宗族希得見者。[8]

［1］【李賢注】髫，髮也。《禮記》曰：“子生三月之末，擇日翦髮爲髫（髫，殿本作“鬌”，是），男角女羈，否則男左女右。”鬌音徒果反。【今注】髫髻：小兒的頭髮，指童年。

［2］【今注】詩論：《詩經》《論語》。

［3］【今注】禮易：《儀禮》《周易》。

［4］【今注】賀問：指應酬交際。

［5］【李賢注】山脊曰岡。

［6］【今注】陂田：山田。

［7］【李賢注】肆，陳也。【今注】肆勤：盡力勤勞。

［8］【李賢注】《謝承書》曰“燮居家清處，非法不言，兄弟、父子、室家相待如賓，鄉曲不善者皆從其教”也。

舉孝廉、賢良方正，[1]特徵，皆以疾辭，延光二年，[2]安帝以玄纁羔幣聘燮，[3]及南陽馮良，[4]二郡各遣丞掾致禮。[5]宗族更勸之曰：“夫修德立行，所以爲國。自先世以來，勳寵相承，[6]君獨何爲守東岡之陂乎？”燮曰：“吾既不能隱處巢穴，追綺季之跡，[7]而猶顯然不遠父母之國，斯固以滑泥揚波，同其流矣。[8]夫修道者，度其時而動。動而不時，焉得亨乎！”[9]因自載到潁川陽城，[10]遣生送敬，遂辭疾而歸。[11]良亦載病到近縣，送禮而還。[12]詔書告二郡，歲以羊酒養病。

［1］【今注】孝廉：漢朝選拔舉薦人才的科目之一。孝指孝悌，廉指廉潔。漢制規定，每年郡國從所屬吏民中推舉孝、廉各一人。東漢和帝時始以人口爲標準，每二十萬人歲舉孝廉一人。　賢良方正：漢代選拔人才的一種制度。主要用於選舉品格賢良方正，能够直言極諫的人士。

［2］【今注】延光：東漢安帝劉祜年號（122—125）。曹金華《後漢書稽疑》：“‘延光’疑是‘建光’之訛。《後漢紀》卷十七：‘建光元年……天子始親萬機，尚書陳忠以爲首政之初，宜徵天下隱逸。乃詔公車以玄纁徵南陽馮良、汝南周燮。’范書《陳忠傳》載：‘及鄧太后崩，安帝始親朝事。忠以爲臨政之初，宜徵聘賢才，

以宣助風化，數上薦隱逸及直道之士馮良、周燮、杜根、成翊世之徒。'《安帝紀》載：建光元年'三月癸巳，皇太后鄧氏崩'。《杜根傳》載'及鄧氏誅，左右皆言根等之忠……征詣公車，拜侍御史'，成翊世'與根俱征，擢爲尚書郎……延光中，中常侍樊豐、帝乳母王聖共譖皇太子，廢爲濟陰王，翊世連上書訟之'。故疑'延光'乃'建光'之訛。"（第681頁）

［3］【李賢注】《禮》，卿執羔。董仲舒《春秋繁露》曰："凡贄卿用羔，羔有角而不用，類仁者；執之不鳴，殺之不嗥，類死義者；羔飲其母必跪，類知禮者：故以爲贄。"【今注】安帝：東漢安帝劉祜，公元106年至125年在位。紀見本書卷五。　玄纁：黑色及赤黄色的布帛，帝王延聘賢士所用。　羔幣：用羊羔皮作爲徵聘賢士的禮品。

［4］【今注】南陽：郡名。治宛縣（今河南南陽市卧龍區）。

［5］【今注】丞掾：此處指太守的屬吏。

［6］【今注】勳寵：因對朝廷建立的功勳而受到恩寵。

［7］【李賢注】綺季、東園公、夏黄公、甪里先生（甪，殿本作"角"），謂之四皓，隱於商山。見《前書》也。【今注】綺季：即綺里季，漢初隱士。

［8］【李賢注】滑，混也。《楚詞》："何不滑其泥而揚其波。"滑音古没反。【今注】滑泥揚波：同流合污，隨俗浮沉。

［9］【李賢注】亨，通也。《書》曰："慮善以動，動惟厥時。"

［10］【今注】潁川：郡名。治陽翟縣（今河南禹州市）。　陽城：縣名。治所在今河南登封市東南。

［11］【李賢注】送敬猶致謝也。【今注】案，中華本據《刊誤》在"生"前補一"門"字。

［12］【李賢注】送禮謂送其所致之禮也。

良字君郎。[1]出於孤微，少作縣吏。年三十，爲尉從佐。[2]奉檄迎督郵，[3]即路慨然，恥在廝役，[4]因壞車殺馬，毀裂衣冠，乃遁至犍爲，[5]從杜撫學。[6]妻子求索，蹤迹斷絶。後乃見草中有敗車死馬，衣裳腐朽，謂爲虎狼盜賊所害，發喪制服。積十許年，乃還鄉里。志行高整，非禮不動，遇妻子如君臣，鄉黨以爲儀表。燮、良年皆七十餘終。

［1］【今注】案，中華本校勘記：“《集解》引惠棟説，謂《袁宏紀》‘君郎’作‘君卿’。”曹金華《後漢書稽疑》：“《東觀記》聚珍本作‘君郎’。”（第681頁）

［2］【李賢注】從佐謂隨從而已，不主案牘也。

［3］【今注】督郵：官名。漢置，郡府屬吏。掌監屬縣、督送郵書，兼及案繫盜賊、點録囚徒、催繳租賦等。漢代每郡依據所轄縣多少，分東、西、南、北、中等爲五部（或二部、三部），分部循行。

［4］【李賢注】廝，賤也。

［5］【今注】犍爲：郡名。西漢武帝建元六年（前135）分廣漢郡南部及夜郎國地置，屬益州。治鄨縣（今貴州遵義市），元光五年（前130）郡治移南廣（今四川筠連縣），昭帝始元元年（前86）移治僰道縣（今四川宜賓市西南）。東漢安帝永初元年（107）移治武陽縣（今四川彭山縣境）。

［6］【今注】杜撫：字叔和，犍爲武陽（今四川眉山市彭山區東北）人。東漢學者。傳見本書卷七九下。曹金華《後漢書稽疑》：“《儒林・杜撫傳》載：杜撫‘少有高才，受業于薛漢，定《韓詩章句》。後歸鄉里教授……弟子千餘人。後爲驃騎將軍東平王蒼所辟，及蒼就國（永平五年），掾史悉補王官屬，未滿歲，皆自

劾歸。時撫爲大夫，不忍去，蒼聞，賜車馬財物遣之。辟太尉府。建初中，爲公車令，數月卒官’。據此撫居‘鄉里教授’，必在東平王蒼辟舉之前。而本傳載馮良‘年三十，爲尉從佐。奉檄迎督郵，即路慨然，耻在厮役，因壞車殺馬，毁裂衣冠，乃遁至犍爲，從杜撫學。妻子求索，踪迹斷絶……發喪制服。積十許年，乃還鄉里……七十餘終’，又云‘延光二年（按：疑是建光二年，見前校文），安帝以玄纁羔幣聘燮，及南陽馮良’。則即便是年馮良卒去，其與杜撫在‘鄉里教授’時亦不合。故《後漢紀》卷十七作‘良至犍爲，從師受業十餘年’，不言杜撫，恐有以也。又《儒林·趙曄傳》‘趙曄字長君，會稽山陰人也。少嘗爲縣吏，奉檄迎督郵，曄耻於厮役，遂棄車馬去。到犍爲資中，詣杜撫受《韓詩》，究竟其術。積二十年，絶問不還，家爲發喪制服。撫卒乃歸’，其與本傳事相雷同，疑亦不無問題。姚之駰云：‘《范書》又載南陽馮良事，與長君事前後雷同，不知何以一時有此二士？’已疑之也。”（第681—682頁）

黄憲字叔度，汝南慎陽人也。[1]世貧賤，父爲牛醫。

［1］【李賢注】在慎水之南（中華本校勘記：“《校補》謂‘南’字疑‘陽’字之誤”），因以名縣。南陽有順陽國（順，大德本、殿本作“慎”，是），而流俗書此或作“順陽”者，誤。【今注】汝南：郡名。治平輿縣（今河南平輿縣北）。　慎陽：縣名。治所在今河南正陽縣北。曹金華《後漢書稽疑》：“《漢書·地理志》‘慎陽’注引應劭曰：‘慎水出東北，入淮。’《校補》引柳從辰説，謂‘南’是‘北’之誤，《穀梁傳·僖二十八年》‘水北爲陽’。又‘慎陽’本作‘滇陽’，音真，後誤爲‘慎’。”（第682頁）

穎川荀淑至慎陽，[1]遇憲於逆旅，[2]時年十四，淑竦然異之，[3]揖與語，[4]移日不能去。謂憲曰："子，吾之師表也。"既而前至袁閎[5]所，未及勞問，逆曰："子國有顔子，寧識之乎？"[6]顔閎曰："見吾叔度邪？"是時，同郡戴良才高倨慠，[7]而見憲未嘗不正容，及歸，罔然若有失也。其母問曰："汝復從牛醫兒來邪？"對曰："良不見叔度，不自以爲不及；既覩其人，則瞻之在前，忽焉在後，[8]固難得而測矣。"同郡陳蕃、周舉常相謂曰：[9]"時月之閒不見黄生，則鄙吝之萌復存乎心。"[10]及蕃爲三公，[11]臨朝歎曰："叔度若在，吾不敢先佩印綬矣。"太守王龔在郡，[12]禮進賢達，多所降致，[13]卒不能屈憲。郭林宗少游汝南，[14]先過袁閎，不宿而退；進往從憲，累日方還。或以問林宗。[15]林宗曰："奉高之器，譬諸汎濫，雖清而易挹。[16]叔度汪汪若千頃陂，澄之不清，淆之不濁，不可量也。"[17]

［1］【今注】案，穎，紹興本作"潁"。　荀淑：字季和，潁川潁陰（今河南許昌市）人。東漢官吏。傳見本書卷六二。

［2］【李賢注】逆旅，客舍。

［3］【今注】竦然：驚奇的樣子。

［4］【今注】揖：作揖。

［5］【李賢注】一作"閬"。【今注】案，閎，中華本校勘記："《集解》引陳景雲説，謂黄憲、袁閬俱慎陽人，故荀淑有'子國顔子'之語，慎陽本侯國也。若汝陽袁閎，與憲同郡異縣，則作'閎'非矣。又引黄山説，謂此傳'閎'皆當作'閬'，惟後《徐

稺傳》所載，則確爲袁閎耳。今據改。”

［6］【李賢注】顔子，顔回也。【今注】逆：迎面。　顔子：顔回，字子淵。春秋時期魯國人。孔子弟子，安貧樂道，後被尊爲“復聖”。

［7］【今注】戴良：字叔鸞，汝南慎陽（今河南正陽縣北）人。東漢名士。自幼任性放達，遭母喪時，食肉飲酒，哀極而哭。自比孔子、大禹。州郡累徵不就，逃入江夏山中，以壽終。傳見本書卷八三。

［8］【李賢注】《論語》顔回慕孔子之言也。【今注】瞻之在前忽焉在後：語出《論語·子罕》。是説孔子的學問高深，看着它好像在前面，忽然又像在後面。焉，大德本作“然”。

［9］【今注】陳蕃：字仲舉，汝南平輿（今河南平輿縣北）人。傳見本書卷六六。　周舉：字宣光，汝南汝陽（今河南商水縣西北）人。東漢官吏。傳見本書卷六一。中華本校勘記：“《集解》引惠棟説，謂《世説》及《袁宏紀》皆作‘周子居’。”曹金華《後漢書稽疑》：“《周舉傳》載‘周舉字宣光’，非‘子居’也。《世説新語》卷三‘賞譽’注引《汝南先賢傳》曰：‘周乘，字子居，汝南安城人。天資聰明，高峙嶽立，非陳仲舉、黄叔度之儔，則不交也。仲舉嘗嘆曰：“周子居者，真治國之器也。”’據此，‘周舉’當‘周乘’之訛。”（第682頁）

［10］【李賢注】吝，貪也。【今注】鄙吝：貪鄙。　萌：苗頭。

［11］【今注】三公：東漢時指太尉、司徒、司空。陳蕃曾任太尉。

［12］【今注】太守：官名。掌一郡政事。秩二千石。　王龔：字伯宗，山陽高平（今山東鄒城市西南）人。東漢大臣。傳見本書卷五六。

［13］【今注】降致：歸附。

［14］【今注】郭林宗：郭太，字林宗，太原界休（今山西介休市東南）人。東漢名士。傳見本書卷六八。

［15］【李賢注】《郭泰別傳》曰："時林宗過薛恭祖，恭祖問曰：'聞足下見袁奉高，車不停軌，鑾不輟軛，從叔度乃彌信宿也？'"

［16］【李賢注】奉高，閎字也。《爾雅》曰："側出汎泉（汎，殿本作'氿'），正出濫泉。"汎音軌（汎，殿本作"氿"）。濫音檻。【今注】汎濫：小泉。案，汎，殿本作"氿"。中華本據改，是。　挹：舀取。

［17］【李賢注】淆，混也。【今注】陂：池塘。　澄之不清淆之不濁：澄清它不能清澈，攪動它不能渾濁。

憲初舉孝廉，又辟公府，友人勸其仕，憲亦不拒之，暫到京師而還，竟無所就。年四十八終，天下號曰"徵君"。

論曰：黄憲言論風旨，[1]無所傳聞，然士君子見之者，靡不服深遠，去玼吝。[2]將以道周性全，無德而稱乎？[3]余曾祖穆侯[4]以爲憲隤然其處順，[5]淵乎其似道，[6]淺深莫臻其分，清濁未議其方。[7]若及門於孔氏，其殆庶乎！[8]故嘗著論云。

［1］【今注】風旨：風格旨趣。

［2］【李賢注】玼音此。《説文》曰："鮮色也。"據此文當爲"疵"，作"玼"者，古字通也。【今注】玼吝：瑕疵，過失。

［3］【李賢注】道周備，性全一。無德而稱，言其德大無能名焉。

［4］【李賢注】《晉書》曰："范汪字玄平，安北將軍，謚曰

穆侯。汪生甯，甯生泰，泰生曄（曄，大德本作‘華’）。”【今注】余曾祖穆侯：范汪，字玄平，順陽（今河南淅川縣南）人。東晉官吏。少時流寓江南，及長，博學多通，善談名理。平定蘇峻之役，汪爲庾亮佐吏，以功封侯。後官至安北將軍、徐兖二州刺史。卒後謚曰穆侯。傳見《晉書》卷七五。

[5]【李賢注】《易·繫詞》曰（詞，大德本、殿本作“辭”，下同不注）：“坤隤然示人簡矣。”隤，柔順貌。

[6]【李賢注】《老子》曰：“道沖而用之，或不盈，淵乎似萬物之宗。”言淵深不可知也。

[7]【李賢注】《廣雅》曰：“方，所也。”【今注】淺深莫臻其分清濁未議其方：説淺道深，不能達到他的境界；談清論濁，不能恰當品評其所在。

[8]【李賢注】《易·繫詞》曰：“顔氏之子，其殆庶幾乎！”殆，近也。【今注】若及門於孔氏其殆庶乎：如果列入孔子門下，他也差不多達到標準了。

徐稺字孺子，豫章南昌人也。[1]家貧，常自耕稼，非其力不食。恭儉義讓，所居服其德。屢辟公府，不起。

[1]【李賢注】豫章，郡，今洪州也。南昌，縣，即今豫章縣也。《謝承書》曰“稺少爲諸生，學《嚴氏春秋》《京氏易》《歐陽尚書》，兼綜風角、星官、筭歷、《河圖》、《七緯》、推步、變易，異行矯時俗，閭里服其德化。有失物者，縣以相還，道無拾遺。四察孝廉，五辟宰府，三舉茂才”也（茂，大德本作“我”）。【今注】豫章：郡名。治南昌縣（今江西南昌市東）。

時陳蕃爲太守，以禮請署功曹，[1]穉不免之，[2]既謁而退。蕃在郡不接賓客，唯穉來特設一榻，去則縣之。後舉有道，[3]家拜太原太守，[4]皆不就。

[1]【今注】功曹：漢代郡縣佐吏之一，主選署功勞。

[2]【今注】案，免，中華本校勘記："殿本《考證》引何焯説，謂'免'疑作'就'。《集解》引惠棟説，謂《通鑑》作'穉不之免'，胡注'不辭免也'。《袁宏紀》作'不之起'。"

[3]【今注】有道：漢代選舉科目之一。意爲選拔有道德、有才能的人。

[4]【李賢注】就家而拜之也。【今注】太原：郡名。治晉陽（今山西太原市西南）。

延熹二年，[1]尚書令陳蕃、僕射胡廣等上疏薦穉等曰：[2]"臣聞善人天地之紀，政之所由也。[3]詩云：'思皇多士，生此王國。'[4]天挺俊乂，[5]爲陛下出，當輔弼明時，左右大業者也。[6]伏見處士豫章徐穉、彭城姜肱、汝南袁閎、[7]京兆韋著、[8]潁川李曇，德行純備，[9]著于人聽。[10]若使擢登三事，[11]協亮天工，[12]必能翼宣盛美，[13]增光日明矣。"桓帝乃以安車玄纁，[14]備禮徵之，並不至。帝因問蕃曰："徐穉、袁閎、韋著誰爲先後？"[15]蕃對曰："閎生出公族，聞道漸訓。[16]著長於三輔禮義之俗，[17]所謂不扶自直，不鏤自雕。[18]至於穉者，爰自江南卑薄之域，而角立傑出，宜當爲先。"[19]

［1］【今注】延熹：東漢桓帝劉志年號（158—167）。

［2］【今注】尚書令：官名。西漢時爲尚書署長官，掌文書，爲少府屬官。秩六百石。武帝以後，職權稍重，掌傳達詔命章奏。秩千石。東漢時爲尚書臺長官，掌決策詔令、總領朝政。如以公兼任，增秩至二千石。朝會時，與御史中丞、司隸校尉皆專席坐，時號“三獨坐”。　僕射：此指尚書僕射。官名。西漢時爲尚書令副貳，秩六百石。東漢時爲尚書臺次官。若公兼任，增秩至二千石。掌章奏文書，參議政事，監察百官等。　胡廣：字伯始，南郡華容（今湖北潛江市西南）人。傳見本書卷四四。曹金華《後漢書稽疑》：“《通鑑》卷五十四‘尚書令陳蕃上書薦五處士’，《考異》曰：‘《范書·徐稺傳》云：“延熹二年，尚書令陳蕃、僕射胡廣等上書薦稺。”《袁紀》：“五年，尚書令陳蕃薦五處士。”按二年，胡廣已爲太尉，五年，蕃已爲光禄勳。今置在二年，從《范書》；去廣名，從《袁紀》。’余按：《袁紀》作‘五年’誤。本傳載五處士有京兆韋著，《韋彪傳》載著‘延熹二年，桓帝公車備禮征，至霸陵，稱病歸’，可證爲二年事，而‘去廣名’則不當。《御覽》卷六三〇、《初學記》卷二〇、《書鈔》卷三三引《續漢書》皆作‘陳蕃、胡廣等上疏薦徐稺等’，唯‘僕射’疑是‘太尉’之訛。《桓帝紀》載延熹元年七月‘太常胡廣爲太尉’，次年八月‘坐免’。《胡廣傳》載‘拜太尉。延熹二年，大將軍梁冀誅……免爲庶人。後拜太中大夫、太常’。《太傅胡廣碑》作‘又拜太尉，遜位歸爵，旋於舊土。徵拜太中大夫、尚書令、太僕、太常’，皆不云爲‘僕射’也。”（第683—684頁）

［3］【李賢注】《左傳》曰，晉三郤害伯宗，譖而殺之，及欒弗忌。韓獻子曰“郤氏其不免乎！善人天地之紀也，而驟絶之，不亡何待”也。【今注】善人天地之紀政之所由也：善人是天地的綱紀，朝政由此而出。

［4］【李賢注】《大雅·文王》之詩也。思，願也。皇，天

也。思願天多生賢人於此王國。

［5］【今注】天挺俊乂：天資卓越、才德出衆的人。

［6］【李賢注】左右，助也。

［7］【李賢注】閎見《袁安傳》。《謝承書》曰："閎少脩志節，矯俗高厲。"【今注】處士：有才德而不做官的人。　袁閎：字夏甫，汝南汝陽（今河南商水縣西北）人。傳見本書卷四五。

［8］【李賢注】著見《韋彪傳》。《謝承書》曰："爲三輔冠族。著少修節操，持《京氏易》《韓詩》，博通術蓺。"【今注】京兆：政區名。治長安以東十二縣。爲西漢"三輔"之一，故不稱郡。　韋著：字休明，京兆杜陵（今陝西西安市長安區西北）人。東漢官吏。事見本書卷二六《韋彪傳》。

［9］【今注】純備：純正完備。

［10］【今注】著于人聽：指聲譽顯著。著，顯著。人聽，衆人所知聞。

［11］【今注】三事：古稱三公爲三事。《詩·小雅·雨無正》："三事大夫，莫肯夙夜"。

［12］【今注】協亮：輔助。　天工：天的職能。

［13］【今注】翼：輔佐。　宣：宣揚。

［14］【今注】安車：古代一種可以坐乘的小車。

［15］【今注】案，誰，大德本、殿本作"孰"。

［16］【今注】聞道：聽聞領會大道。　漸：習染。　訓：教誨。

［17］【今注】三輔：西漢京畿地區分設京兆尹、左馮翊、右扶風進行管轄，合稱"三輔"。東漢雖以雒陽爲都，但仍然沿用了三輔的行政區劃。

［18］【李賢注】《説苑》曰"蓬生枲中，不扶自直"也。

［19］【李賢注】如角之特立也。

稺嘗爲太尉黄瓊所辟，[1]不就。及瓊卒歸葬，稺乃負糧徒步到江夏赴之，設雞酒薄祭，哭畢而去，不告姓名。[2]時會者四方名士郭林宗等數十人，聞之，疑其稺也，乃選能言語生茅容輕騎追之。[3]及於塗，[4]容爲設飯，共言稼穡之事。臨訣去，謂容曰："爲我謝郭林宗，大樹將顛，非一繩所維，何爲栖栖不遑寧處？"[5]及林宗有母憂，[6]稺往弔之，置生芻一束於廬前而去。衆怪，不知其故。林宗曰："此必南州高士徐孺子也。《詩》不云乎，'生芻一束，其人如玉'。[7]吾無德以堪之。"

[1]【今注】太尉：官名。主掌全國軍政。東漢時，太尉與司馬、司空並列三公。　黄瓊：字世英，江夏安陸（今湖北雲夢縣）人。傳見本書卷六一。

[2]【李賢注】《謝承書》曰："稺諸公所辟雖不就，有死喪負笈赴弔。常於家豫炙雞一隻，以一兩緜絮漬酒中，暴乾以裹雞，徑到所起冢隧外，以水漬緜使有酒氣，斗米飯，白茅爲藉，以雞置前，醊酒畢（醊，大德本、殿本作'醱'），留謁則去，不見喪主。"

[3]【今注】茅容：字季偉，陳留（今河南開封市東南）人。性行孝，爲郭林宗所賞識，因勸令學，卒以成名。事見本書卷六八《郭太傳》。

[4]【今注】塗：通"途"。

[5]【李賢注】顛，仆也。維，繫也。喻時將衰季，豈一人可能救邪？【今注】栖栖：匆忙狀。　遑：閒暇。

[6]【今注】母憂：母親去世。

[7]【李賢注】《小雅·白駒詩》。此戒賢者，行所舍，主人

之鑛雖薄，要就賢主人（大德本無“要”字），其德如玉然也。【今注】生芻：鮮草。　廬：墓廬。爲守喪而建的小屋。

靈帝初，[1]欲蒲輪聘稺，[2]會卒，時年七十二。

［1］【今注】靈帝：東漢靈帝劉宏，公元168年至189年在位。紀見本書卷八。

［2］【今注】蒲輪：古時徵聘賢者，用蒲草包裹車輪以減輕震動，以示尊重和禮遇。

子胤字季登，篤行孝悌，亦隱居不仕。[1]太守華歆禮請相見，固病不詣。[2]漢末寇賊從横，[3]皆敬胤禮行，轉相約敕，不犯其閭。建安中卒。

［1］【李賢注】《謝承書》曰“胤少遭父母喪，致哀毁瘁，歐血發病。服闋，隱居林藪，躬耕稼穡，勸則誦經，貧寠困乏，執志彌固，不受惠於人”也。

［2］【李賢注】《魏志》曰，歆字子魚，平原人。爲豫章太守。爲政清凈不煩，吏人咸感而愛之。【今注】華歆：字子魚，平原高唐（今山東禹城市西南）人。三國時魏大臣。東漢靈帝末舉孝廉，除郎中，以病去官。獻帝初，爲尚書郎，後爲豫章太守，爲政清静不煩，吏民愛之。建安五年（200），徵拜議郎，參司空軍事，入爲尚書，轉侍中，代荀彧爲尚書令。曹操徵孫權，以歆爲軍師。魏國既建，爲御史大夫。魏文帝曹丕即王位，拜歆相國，封安樂鄉侯。及稱帝，以歆爲司徒。明帝即位，進封博平侯，轉拜太尉。卒，謚曰敬侯。傳見《三國志》卷一三。

［3］【今注】案，從，大德本、殿本作“縱”。

李曇字雲，[1]少孤，繼母嚴酷，曇事之愈謹，[2]爲鄉里所稱法。[3]養親行道，終身不仕。

[1]【今注】案，曹金華《後漢書稽疑》："'字云'當作'字子云'，《后漢紀》卷二二、汪輯《續漢書》、嵇康《高士傳》皆作'字子云'。"（第684頁）

[2]【李賢注】《謝承書》曰："曇少喪父，躬事繼母。酷烈（殿本'酷烈'前有'繼母'二字。中華本據補，是），曇性純孝，定省恪勤，妻子恭奉，寒苦執勞，不以爲怨。得四時珍玩，先以進母。與徐孺子等海内列名五處士焉。"

[3]【今注】稱法：稱頌效法。

姜肱字伯淮，[1]彭城廣戚人也。[2]家世名族。[3]肱與二弟仲海、季江，俱以孝行著聞。其友愛天至，常共卧起。[4]及各娶妻，兄弟相戀，不能别寢，以係嗣當立，[5]乃遞往就室。

[1]【今注】案，肱，紹興本作"弦"。

[2]【李賢注】廣戚故城今徐州沛縣東。【今注】彭城：郡名。治彭城縣（今江蘇徐州市）。 廣戚：縣名。治所在今江蘇沛縣東南。

[3]【李賢注】《謝承書》曰"祖父豫章太守，父任城相"也。

[4]【李賢注】《謝承書》曰"肱性篤孝，事繼母恪勤。母既年少，又嚴厲。肱感愷風之孝（愷，殿本作'凱'），兄弟同被而寢，不入房室，以慰母心"也。

[5]【今注】案，係，中華本校勘記："殿本《考證》謂'係'當作'繼'。按：《集解》引黄山説，謂《御覽》五一五引《續漢

書》作‘繼’。繫、係、繼三字古以同義通作。”

肱博通《五經》，[1]兼明星緯，[2]士之遠來就學者三千餘人。諸公争加辟命，皆不就。二弟名聲相次，亦不應徵聘，時人慕之。

［1］【今注】五經：指《易》《書》《詩》《禮》《春秋》五部經典。

［2］【今注】星緯：以星象占驗吉凶禍福的讖緯。

肱嘗與季江謁郡，夜於道遇盗，欲殺之。肱兄弟更相争死，賊遂兩釋焉，[1]但掠奪衣資而已。既至郡中，見肱無衣服，怪問其故，肱託以它辭，終不言盗。盗聞而感悔，後乃就精廬，[2]求見徵君。[3]肱與相見，皆叩頭謝罪，而還所略物。肱不受，勞以酒食而遣之。

［1］【李賢注】《謝承書》曰“肱與季江俱乘車行適野廬，爲賊所劫，取其衣物，欲殺其兄弟。肱謂盗曰：‘弟年幼，父母所憐愍，又未娉娶，願自殺身濟弟。’季江言：‘兄年德在前，家之珍寶，國之英俊，乞自受戮，以代兄命。’盗戢刃曰：‘二君所謂賢人，吾等不良，妄相侵犯。’棄物而去。肱車中尚有數千錢，盗不見也，使從者追以與之，亦復不受。肱以物經歷盗手，因以付亭吏而去”也。

［2］【李賢注】精廬即精舍也。【今注】精廬：講學的場所。

［3］【今注】徵君：對不應朝廷徵辟士人的尊稱。

後與徐穉俱徵，不至。桓帝乃下彭城使畫工圖其形狀。肱卧於幽闇，以被韜面，[1]言患眩疾，[2]不欲出風。工竟不得見之。

[1]【李賢注】韜，臧也（臧，大德本、殿本作"藏"）。

[2]【今注】案，患，大德本、殿本作"惑"。

中常侍曹節等專執朝事，[1]新誅太傅陳蕃、大將軍竇武，[2]欲借寵賢德，以釋衆望，乃白徵肱爲太守。肱得詔，乃私告其友曰："吾以虚獲實，遂藉聲價。[3]明明在上，猶當固其本志，況今政在閹豎，夫何爲哉！"乃隱身遯命，[4]遠浮海濱。再以玄纁聘，不就。即拜太中大夫，[5]詔書至門，[6]肱使家人對云"久病就醫"。遂羸服間行，[7]竄伏青州界中，賣卜給食。[8]召命得斷，家亦不知其處，歷年乃還。年七十七，熹平二年終于家。[9]弟子陳留劉操追慕肱德，[10]共刊石頌之。

[1]【今注】中常侍：官名。初稱常侍，掌侍從皇帝。西漢武帝後參與朝議，爲中朝官。元帝後稱中常侍，爲加官。東漢時非加官，而成爲專職。掌侍從皇帝，顧問應對。秩千石，又增爲比二千石。本無員數，明帝時定爲四人。章帝、和帝時，漸以宦官擔任。曹節：字漢豐，南陽新野（今河南新野縣）人。東漢宦官。傳見本書卷七八。

[2]【今注】太傅：官名。位居上公。掌以善導，無常職。東漢光武帝以卓茂爲太傅，茂薨後省。此後每帝初即位，置太傅録尚書事，薨後輒省。　大將軍：官名。東漢時位比三公，多授予貴戚，常兼録尚書事，與太傅、太尉等共同主持政務，秩萬石。　竇武：字游平，扶風平陵（今陝西咸陽市西北）人。傳見本書卷

六九。

［3］【今注】藉：踐踏，敗壞。

［4］【今注】遯：逃。

［5］【今注】太中大夫：官名。秦置，掌顧問應對、奉詔出使，隸屬郎中令。西漢秩比千石，東漢秩千石。

［6］【李賢注】《謝承書》曰："靈帝手筆下詔曰：'肱抗陵雲之志，養浩然之氣，以朕德薄，未肯降志。昔許由不屈，王道爲化；夷、齊不撓，周德不虧。州郡以禮優順，勿失其意。'"

［7］【今注】羸服：破舊的衣服。　閒：小路。

［8］【今注】賣卜：靠給人占卜掙錢。

［9］【今注】熹平：東漢靈帝劉宏年號（172—178）。

［10］【今注】陳留：郡名。治陳留縣（今河南開封市東南）。案，曹金華《後漢書稽疑》："《彭城姜肱碑》作'建安二年四月丁巳卒'，與此大異。北宋歐静爲《邕集》序，言《姜伯淮碑》稱建安二年卒，年代差遠，邕安得記述？蓋好事者雜以他人之文，非本編也，實則'建安'乃'熹平'之誤。然熹平二年四月己卯朔，是月無'丁巳'，建安二年四月庚寅朔，丁巳二十八日，未詳其故。又《碑》云'從游弟子陳留申屠蟠等，悲悼傷懷……乃建碑於墓'，《申屠蟠傳》載初平時董卓遷都後蟠'年七十四，卒於家'，亦未詳卒於何年也。本傳作'劉操'，當與申屠蟠爲伍，非舛誤也。"（第685頁）

申屠蟠字子龍，陳留外黄人也。[1]九歲喪父，哀毁過禮。服除，[2]不進酒肉十餘年。每忌日，輒三日不食。[3]

［1］【今注】外黄：縣名。治所在今河南民權縣西北。

［2］【今注】服除：守喪期滿，脱去孝服。

[3]【李賢注】《海内先賢傳》曰：“蟠在冢側致甘露、白雉，以孝稱。”

同郡緱氏女玉爲父報讎，[1]殺夫氏之黨，吏執玉以告外黄令梁配，[2]配欲論殺玉。蟠時年十五，爲諸生，[3]進諫曰：“玉之節義，足以感無恥之孫，激忍辱之子。不遭明時，尚當表旌廬墓，[4]況在清聽，[5]而不加哀矜！”[6]配善其言，乃爲讞得減死論。[7]鄉人稱美之。

[1]【李賢注】緱，姓也。【今注】案，曹金華《後漢書稽疑》：“‘同郡’疑作‘同縣’。本傳云申屠蟠陳留外黄人，緱氏女殺人，吏執之以告外黄令梁配，明爲同縣也。其下注引《續漢書》作‘同縣’，《後漢紀》卷二五也作‘同縣’。”（第685—686頁）

[2]【李賢注】《續漢書》曰“同縣大女緱玉爲從父報仇，殺夫之從母兄李士，姑執玉以告吏”也。【今注】令：縣令。漢代萬户以上縣的長官稱縣令，不足萬户稱長。

[3]【今注】諸生：此或指外黄縣官學的學生。

[4]【今注】表旌：表彰。

[5]【今注】清聽：耳聰善聽。此是對時局的恭維之詞。

[6]【今注】哀矜：哀憐。

[7]【李賢注】讞，請也。【今注】讞：奏讞，對有疑問的獄案提出處理意見，報請上級評議定案。　減死：對死刑犯依法寬減，免去死刑，改判其他徒刑。漢代有減死一等至三等。按重輕程度爲刑罪（斬左趾、斬右趾、宫、劓、黥）、耐罪、遷罪、贖罪、笞罪與罰金。東漢時常以死罪囚減死一等戍邊或從軍。（參見趙海龍《兩漢“減死刑”問題探析》，《咸陽師範學院學報》2014年第

3期)。

家貧，傭爲漆工。郭林宗見而奇之。同郡蔡邕深重蟠，[1]及被州辟，乃辭讓之曰："申屠蟠稟氣玄妙，[2]性敏心通，喪親盡禮，幾於毀滅。至行美義，人所鮮能。安貧樂潛，味道守真，不爲燥濕輕重，[3]不爲窮達易節。[4]方之於邕，[5]以齒則長，以德則賢。"

[1]【今注】蔡邕：字伯喈，陳留圉（今河南杞縣）人。著《獨斷》《勸學》等。後人輯有《蔡中郎集》。傳見本書卷六〇下。

[2]【今注】稟氣：稟賦氣質。

[3]【李賢注】《律歷志》曰："銅爲物至精，不爲燥濕寒暑變其節，不爲風雨暴露改其形，介然有常，似於士君子之行。"

[4]【李賢注】《易》曰："窮則獨善其身，達則兼濟天下。"（濟，大德本、殿本作"善"）

[5]【今注】方：比較。

後郡召爲主簿，不行。[1]遂隱居精學，博貫五經，兼明圖緯。[2]始與濟陰王子居同在太學，[3]子居臨殁，以身託蟠，蟠乃躬推輦車，[4]送喪歸鄉里。遇司隸從事於河鞏之閒，[5]從事義之，爲封傳護送，[6]蟠不肯受，投傳於地而去。事畢還學。

[1]【李賢注】《謝承書》曰"蟠前後徵辟，文書悉挂於樹，初不顧眄"也。【今注】主簿：官名。漢朝中央及州郡官府均置，典領文書簿籍，經辦各種事務。此處指郡主簿。

[2]【今注】圖緯：圖讖緯書。

［3］【今注】濟陰：郡名。治定陶縣（今山東菏澤市定陶區西北）。　太學：漢代最高學府，西漢武帝元朔五年（前124）始置。至東漢，太學制度大爲發展，生員衆多。

［4］【今注】輦車：以人力推挽之車。

［5］【李賢注】《百官志》曰"司隸從事史十二人，秩百石"也。【今注】司隸從事：官名。司隸校尉的屬官。西漢司隸從事有從事掾、史之分。東漢司隸從事十二人，分管司隸校尉治下各項具體事務，秩皆百石，統稱爲司隸從事。　河：黄河。　鞏：縣名。治所在今河南鞏義市西北。

［6］【李賢注】傳謂符牒。使人監送之。【今注】傳：古代的一種通行憑證。此處當指傳信。憑傳信可以使用官方的傳舍和傳車。

太尉黄瓊辟，不就。及瓊卒，歸葬江夏，[1]四方名豪會帳下者六七千人，[2]互相談論，莫有及蟠者。唯南郡一生與相酬對，[3]既别，執蟠手曰："君非聘則徵，如是相見於上京矣。"蟠勃然作色曰："始吾以子爲可與言也，何意乃相拘教樂貴之徒邪？"[4]因振手而去，不復與言。再舉有道，不就。[5]

［1］【今注】江夏：郡名。治西陵縣（今湖北武漢市新洲區西）。

［2］【李賢注】帳下，葬處。

［3］【今注】南郡：郡名。治江陵縣（今湖北荆州市荆州城西北）。東漢章帝建初四年（79）改爲江陵國。至元和二年（85）復爲郡。

［4］【李賢注】樂音五孝反。【今注】拘教：拘泥於名教。

［5］【李賢注】《謝承書》曰“詔書令郡以禮發遣，蟠到河南萬歲亭，折轅而旋”也。

先是京師游士汝南范滂等非訐朝政，自公卿以下皆折節下之。[1]大學生争慕其風，以爲文學將興，[2]處士復用。蟠獨歎曰：“昔戰國之世，處士横議，[3]列國之王，至爲擁篲先驅，[4]卒有阬儒燒書之禍，今之謂矣。”乃絶迹於梁碭之閒，[5]因樹爲屋，自同傭人。[6]居二年，滂等果罹黨錮，或死或刑者數百人，蟠確然免於疑論。[7]後蟠友人陳郡馮雍坐事繫獄，[8]豫州牧黄琬欲殺之。[9]或勸蟠救雍，蟠不肯行，曰：“黄子琰爲吾故邪，未必合罪。如不用吾言，雖往何益！”琬聞之，遂免雍罪。

［1］【李賢注】訐謂横議是非也。訐或作“評”也。【今注】游士：游學之士。　范滂：字孟博，汝南征羌（今河南商水縣西）人。初舉孝廉，任清詔使，遷光禄主事。後任汝南郡功曹。桓帝延熹九年（166），因觸怒宦官，被捕送京城。靈帝建寧二年（169），遭黨錮禍，自投獄而死。傳見本書卷六七。　非訐：非議、指斥。

［2］【今注】案，大，紹興本、大德本、殿本作“太”。　文學：孔門四科之一。此借指儒家學説。

［3］【李賢注】《孟子》曰：“聖王不作，諸侯恣行，處士横議。”《前書》曰：“秦既稱帝，患周之敗，以爲起於處士横議，諸侯力争。”《音義》曰：“言由横議而敗之。”【今注】横議：恣意議論。

［4］【李賢注】《史記》，鄒衍如燕，昭王擁篲先驅，請列弟子之坐而受業。築碣石宫，身親往師之。【今注】擁篲：拿掃帚掃

地。表示恭恭敬敬迎接賓客或長者。　先驅：在前面引路。

［5］【李賢注】梁國有碭縣。【今注】梁：梁國，諸侯王國名。原爲秦碭郡，漢高帝改置國。東漢初爲郡。章帝建初四年（79），汝南王劉暢徙爲梁王，傳國至玄孫劉彌。　碭：縣名。治所在今河南永城市北。

［6］【李賢注】《謝承書》曰“居蓬萊之室（中華本校勘記：殿本《考證》王會汾謂蓬萊雖皆草名，然古人或作‘蓬蒿’，或作‘蒿萊’，至蓬萊二字並用，恐與山名相混，此注‘萊’字當是‘藁’字之誤），依桑樹以爲棟”也。

［7］【今注】黨錮：東漢桓、靈二帝時期官僚士大夫因反對宦官專權而遭禁錮的政治事件。見本書卷六七《黨錮傳》。　案，確，紹興本作“確”，殿本作“確”。

［8］【今注】陳郡：郡名。曾爲淮陽國、淮陽郡、陳國。治所在今河南淮陽縣。

［9］【今注】豫州牧：豫州，西漢武帝時所置十三刺史部之一，下轄潁川、汝南二郡及梁、沛、陳、魯四諸侯國。刺史部長官稱刺史，秩六百石。無治所，每年歲末入奏。西漢成帝綏和元年（前8）更名州牧，秩二千石。哀帝建平二年（前5）復爲刺史，元壽二年（前1）又稱州牧。東漢光武帝建武元年（25）復置牧。建武十一年省。十八年，罷州牧，置刺史，秩六百石。有固定治所，高於郡級地方行政長官。掌監察、選舉、劾奏、領兵等。屬吏有從事史、假佐。靈帝中平五年（188），改置州牧。　黃琬：字子琰，江夏安陸（今湖北雲夢縣）人。黃瓊之孫。傳見本書卷六一。琬，大德本作“玧”。

大將軍何進連徵不詣，[1]進必欲致之，使蟠同郡黃忠書勸曰：“前莫府初開，[2]至如先生，特加殊禮，優而不名，[3]申以手筆，[4]設几杖之坐。[5]經過二載，而先生抗志彌高，所尚益固。竊論先生高節有餘，於時則未也。今潁川荀爽載病在道，[6]北海鄭玄北面受署。[7]彼豈樂羈牽哉，知時不可逸豫也。[8]昔人之隱，遭時則放聲滅迹，巢棲茹薇。[9]其不遇也，則裸身大笑，被髮狂歌。[10]今先生處平壤，[11]游人閒，吟典籍，襲衣裳，事異昔人，而欲遠蹈其迹，不亦難乎！孔氏可師，何必首陽。"[12]蟠不答。

[1]【今注】何進：字遂高，南陽宛（今河南南陽市卧龍區）人。東漢大臣。傳見本書卷六九。

[2]【今注】莫府：幕府。指大將軍幕府。

[3]【今注】不名：不直呼其名，以示尊敬。

[4]【今注】手筆：親筆書信。

[5]【今注】几杖之坐：坐几與手杖。漢代賜几杖以爲敬老尊賢之禮。

[6]【今注】荀爽：字慈明，一名諝，潁川潁陰（今河南許昌市）人。東漢大臣。名士荀淑之子。傳見本書卷六二。　案，潁，大德本作"潁"。

[7]【今注】北海：郡國名。西漢景帝二年（前155）置，治營陵縣（今山東昌樂縣東南）。東漢時改爲國，移治劇縣（今昌樂縣西）。　鄭玄：字康成，北海高密（今山東高密市西南）人。傳見本書卷三五。

[8]【今注】逸豫：安樂。

[9]【李賢注】放，棄也。謂棄聲名也。巢棲謂巢父也。《説文》："薇，似藿也。"【今注】巢棲：相傳堯要將君位讓給巢父，巢父不受，躲避到樹上築巢居住。　茹薇：相傳武王滅商後，孤竹君之子伯夷、叔齊耻食周粟，逃到首陽山，采薇而食。茹，吃。

［10］【李賢注】《楚詞》曰："桑扈裸行。"《史記》曰："箕子被髮陽狂。"（陽，大德本、殿本作"佯"）歌謂楚狂接輿歌而過孔子也。【今注】裸身大笑被髮狂歌：古代隱士桑扈裸身而行，箕子進諫商紂不聽，被髮佯狂爲奴，楚國狂人接輿見孔子而歌。

［11］【李賢注】壤，地也。

［12］【李賢注】孔子使子路語隱者云："不仕無義。長幼之節，不可廢也；君臣之義如之何其可廢也？欲潔其身而亂大倫（身，大德本作'心'）。"首陽，夷、齊所隱山也。【今注】首陽：首陽山，伯夷、叔齊隱居之所。

中平五年，[1]復與爽、玄及潁川韓融、[2]陳紀等十四人並博士徵，[3]不至。明年，董卓廢立，[4]蟠及爽、融、紀等復俱公車徵，[5]唯蟠不到。衆人咸勸之，蟠笑而不應。居無幾，爽等爲卓所脅迫，西都長安，京師擾亂。及大駕西遷，[6]公卿多遇兵飢，室家流散，融等僅以身脱。唯蟠處亂末，終全高志。年七十四，終于家。

［1］【今注】中平：東漢靈帝劉宏年號（184—189）。

［2］【李賢注】融字元長，韶之子也。見《韶傳》。【今注】韓融：字元長，潁川舞陽（今河南舞陽縣西北）人。東漢末官吏。少能辯理而不爲章句之學，有聲名。中平六年（189），任尚書。獻帝初，任太僕、大鴻臚。後依附董卓。事見本書卷六二《韓韶傳》。

［3］【今注】陳紀：字元方，潁川許（今河南許昌市東）人。東漢大臣。陳寔之子。傳見本書卷六二。

［4］【今注】董卓：字仲穎，隴西臨洮（今甘肅岷縣）人。傳見本書卷七二。

［5］【李賢注】《續漢志》曰，徵爽爲司空，融爲尚書，紀爲侍中。【今注】公車：官名。西漢皇宫中有公車司馬門，設公車司馬令、丞以掌之，夜徼宫中，凡臣民上書和徵召出入皆由其接待管理。公車司馬令秩六百石，隸衞尉。簡稱公車、公車令。東漢時掌宫南闕門，主凡吏民上章、四方貢獻及徵詣公車者。屬官有丞、尉等。丞掌察非法，尉主門衞兵禁，以戒非常。

［6］【今注】大駕西遷：指董卓挾東漢獻帝西入長安。

贊曰：琛寶可懷，貞期難對。[1]道苟違運，[2]理用同廢。[3]與其遐棲，[4]豈若蒙穢？[5]悽悽碩人，陵阿窮退。[6]韜伏明姿，甘是堙曖。[7]

［1］【李賢注】琛寶喻道德也。貞期謂明時也。對，偶也。【今注】琛寶可懷貞期難對：美好的道德可以懷藏，政治清明的時代難以遇到。

［2］【今注】道苟違運：堅守的道德如果與時運違背。苟，如果。運，時運。

［3］【今注】理：學説道理。　用：行爲實踐。

［4］【今注】遐棲：隱居。

［5］【李賢注】蒙穢謂仕亂朝。

［6］【李賢注】碩人謂賢者。悽悽，飢病貌也。言賢者退而窮處。《詩·國風》曰："考槃在阿，碩人之薖。"曲陵曰阿。陵，升也。薖，飢也。薖音苦戈反。【今注】悽悽碩人陵阿窮退：飢病窮苦的賢人，走入高山隱居困處。

［7］【李賢注】堙，沈也。曖猶翳也。【今注】韜伏明姿甘是堙曖：隱藏美好的身姿，甘心情願就此堙没。

後漢書　卷五四

列傳第四十四

楊震 子秉 孫賜 曾孫彪 玄孫脩

楊震字伯起，弘農華陰人也。[1]八世祖喜，高祖時有功，封赤泉侯。[2]高祖敞，[3]昭帝時爲丞相，封安平侯。父寶，[4]習歐陽尚書。[5]哀、平之世，隱居教授。居攝二年，[6]與兩龔、蔣詡俱徵，遂遁逃，不知所處。[7]光武高其節。建武中，公車特徵，[8]老病不到，卒於家。

［1］【今注】華陰：縣名。治所在今陝西華陰市東。

［2］【李賢注】《史記》曰，喜追殺項羽，以功封。【今注】赤泉：古地名。《史記》卷七《項羽本紀》司馬貞《索隱》："南陽有丹水縣，疑赤泉後改。"丹水縣在今河南淅川縣西。今見"赤泉侯印""赤泉邑丞"封泥。

［3］【今注】敞：楊敞。傳見《漢書》卷六六。

［4］【李賢注】《續齊諧記》曰（續齊諧記，南朝梁吴均撰。《莊子·逍遥遊》："齊諧者，志怪者也。"南朝宋東陽無疑曾有

《齊諧記》七卷，已佚。吴均續撰一卷）："寶年九歲時，至華陰山北，見一黄雀爲鴟梟所搏，墜於樹下，爲螻蟻所困。寶取之以歸，置巾箱中，唯食黄花，百餘日毛羽成，乃飛去。其夜有黄衣童子向寶再拜曰：'我西王母使者，君仁愛救拯，實感成濟。'以白環四枚與寶：'令君子孫潔白，位登三事，當如此環矣。'"

[5]【今注】歐陽尚書：漢歐陽生所傳今文《尚書》。

[6]【今注】居攝二年：公元7年。

[7]【李賢注】龔勝字君賓，龔舍字君倩，蔣詡字元卿，並以高節著名。見《前書》。

[8]【今注】公車：官署名。屬衛尉。《漢官儀》曰："（公車司馬令）掌殿司馬門，夜徼宫中，天下上事及闕下，凡所徵召皆總領之。" 特徵：特，猶獨。謂非常規徵召，尊故也。

震少好學，受歐陽尚書於太常桓郁，[1]明經博覽，無不窮究。諸儒爲之語曰："關西孔子楊伯起。"[2]常客居於湖，[3]不答州郡禮命數十年，[4]衆人謂之晚暮，而震志愈篤。後有冠雀銜三鱣魚，飛集講堂前，[5]都講取魚進曰：[6]"蛇鱣者，卿大夫服之象也。[7]數三者，法三台也。[8]先生自此升矣。"年五十，乃始仕州郡。

[1]【今注】太常：官名。秦置奉常。西漢景帝中元六年（前144）改名太常。王莽曾改名秩宗。東漢復名太常。掌禮儀祭祀，每祭祀，先奏其禮儀；及行事，常贊天子。每選試博士，奏其能否。大射、養老、大喪，皆奏其禮儀。每月前晦，察行陵廟。丞一人，比千石。《通典》卷二五《職官七》稱："漢舊常以列侯忠敬孝慎者居之；後漢不必侯也。" 桓郁：字仲恩，沛郡龍亢（今安徽懷遠縣西北）人。傳見本書卷三七。

［2］【今注】關西：指函谷關以西。

［3］【李賢注】今湖城縣。【今注】湖：縣名。治所在今河南靈寶市西北原閿鄉縣。

［4］【李賢注】《續漢志》曰（中華本據王先謙《後漢書集解》改"志"爲"書"，可從）："教授二十餘年，州請召，數稱病不就。少孤貧，獨與母居，假地種殖（殖，殿本作'植'），以給供養，諸生嘗有助種藍者，震輒拔，更以距其後，鄉里稱孝"也。【今注】禮命：禮聘與任命。《資治通鑑》卷四九《漢紀》孝安皇帝永初四年胡三省注："禮，謂延聘之禮；命，謂辟置之命。"

［5］【李賢注】冠音貫，即鸛雀也。鱣音善。《韓子》云："鱣似蛇。"臣賢案：《續漢》及《謝承書》"鱣"字皆作"鱓"（殿本無"字"字），然則"鱣""鱓"古字通也。鱣魚長者不過三尺，黄地黑文，故都講云"蛇鱓，卿大夫之服象也"。郭璞云"鱣魚長二三丈，音知然反"，安有鸛雀能勝二三丈乎？此爲鱣明矣。【今注】冠雀：鸛雀。水鳥名。陸璣《毛詩草木鳥獸蟲魚疏》："鸛，鸛雀也，似鴻而大，長頸，赤喙，白身，黑尾翅。樹上作巢，大如車輪，卵如三升杯……泥其巢，一傍爲池，含水滿之，取魚置池中，稍稍以食其雛。"

［6］【今注】都講：古代講堂中主持講授的高材儒生。

［7］【今注】案，《孝經·卿大夫》鄭注："先王制五服，天子服日月星辰，諸侯服山龍華蟲，卿大夫服藻火，士服粉米，皆謂文綉也。"

［8］【今注】三台：三公的别稱。

大將軍鄧騭聞其賢而辟之，[1]舉茂才，[2]四遷荆州刺史、東萊太守。[3]當之郡，道經昌邑，[4]故所舉荆州茂才王密爲昌邑令，謁見，至夜懷金十斤以遺震。震曰："故人知君，君不知故人，何也？"密曰："暮夜無知者。”震曰：“天知，神知，我知，子知。[5]何謂無知！”密愧而出。後轉涿郡太守。[6]性公廉，不受私謁。子孫常蔬食步行，故舊長者或欲令爲開産業，震不肯，曰：“使後世稱爲清白吏子孫，以此遺之，不亦厚乎！”

［1］【今注】大將軍：武官名。西漢昭帝起領尚書事，爲中朝官領袖，地位因人而異，與三公相上下。　鄧騭：字昭伯，南陽新野（今河南新野縣）人。傳見本書卷一六。

［2］【今注】茂才：漢代察舉科目之一。《漢書》卷六《武帝紀》顔師古注引應劭曰：“舊言秀才，避光武諱稱茂才。”師古曰：“茂，美也。”

［3］【今注】東萊：郡名。治黄縣（今山東龍口市東）。　案，太，殿本作“大”。

［4］【李賢注】昌邑故城在今兖州金鄉縣西北也（殿本無“也”字）。【今注】昌邑：縣名。治所在今山東巨野縣東南。

［5］【今注】案，後世以“四知”借喻廉潔自持、不受非義餽贈。

［6］【今注】涿郡：治涿縣（今河北涿州市）。

元初四年，徵入爲太僕，[1]遷太常。先是博士選舉多不以實，[2]震舉薦明經名士陳留楊倫等，[3]顯傳學業，諸儒稱之。

［1］【今注】太僕：官名。《周禮》有太僕，周初建國即設，非穆王始置。掌傳達王命及王之服位，侍從出入。又有僕夫掌王之馬政。秦漢合二爲一，仍稱太僕。西漢武帝時期改太僕曰僕，俸千

石，掌馭及車馬。王莽時改太僕曰太御。東漢復舊稱，秩中二千石，掌車馬。天子每出，奏駕上鹵簿用，大駕則執馭。

［2］【今注】案，本書卷三《章帝紀》載，建初元年（76）詔“夫鄉舉里選，必累功勞。今刺史、守相不明真僞，茂才、孝廉歲以百數，既非能顯，而當授之政事，甚無謂也”。五年又詔“公卿已下，其舉直言極諫能指朕過失者各一人，遣詣公車，將親覽問焉。其以岩穴爲先，勿取浮華”。卷五《安帝紀》載，延光元年（122）詔“刺史舉所部，郡國太守相舉墨綬，隱親悉心，勿取浮華”。

［3］【李賢注】倫字仲桓。《謝承書》云：“薦楊仲桓等五人，各從家拜博士。”【今注】楊倫：字仲理，陳留東昏（今河南蘭考縣北）人。傳見本書卷七九上。曹金華《後漢書稽疑》云：章懷注誤以楊厚（字仲桓）注楊倫也（中華書局2014年版，第691頁）。

永寧元年，代劉愷爲司徒。[1]明年，鄧太后崩，内寵始横。[2]安帝乳母王聖，[3]因保養之勤，緣恩放恣；聖子女伯榮出入宫掖，[4]傳通姦賂。震上疏曰：“臣聞政以得賢爲本，理以去穢爲務。[5]是以唐虞俊乂在官，[6]四凶流放，[7]天下咸服，以致雍熙。[8]方今九德未事，[9]嬖倖充庭。[10]阿母王聖出自賤微，得遭千載，奉養聖躬，雖有推燥居溼之勤，[11]前後賞惠，過報勞苦，而無厭之心，不知紀極，[12]外交屬託，擾亂天下，損辱清朝，塵點日月。《書》誡牝雞牡鳴，[13]《詩》刺哲婦喪國。[14]昔鄭嚴公從母氏之欲，恣驕弟之情，幾至危國，然後加討，春秋貶之，以爲失教。[15]夫女子小人，近之喜，遠之怨，實爲難養。[16]《易》曰：‘無由遂，在中饋。’[17]言婦人不得與於政事也。宜速出阿母，令居外舍，斷絶伯榮，莫使往來，令恩德兩隆，上下俱美。[18]惟陛下絶婉孌之私，割不忍之心，[19]留神萬機，誠慎拜爵，減省獻御，損節徵發。令野無《鶴鳴》之歎，[20]朝無《小明》之悔，[21]《大東》不興於今，[22]勞止不怨於下。[23]擬蹤往古，比德哲王，[24]豈不休哉！”奏御，帝以示阿母等，内倖皆懷忿恚。而伯榮驕淫尤甚，與故朝陽侯劉護從兄瓌交通，[25]瓌遂以爲妻，得襲護爵，位至侍中。[26]震深疾之，復詣闕上疏曰：“臣聞高祖與群臣約，非功臣不得封，故經制父死子繼，兄亡弟及，以防篡也。[27]伏見詔書封故朝陽侯劉護再從兄瓌襲護爵爲侯。護同産弟威，今猶見在。臣聞天子專封封有功，諸侯專爵爵有德。今瓌無佗功行，[28]但以配阿母女，一時之間，既位侍中，又至封侯，不稽舊制，不合經義，行人諠譁，百姓不安。陛下宜覽鏡既往，順帝之則。”書奏不省。

[1]【今注】劉愷：字伯豫，沛國豐（今江蘇豐縣）人。居巢侯劉般嗣子。傳見本書卷三九。　司徒：官名。西周置，掌治理民事、户口、官司籍田、徵發徒役、收納財賦。秦罷司徒置丞相。西漢哀帝元壽二年（前1）改丞相爲大司徒。東漢光武帝建武二十七年（51），去“大”字。獻帝建安十三年（208）罷司徒，置丞相。司徒掌人民事。凡教民孝悌、遜順、謙儉，養生送死之事，則議其制，建其度。凡四方民事功課，歲盡則奏其殿最而行賞罰。凡郊祀之事，掌省牲視濯，大喪則掌奉安梓宫。凡國有大疑大事，與太尉同。

[2]【今注】案，内寵指大長秋江京，中常侍李閏、樊豐，黄門令劉安，鉤盾令陳達等。

［3］【今注】乳母：又稱“阿母”。東漢安帝封乳母王聖爲野王君。

［4］【今注】案，王聖二女伯榮、永，伯榮爲朝陽侯劉環妻，永爲黄門侍郎樊嚴妻。

［5］【李賢注】《墨子》曰：“夫尚賢者，政本也。”《左傳》曰：“爲國者，如農夫之務去草焉。”【今注】案，理以去穢爲務，《資治通鑑》卷五〇《漢紀》孝安皇帝建光元年本句作“治以去穢爲務”，疑避高宗李治諱改。

［6］【今注】唐虞：唐堯、虞舜。《尚書·皋陶謨》：“翕受敷施，九德咸事，俊乂在官。”“乂”一作“艾”，孔傳：“翕，和也。能合受三六之德而用之以布施政教，使九德之人皆用事。謂天子如此，則俊德治能之士並在官。”

［7］【今注】四凶：舜帝流放的四個凶族。《左傳》文公十八年：“舜臣堯，賓于四門，流四凶族，渾敦、窮奇、檮杌、饕餮投諸四裔，以禦螭魅。”

［8］【李賢注】《尚書》曰：“四罪而天下咸服。”又曰：“黎人於變時雍，庶績咸熙。”雍，和也。熙，廣也。

［9］【李賢注】《尚書·皋繇謨》曰：“亦行有九德：寬而栗，柔而立，愿而龔，亂而敬，擾而毅，直而温，簡而廉，剛而塞，强而誼。”又曰：“九德咸事，俊乂在官。”

［10］【李賢注】《謚法》曰：“賤而得愛曰嬖。”【今注】案，《列女傳》卷七《孽嬖傳》：“妲己者，殷紂之妃也。嬖幸於紂。”

［11］【李賢注】《孝經·援神契》曰“母之於子也，鞠養殷勤，推燥居溼，絶少分甘”也。

［12］【李賢注】《左傳》曰，縉雲氏有不材子，聚斂積實，不知紀極。【今注】紀極：謂之饕餮，言無休已也。

［13］【李賢注】牝，雌也。牡，雄也。《尚書》：“古人有言，牝雞無晨，牝雞之晨，唯家之索。”（索，蕭索也。牝雞而晨，則

陰陽反常，是爲妖孽，而家道索矣）

［14］【李賢注】《詩·大雅》曰："哲夫成城，哲婦傾城。"【今注】案，《毛詩箋》云："哲，謂多謀慮也。城，猶國也。丈夫，陽也，陽動故多謀慮則成國。婦人，陰也，陰静故多謀慮乃亂國。"

［15］【李賢注】嚴公，莊公也，避明帝諱改焉。《左傳》，鄭莊公殺母弟段，稱鄭伯，譏失教也。

［16］【李賢注】《論語》曰"唯女子與小人爲難養，近之則不遜，遠之則怨"也。【今注】案，《左傳》僖公二十四年："女德無極，婦怨無終。"杜注："婦女之志，近之則不知止足，遠之則忿怨無已。"子，大德本作"士"。

［17］【李賢注】家人卦六二爻辭也。鄭玄注曰："二爲陰爻，得正於内；五，陽爻也，得正於外。猶婦人自修正於内，丈夫脩正於外。無攸遂，言婦人無敢自遂也。爻體離，又互體坎，火位在下，水在上，飪之象也。饋，食也，故云在中饋也。"【今注】無由遂在中饋：謂婦人不得擅作主張，惟謹守家務。由，紹興本、殿本作"攸"。

［18］【今注】案，美，大德本作"大"。

［19］【李賢注】《詩·國風·候人篇序》曰："曹共公遠君子而近小人。"其《詩》曰："婉兮孌兮，季女斯飢。"婉，少貌。孌，好貌也。【今注】婉孌：年少美貌。《詩·齊風·甫田》："婉兮孌兮，總角丱兮。"鄭玄箋："婉孌，少好貌。"

［20］【李賢注】《詩·小雅序》曰："《鶴鳴》，誨宣王也。"鄭玄注云："教周宣王求賢人之未仕者。"其詩云（云，大德本、殿本作"曰"）："鶴鳴于九皋，聲聞于野。"言身隱而名著，喻賢者雖隱居，人咸知之。

［21］【李賢注】《詩·小雅序》曰："《小明》，大夫悔仕於亂也。"小明者，言周幽王日小其明，損其政事，以至於亂。

［22］【李賢注】《詩·小雅序》："《大東》，刺亂也。"其詩

曰："小東大東，杼柚其空。"鄭玄注云："小亦於東，大亦於東，言賦斂多也。"

[23]【李賢注】《詩·大雅序》曰（大，大德本、殿本作"小"）："人勞，刺厲王也。"其詩曰"人亦勞止，迄可小康"也（殿本無"也"字）。

[24]【今注】比德：謂德行、德教可與之比擬、比配。《禮記·玉藻》："君子於玉比德焉。"

[25]【李賢注】護，泗水王歙之從曾孫。【今注】案，本書卷一四《宗室四王三侯傳》載"延光中，護從兄瓌與安帝乳母王聖女伯榮私通，遂取伯榮爲妻，得紹護封爲朝陽侯，位侍中。及王聖敗，貶爵爲亭侯"。

[26]【今注】侍中：官名。《通典》卷二一《職官三》："侍中者，周公戒成王《立政》之篇所云'常伯''常任'以爲左右，即其任也。秦爲侍中，本丞相史也，使五人往來殿内東廂奏事，故謂之侍中。漢侍中爲加官。凡侍中、左右曹、諸吏、散騎、中常侍，皆爲加官。所加或列侯、將軍、卿大夫、將、都尉、尚書、太醫、太官令至郎中，多至數十人。侍中、中常侍得入禁中，諸曹受尚書事，諸吏得舉法。漢侍中冠武弁大冠，亦曰'惠文冠'，加金璫，附蟬爲文，貂尾爲飾。便繁左右，與帝升降。"

[27]【李賢注】《公羊傳》曰："劉子、單子以王猛入于王城者何？西周也。其言入何？篡亂也。冬十月，王子猛卒。此未踰年之君，其稱王子猛卒何？不予當也。不予當者，不與當父死子繼，兄亡弟及也。"【今注】案，《後漢紀》卷一七《孝安皇帝紀》此句作"臣聞高祖與群后約，非功臣不得封"。

[28]【今注】案，佗，殿本作"他"。

延光二年，代劉愷爲太尉。[1]帝舅大鴻臚耿寶薦中常侍李閏兄於震，[2]震不從。寶乃自往候震曰："李常侍國家所重，欲令公辟其兄，寶唯傳上意耳。”[3]震曰：“如朝廷欲令三府辟召，故宜有尚書敕。”[4]遂拒不許，寶大恨而去。皇后兄執金吾閻顯亦薦所親厚於震，[5]震又不從。司空劉授聞之，[6]即辟此二人，旬日中皆見拔擢。由是震益見怨。

[1]【今注】太尉：官名。秦置，金印紫綬，西漢武帝元狩四年（前119）改名大司馬，東漢光武帝建武二十七年（51）復稱太尉，與司徒、司空合稱三公。太尉掌四方兵事功課，歲盡即奏其殿最而行賞罰。凡郊祀之事，掌亞獻；大喪，則告謚南郊。凡國有大造大疑，則與司徒、司空通而論之。國有過事，則與二公通諫争之。

[2]【今注】大鴻臚：官名。秦置典客，掌諸歸義蠻夷，有丞。西漢景帝中元六年（前144）更名大行令，武帝太初元年（前104）更名大鴻臚。成帝河平元年（前28）罷典屬國併大鴻臚。王莽時改稱典樂。東漢復稱大鴻臚。本書《百官志二》：“大鴻臚，卿一人，中二千石。本注曰：掌諸侯及四方歸義蠻夷。其郊廟行禮，贊導，請行事，既可，以命群司。諸王入朝，當郊迎，典其禮儀。及郡國上計，匡四方來，亦屬焉。皇子拜王，贊授印綬。及拜諸侯、諸侯嗣子及四方夷狄封者，臺下鴻臚召拜之。王薨則使弔之，及拜王嗣。”

[3]【李賢注】言非己本心，傳在上之意。

[4]【今注】敕：皇帝的詔書、命令。本書卷六三《李固傳》載李固對策：“今陛下之有尚書，猶天之有北斗也。斗爲天喉舌，尚書亦爲陛下喉舌。斗斟酌元氣，運平四時。尚書出納王命，賦政四海，權尊執重，責之所歸。”

[5]【今注】執金吾：官名。秦置中尉，掌徼巡京師。西漢武帝太初元年改中尉爲執金吾，王莽時改名奮武，東漢時復稱執金

吾。《漢書·百官公卿表上》應劭云："吾者，禦也。掌執金革以禦非常。"顔師古云："金吾，鳥名也，主辟不祥。天子出行，職主先導，以禦非常，故執此鳥之象，因以名官。"又《古今注》云："漢朝執金吾，金吾，亦棒也。以銅爲之，黄金塗兩足，以謂之'金吾'。"

[6]【李賢注】《漢官儀》："授字孟春，武原人。"

時詔遣使者大爲阿母脩第，[1]中常侍樊豐及侍中周廣、謝惲等更相扇動，[2]傾摇朝庭。[3]震復上疏曰："臣聞古者九年耕必有三年之儲，故堯遭洪水，人無菜色。[4]臣伏念方今灾害發起，彌彌滋甚，[5]百姓空虚，不能自贍。重以螟蝗，[6]羌虜鈔掠，三邊震擾，[7]戰鬭之役至今未息，兵甲軍糧不能復給。大司農帑藏匱乏，殆非社稷安寧之時。[8]伏見詔書爲阿母興起津城門内第舍，[9]合兩爲一，連里竟街，[10]雕修繕飾，窮極巧伎。今盛夏土王，[11]而攻山採石，其大匠左校别部將作合數十處，[12]轉相迫促，爲費巨億。周廣、謝惲兄弟，與國無肺腑枝葉之屬，依倚近倖姦佞之人，與樊豐、王永等分威共權，[13]屬託州郡，傾動大臣。宰司辟召，承望旨意，招來海内貪汙之人，受其貨賂，至有臧錮棄世之徒復得顯用。[14]白黑溷淆，清濁同源，天下讙譁，[15]咸曰財貨上流，[16]爲朝結譏。臣聞師言：'上之所取，財盡則怨，力盡則叛。'怨叛之人，不可復使，故曰：'百姓不足，君誰與足？'[17]惟陛下度之。"豐、惲等見震連切諫不從，無所顧忌，遂詐作詔書，調發司農錢穀、大匠見徒材木，[18]各起家舍、園池、廬觀，役費無數。

［1］【今注】脩第：興修宅第。

［2］【今注】中常侍：官名。秦置中常侍官，參用士人，皆銀璫左貂，給事殿省。西漢沿置，出入宫廷，侍從皇帝，爲列侯至郎中的加官。東漢時，中常侍成爲有具體職掌的官職，本無員數，明帝永平中定爲四人，明帝以後，員數稍增，改以金璫右貂，兼領卿署之職。自和熹太后以女主稱制，不接公卿，乃以閹人爲常侍、小黄門，通命兩宫，自此以來，悉用閹人。東漢後期，中常侍把持朝政，權勢極盛。

［3］【今注】案，庭，大德本、殿本作“廷”。

［4］【李賢注】言有儲蓄，人無食菜之飢色也。【今注】案，《禮記·王制》：“國無九年之蓄曰不足，無六年之蓄曰急，無三年之蓄曰國非其國也。三年耕，必有一年之食；九年耕，必有三年之食。以三十年之通，雖有凶旱水溢，民無菜色，然後天子食，日舉以樂。”

［5］【李賢注】彌彌猶稍稍也。韋孟詩曰“彌彌其失”也。【今注】彌彌滋甚：指災害越發嚴重。《漢書》卷七三《韋賢傳》：“彌彌其失，岌岌其國。”顔師古注引應劭曰：“彌彌猶稍稍也。”

［6］【今注】螟蝗：螟蛉和蝗蟲，皆食稻麥。案，本書卷五《安帝紀》：“五月，京師旱，河南及郡國十九蝗。甲戌，詔曰：‘朝廷不明，庶事失中，灾異不息，憂心悼懼。被蝗以來，七年于兹，而州郡隱匿，裁言頃畝。今群飛蔽天，爲害廣遠，所言所見，寧相副邪？三司之職，内外是監，既不奏聞，又無舉正。天灾至重，欺罔辠大。今方盛夏，且復假貸，以觀厥後。其務消救灾眚，安輯黎元。’”

［7］【今注】三邊震擾：指北邊匈奴、西邊羌人、東邊鮮卑擾亂邊境。《資治通鑑》卷五〇《漢紀》孝安皇帝延光二年胡三省

注：“三邊，東、西、北也。”

［8］【今注】案，本書《安帝紀》載：“三公以國用不足，奏令吏人入錢穀，得爲關内侯、虎賁羽林郎、五大夫、官府吏、緹騎、營士各有差。”

［9］【李賢注】津城門，洛陽南面西頭門也。

［10］【李賢注】合兩坊而爲一宅。里即坊也。【今注】案，本書卷七八《宦者傳》：“（華容侯朱瑀）不惟禄重位尊之責，而苟營私門，多蓄財貨，繕修第舍，連里竟巷。盜取御水以作魚釣，車馬服玩擬於天家。”

［11］【今注】案，《禮記·月令》載：“（季夏之月）樹木方盛，乃命虞人入山行木，毋有斬伐。不可以興土功，不可以合諸侯，不可以起兵動衆，毋舉大事以摇養氣，毋發令而待，以妨神農之事也。”本書卷五七《劉瑜傳》：“昔秦作阿房，國多刑人。今第舍增多，窮極奇巧，掘山攻石，不避時令。”

［12］【李賢注】《續漢志》將作大匠，袟二千石（紹興本、大德本、殿本作“秩”，是。本注下同）。左校令，袟六百石。【今注】大匠：將作大匠。官名。秦置將作少府，掌治宫室，有兩丞、左右中候。景帝中六年（前144）更名將作大匠。屬官有石庫、東園主章、左右前後中校七令丞，又主章長丞。武帝太初元年（前104）更名東園主章爲木工。成帝陽朔三年（前22）省中候及左右前後中校五丞。東漢光武帝建武中元二年（57）省，以謁者領其官。章帝建初元年（76），乃置真，位次河南尹。初以任隗爲之，掌修作宗廟、路寢、宫室、陵園木土之功，並樹桐梓之類列於道側。　左校：左校令。官名。主工匠土木之事。《通典》卷二七《職官九》：“秦及漢初有左、右、前、後、中五校令，後唯置左、右校令。後漢因之，掌左、右工徒。魏併左校、右校於材官。晉左、右校屬少府。”　别部將作：官名。將作大匠屬官。

［13］【今注】王永：時任豫章太守。見本書卷六七《黨錮

傳》。

［14］【李賢注】有臧賄禁錮之人也。【今注】案，本書卷三九《劉愷傳》“安帝初，清河相叔孫光坐臧抵罪，遂增錮二世，釁及其子。”

［15］【今注】讙譁：喧嘩、喧噪。

［16］【今注】案，《韓詩外傳》卷三載“人主之疾十有二發”，曰：“省事輕刑，則痿不作。無使小民饑寒，則蹶不作。無令財貨上流，則逆不作。無令倉廩積腐，則脹不作。無使府庫充實，則滿不作。無使群臣縱恣，則支不作。無使下情不上通，則隔不作。上振恤下，則肓不作。法令奉行，則煩不作。無使下怨，則喘不作。無使賢伏匿，則痹不作。無使百姓歌吟誹謗，則風不作。夫重臣群下者，人主之心腹支體也。心腹支體無疾，則人主無疾矣。”

［17］【李賢注】《論語》有若對魯哀公之詞。【今注】案，語出《論語·顏淵》：“百姓足，君孰與不足？百姓不足，君孰與足？”

［18］【今注】見徒：現在的官徒。

震因地震，復上疏曰：“臣蒙恩備台輔，不能奉宣政化，調和陰陽，[1]去年十一月四日，[2]京師地動。臣聞師言：‘地者陰精，當安静承陽。’[3]而今動摇者，陰道盛也。其日戊辰，三者皆土，位在中宫，[4]此中臣近官盛於持權用事之象也。[5]臣伏惟陛下以邊境未寧，躬自菲薄，宫殿垣屋傾倚，枝柱而已，[6]無所興造，欲令遠近咸知政化之清流，商邑之翼翼也。[7]而親近倖臣，未崇斷金，[8]驕溢踰法，多請徒士，[9]盛修弟舍，[10]賣弄威福。道路讙譁，衆所聞見。地動之變，近在城郭，殆爲此發。又冬無宿雪，春節未雨，百僚燋心，而繕修不止，誠致旱之徵也。《書》曰：‘僭恒陽若，臣無作威作福玉食。'[11]唯陛下奮乾剛之德,[12]棄驕奢之臣，以掩訞言之口,[13]奉承皇天之戒，無令威福久移於下。"

[1]【今注】案,《漢書》卷七四《邴吉傳》:"三公典調和陰陽，職當憂，是以問之。"

[2]【今注】案，十一月，中華本校勘記曰："延光二年十二月戊辰，京師及郡國三地震。《通鑑考異》謂下文'某日戊辰'，十一月丙申朔，戊辰乃十二月四日也。今據改。"可從。

[3]【今注】案，本書《五行志四》載："安帝永初元年，郡國十八地震。李固曰：'地者陰也，法當安静。今乃越陰之職，專陽之政，故應以震動。'"

[4]【李賢注】戊干辰支皆土也，并地動，故言三者。【今注】中宫：《漢書·五行志下之下》:"土也，中宫之部。"古人以金、木、水、火、土分别對應西、東、北、南、中，土在中宫，中宫對應后宫，這裏則暗指中臣近官。

[5]【今注】案,《唐開元占經》卷四《地占·地動》引董仲舒《災異對》:"地者，陰之類也。動者，後宫臣下專主之盛。"

[6]【李賢注】倚，邪也。注音竹主反。【今注】枝柱：猶支撑。

[7]【李賢注】《詩·商頌》"商邑翼翼，四方之極"也。【今注】翼翼：整飭貌。　案,《漢書》卷八一《匡衡傳》顔師古注:"《商頌·殷武》之詩也。商邑，京師也。極，中也。言商邑之禮俗翼翼然可則傚，乃四方之中正也。"

[8]【李賢注】《易·繫辭》曰:"二人同心，其利斷金。"言邪佞之臣，不與上同心。

[9]【今注】徒士：服役者。

[10]【今注】案，弟，大德本、殿本作"第"，是。

[11]【李賢注】《尚書·洪範》之詞也。僭，差也。若，順也。君行僭差，則常陽順之也。言唯君得專威福，爲美食。【今注】案，語出《尚書·洪範》："臣無有作福、作威、玉食。臣之有作福、作威、玉食，其害于而家，凶于而國。"

[12]【李賢注】《易》曰："大哉乾乎！剛健中正，純粹精也。"

[13]【今注】案，"訞""妖""祅"並通。

震前後所上，轉有切至，[1]帝既不平之，而樊豐等皆側目憤怨，俱以其名儒，未敢加害。尋有河間男子趙騰詣闕上書，[2]指陳得失。帝發怒，遂收考詔獄，[3]結以罔上不道。[4]震復上疏救之曰："臣聞堯舜之世，諫鼓謗木，立之於朝；[5]殷周哲王，小人怨詈，則還自敬德。[6]所以達聰明，開不諱，博採負薪，[7]盡極下情也。今趙騰所坐激訐謗語爲罪，[8]與手刃犯法有差。乞爲虧除，[9]全騰之命，以誘芻蕘輿人之言。"[10]帝不省，騰竟伏尸都市。

[1]【今注】切至：切直盡理。

[2]【今注】案，《後漢紀》卷一七《孝安皇帝紀》載"初，河内人趙騰詣闕上書陳得失，收考治，詔下獄。"河内，郡名。治懷縣（今河南武陟縣西南）。河間，郡國名。治樂成縣（今河北獻縣東南）。

[3]【今注】詔獄：囚禁奉詔收捕案犯的監獄即稱爲詔獄。東漢京師各政府機構設置的監獄統稱爲"中都官獄"，即屬於詔獄。廷尉獄亦稱"廷尉詔獄"。東漢桓帝設黄門北寺獄，亦稱"北寺詔獄"，此外，還有掖庭獄、暴室獄、都内獄、洛陽獄都屬於詔獄。

王先謙《漢書補注》卷五三引周壽昌云："凡遣官治獄謂之詔獄，謂奉詔治獄也。"

[4]【今注】案，沈家本《漢律摭遺》："罔上與誣罔於義無大分别，而漢法似有輕重。誣罔要斬，而罔上或止免官，或止城旦，加'不道'二字者棄市，與誣罔不甚同也。"

[5]【李賢注】《帝王紀》曰："堯置敢諫之鼓，舜立誹謗之木。"【今注】諫鼓：進諫之鼓。《淮南子》高誘注："欲諫者擊其鼓。"

[6]【李賢注】《尚書》曰"自殷王中宗及高宗及祖甲及我周文王，兹四人迪哲。厥或告之曰小人怨女詈女（兩'女'字大德本、殿本作'汝'），則皇自敬德"也。

[7]【今注】負薪：背柴的人，指地位低賤者。見本書卷七四《袁紹劉表傳》李賢注。

[8]【今注】激訐：猛烈地批評、攻訐。

[9]【今注】虧除：減免。《漢書》卷八六《何武傳》"服罪者爲虧除"，顔師古注："虧，減也。減除其狀，直令免去也。"

[10]【李賢注】輿，衆也。《詩》曰："詢于芻蕘。"《左氏傳》曰"聽輿人之謀"也。

會三年春，東巡岱宗，[1]樊豐等因乘輿在外，[2]競修第宅，震部掾高舒召大匠令史考校之，[3]得豐等所詐下詔書，具奏，須行還上之。豐等聞，惶怖，會太史言星變逆行，[4]遂共譖震云：[5]"自趙騰死後，深用怨懟；[6]且鄧氏故吏，有恚恨之心。"[7]及車駕行還，便時太學，[8]夜遣使者策收震太尉印綬，[9]於是柴門絶賓客。[10]豐等復惡之，乃請大將軍耿寶奏震大臣不服罪，懷恚望，有詔遣歸本郡。震行至城西几陽亭，[11]乃慷慨謂其諸子門人曰：[12]“死者士之常分。[13]吾蒙恩居上司，疾姦臣狡猾而不能誅，惡嬖女傾亂而不能禁，何面目復見日月！身死之日，以雜木爲棺，布單被裁足蓋形，勿歸冢次，勿設祭祠。”因飲酖而卒，時年七十餘。弘農太守移良[14]承樊豐等旨，遣吏於陝縣留停震喪，[15]露棺道側，[16]讁震諸子代郵行書，道路皆爲隕涕。[17]

[1]【今注】岱宗：泰山，爲四嶽所宗。

[2]【今注】乘輿：代指天子。《史記》卷九《吕太后本紀》裴駰《集解》引蔡邕曰：“律曰‘敢盜乘輿服御物’。天子至尊，不敢渫瀆言之，故託於乘輿也。乘猶載也，輿猶車也。天子以天下爲家，不以京師宫室爲常處，則當乘車輿以行天下，故群臣託乘輿以言之也，故或謂之‘車駕’。”

[3]【李賢注】史謂府吏也。【今注】部掾：即太尉府掾史。掾史，分曹治事的屬吏，多由長官自行辟舉。本書《百官志一》：“掾史屬二十四人。”　大匠令史：指將作大匠府的令史。令史，官名。漢代中央及地方郡縣官署及軍隊等各類機構均設令史，掌文書事務。

[4]【今注】案，本書《天文志中》：“（延光）三年二月辛未，太白犯昴。”

[5]【今注】譖（zèn）：讒毁、誣陷。

[6]【李賢注】懟，怨怒也。

[7]【李賢注】震初鄧騭辟之，故曰故吏。【今注】案，漢故太尉《楊震碑》：“大將軍辟舉茂才，除襄城令，遷荆州刺史東萊涿郡太守。”（洪适：《隸釋·隸續》，中華書局1985年版，第136頁）

[8]【李賢注】且於太學待吉時而後入也，故曰便時。《前

書》“便時上林延壽門”也。【今注】便時：吉利的時日。 太學：漢代設在京師的最高教育機構。西漢武帝元朔五年（前124）始置，立五經博士。東漢因之。

［9］【今注】太尉印綬：金印紫綬。

［10］【今注】柴門：杜門、閉門。《資治通鑑》卷五〇《漢紀》孝安皇帝延光三年胡三省注：“柴，塞其門也。”

［11］【今注】案，曹金華《後漢書稽疑》按：“《御覽》卷五五一引《續漢書》作‘凡陽亭’，《書鈔》卷九二引《續漢書》作‘陽亭’，而疑作‘夕陽亭’是。《种嵩傳》載并州牧董卓‘還軍夕陽亭’，章懷注：‘夕陽亭在河南城西。’《郡國志》有‘沈亭’，屬汝南平輿縣，非是。”（第692頁）几，大德本、殿本作“夕”。

［12］【李賢注】慷慨，悲歎。【今注】門人：指受業弟子。

［13］【今注】常分：定分。《顔氏家訓·終制》：“死者，人之常分，不可免也。”

［14］【李賢注】《風俗通》曰：“齊公子雍食菜於移，其後氏焉。”

［15］【今注】陝縣：治所在今河南三門峽市舊陝縣城東。

［16］【李賢注】《謝承書》曰：“震臨没，謂諸子以牛車薄簀，載柩還歸。”

［17］【李賢注】《説文》：“郵，境上行書舍也。”《廣雅》曰：“郵，驛也。”【今注】案，郵有郵人，驛設驛卒，兩者略有不同。《漢官舊儀》：“五里一郵，郵間相去二里半。”本書《輿服志上》載：“驛馬三十里一置。卒皆赤幘絳韝云。”

歲餘，順帝即位，[1]樊豐、周廣等誅死，震門生虞放、陳翼詣闕追訟震事。[2]朝廷咸稱其忠，乃下詔除二子爲郎，[3]贈錢百萬，以禮改葬於華陰潼亭，[4]遠近畢至。先葬十餘日，有大鳥高丈餘，集震喪前，俯仰悲鳴，淚下霑地，葬畢，乃飛去。郡以狀上。[5]時連有灾異，帝感震之枉，乃下詔策曰："故太尉震，正直是與，俾匡時政，而青蠅點素，同茲在藩。[6]上天降威，灾眚屢作，爾卜爾筮，[7]惟震之故。朕之不德，用彰厥咎，山崩棟折，我其危哉！[8]今使太守丞以中牢具祠，[9]魂而有靈，儻其歆享。"[10]於是時人立石鳥象於其墓所。

[1]【今注】案，東漢安帝延光四年（125）十一月，即皇帝位。

[2]【今注】虞放：字子仲，陳留東昏（今河南蘭考縣）人，官至司空。

[3]【今注】案，本傳載楊震五子，長子楊牧、中子楊秉、少子楊奉，其餘二子名諱不詳。《太尉楊震碑》述："長子牧，富波侯相；次讓，趙常山相；次秉，寔能纘脩，復登上司，陪陵京師；次奉，黄門侍郎。"宋洪适《隸釋》："碑載其諸子官秩，凡四人，而傳云震五子，誤也。"（洪适：《隸釋·隸續》，第136頁）《新唐書·宰相世系表》載："太尉五子，牧、里、秉、讓、奉。"周壽昌《後漢書注補正》云："傳與碑皆不及里者，或未仕早夭，故不載也。"

[4]【李賢注】墓今在潼關西大道之北，其碑尚存。【今注】華陰潼亭：在今陝西華陰市潼關區吊橋亭東堡西北渭河岸。

[5]【李賢注】《續漢書》曰："大鳥來止亭樹，下地安行到柩前，正立低頭淚出。衆人更共摩撫抱持，終不驚駭。"《謝承書》曰："其鳥五色，高丈餘，兩翼長二丈三尺，人莫知其名也。"

[6]【李賢注】藩，樊也。《詩》云："營營青蠅，止於樊，愷悌君子，無信讒言。"青蠅，污白使黑，污黑使白，喻佞人變亂

善惡也。【今注】案，《論衡·累害》：“清受塵，白取垢，青蠅所汙，常在練素。處顛者危，勢豐者虧，頹墜之類，常在懸垂。”

［7］【今注】爾卜爾筮：出自《詩·衞風·氓》：“爾卜爾筮，體無咎言。”

［8］【李賢注】《禮記》曰：“孔子將終，歌曰：‘泰山其墳乎（墳，大德本作“頹”，殿本作“頹”）！梁木其壞乎！’”

［9］【今注】中牢：古代祭祀的犧牲，牛、羊、豕三牲俱用稱“太牢”，衹用羊、豕二牲稱“少牢”。中牢，即少牢。

［10］【今注】歆享：謂享受貢物。《論衡·祀義》：“祭祀之意〔義〕，主人自盡恩懃而已，鬼神未必歆享之也。”

震之被譖也，高舒亦得罪，以減死論。及震事顯，舒拜侍御史，[1]至荆州刺史。

［1］【今注】侍御史：官名。御史大夫屬官，由御史中丞統領，秩六百石，因給事殿中，故名侍御史，或簡稱“御史”。《漢舊儀》：“御史，員四十五人，皆六百石。其十五人衣絳，給事殿中，爲侍御史，宿廬在石渠門外。二人尚璽，四人持書給事，二人侍前，中丞一人領。餘三十人留寺，理百官事也，皆冠法冠。”

震五子。長子牧，富波相。[1]

［1］【李賢注】富波，縣，屬汝南郡。【今注】富波相：富波侯國相。本書《郡國志二》：“富波侯國，永元中復。”富波，侯國。治所在今安徽阜南縣東南王化鎮。《水經注·淮水》作“富陂縣”，云“多陂塘以溉稻，故曰富陂縣也”。

牧孫奇，[1]靈帝時爲侍中，帝常從容問奇曰："朕何如桓帝？"對曰："陛下之於桓帝，亦猶虞舜比德唐堯。"帝不悦曰："卿强項，真楊震子孫，[2]死後必復致大鳥矣。"出爲汝南太守。[3]帝崩後，復入爲侍中衛尉，[4]從獻帝西遷，有功勤。及李傕脅帝歸其營，[5]奇與黄門侍郎鍾繇誘傕部曲將宋曅、楊昂令反傕，[6]傕由此孤弱，帝乃得東。[7]後徙都許，追封奇子亮爲陽成亭侯。[8]

[1]【今注】案，曹金華《後漢書稽疑》："本傳載楊震長子牧，牧孫奇，楊奇則爲震之曾孫，而《御覽》卷一八一引《謝承書》作'楊奇字公挺，震之玄孫'，又《御覽》卷四二七引《謝承書》作'楊奇字公偉'，《書鈔》卷五八引《謝承書》作'字公綽'，《後漢紀》卷二八、《通鑑》卷六十一、《魏志·董卓傳》注引《獻帝起居注》'奇'又作'琦'，未詳孰是。"（第694頁）

[2]【李賢注】强項，言不低屈也，光武謂董宣爲"强項令"也。

[3]【今注】汝南：郡名。治上蔡縣（今河南上蔡縣西南），東漢時移治平輿縣（今河南平輿縣北），其後治所屢遷。

[4]【今注】衛尉：官名。始於戰國，秦漢因之。掌宫門衛士及近衛禁兵（南軍），有長樂衛尉、甘泉衛尉、未央衛尉等。景帝初改名爲中大夫令，後復舊稱。王莽改爲大衛。東漢時總領南、北宫衛士令丞，又轄左右都候、諸宫掖門司馬。

[5]【今注】李傕：涼州人，董卓部將。案，傕，紹興本、大德本作"傕"，是，本段下同。

[6]【今注】黄門侍郎：官名。又稱"黄門郎"，掌侍從左右，給事中，關通中外。及諸王朝見於殿上，引王就坐。秦漢時期郎官

給事在黄闥之内者，稱黄門侍郎。西漢時爲加官，多以重臣、外戚子弟、公主婿爲之。東漢時成爲有具體職掌的官職，侍從皇帝左右，傳宣詔令等。　鍾繇：潁川長社（今河南長葛市東）人，官至三公，曹魏時期重臣。傳見《三國志》卷一三。

［7］【李賢注】《魏志》曰，繇爲黄門侍郎，傕脅天子，繇與尚書郎韓斌同策謀。天子得出長安，繇有力焉。

［8］【李賢注】亮舊宅在閿鄉縣西南。【今注】陽成：縣名。治所在今河南登封市。　亭侯：爵位名。指列侯食邑爲亭者。本書《百官志五》："（列侯）功大者食縣，小者食鄉、亭，得臣其所食吏民。"

震少子奉，奉子敷，篤志博聞，議者以爲能世其家。敷早卒，子衆，[1]亦傳先業，以謁者僕射從獻帝入關，[2]累遷御史中丞。[3]及帝東還，夜走度河，衆率諸官屬步從至太陽，拜侍中。[4]建安二年，追前功封蓩亭侯。[5]

［1］【今注】案，《後漢紀》載楊衆曾任東郡太守。

［2］【今注】謁者僕射：秦官，自漢至魏因之。又稱"大謁者"。掌朝會司儀，皇帝出行時在前導引車。東漢時爲謁者臺長官，侍從皇帝左右，關通内外。秩比千石，銅印青綬，著高山冠。《漢書·百官公卿表上》"僕射"，顔師古注引應劭曰："謁，請也，白也。僕，主也。"

［3］【今注】御史中丞：西漢始置，東漢獨立爲御史臺長官，秩千石。名義上隸少府，專掌監察、執法，領治書侍御史、侍御史，常受命領兵，出督軍旅。與司隸校尉、尚書令並號"三獨坐"，爲京師顯官，職權甚重。

［4］【李賢注】大陽（大，大德本、殿本作"太"，是），縣，

屬河東郡。【今注】太陽：縣名。治所在今山西平陸縣古城村。

［5］【李賢注】《郡國志》桃林縣有蕩鄉，音莫老反。

震中子秉。

秉字叔節，少傳父業，兼明《京氏易》，[1]博通書傳，常隱居教授。年四十餘，乃應司空辟，拜侍御史，頻出爲豫、荆、徐、兖四州刺史，遷任城相。[2]自爲刺史、二千石，[3]計日受奉，[4]餘禄不入私門。故吏齎錢百萬遺之，[5]閉門不受。以廉潔稱。

［1］【今注】京氏易：西漢京房所撰《易傳》，元帝時曾立於學官，《漢書·藝文志》載"《災異孟氏京房》六十六篇"，清《四庫全書》著録《京氏易傳》三卷，入子部數術類。

［2］【今注】任城：任城國。治任城縣（今山東濟寧市東南）。

［3］【今注】刺史：西漢武帝元封五年（前106），置刺史部十三州，初無治所，掌奉詔六條察州，所察對象主要爲二千石官吏、强宗豪右及諸侯王等。成帝綏和元年（前8）更爲牧，秩二千石。哀帝建平二年（前5）罷州牧，復刺史。元壽二年（前1）復爲牧。東漢光武帝建武十一年（35）省。建武十八年復爲刺史，有常治所，奏事遣計吏代行，不復自往。靈帝中平五年（188），劉焉謂四方兵寇，由刺史權輕，宜改置牧，選重臣爲之。自此，刺史權力增大，除監察權外，還有選舉、劾奏之權，干預地方行政及領兵之權，原作爲監察區劃的"州"逐漸轉化爲"郡"之上的地方行政機構，州郡縣三級制隨之形成。

［4］【今注】奉：通"俸"。

［5］【今注】齎：持遺。

桓帝即位，以明《尚書》徵入勸講，[1]拜太中大夫、左中郎將，[2]遷侍中、尚書。[3]帝時微行，私過幸河南尹梁胤府舍。[4]是日大風拔樹，晝昏，秉因上疏諫曰："臣聞瑞由德至，灾應事生。傳曰：'禍福無門，唯人所召。'[5]天不言語，以灾異譴告，是以孔子迅雷風烈必有變動。[6]《詩》云：'敬天之威，不敢驅馳。'[7]王者至尊，出入有常，警蹕而行，静室而止，[8]自非郊廟之事，則鑾旗不駕。[9]故《詩》稱'自郊徂宫'，[10]《易》曰'王假有廟，致孝享也'。[11]諸侯如臣之家，[12]《春秋》尚列其誡，[13]況以先王法服而私出槃游！[14]降亂尊卑，等威無序，[15]侍衛守空宫，紱璽委女妾，[16]設有非常之變，[17]任章之謀，[18]上負先帝，下悔靡及。[19]臣奕世受恩，[20]得備納言，[21]又以薄學，充在講勸，特蒙哀識，[22]見照日月，[23]恩重命輕，義使士死，敢憚摧折，[24]略陳其愚。"帝不納。秉以病乞退，出爲右扶風。[25]太尉黄瓊惜其去朝庭，[26]上秉勸講帷幄，[27]不宜外遷，留拜光禄大夫。[28]是時大將軍梁冀用權，[29]秉稱病。六年，冀誅後，乃拜太僕，遷太常。

[1]【李賢注】勸講，猶侍講也。

[2]【今注】太中大夫：官名。又稱"大中大夫"。秦官，漢因之，掌議論。或奉詔出使，或循行郡國。列侯薨，遣太中大夫吊祠。東漢時秩千石，無員。後期權任漸輕。韋昭《辨釋名》曰："太中大夫，大夫之中最高大也。"　左中郎將：主左署郎。比二千石。《漢官儀》："五官左右中郎將秦官也，秩比二千石，凡郎官皆

主更直，執戟宿衛。"《漢舊儀》："左、右中郎將，秩比二千石，主謁者、常侍侍郎，以貲進。"又《唐六典》卷九引《漢舊儀》云："謁者有缺，選郎中美鬚眉大音者補。"

［3］【今注】尚書：官名。《通典》卷二二《職官四》："秦，置尚書令。尚，主也。漢因之，銅印青綬。武帝用宦者，更爲中書謁者令。成帝去中書謁者令官，更以士人爲尚書令。後漢衆務，悉歸尚書，三公但受成事而已。尚書令主贊奏事，總領紀綱，無所不統。與司隸校尉、御史中丞朝會皆專席而坐，京師號曰'三獨坐'。故公爲令、僕射者，朝會不陛奏事。天子封禪，則尚書令奉玉牒檢兼藏封之禮。"

［4］【李賢注】胤，梁冀子也。【今注】案，袁宏《後漢紀》卷二一《李桓皇帝紀》載："（元嘉元年）四月己丑，上微服幸河南梁不疑府。"梁不疑，梁冀弟也。《資治通鑑》《通鑑考異》皆從本傳。

［5］【李賢注】《左傳》閔子馬之詞（馬，殿本作"騫"）。【今注】案，所，大德本作"自"。

［6］【今注】案，《論語·鄉黨》"迅雷風烈必變"。《禮記·玉藻》："若有疾風迅雷甚雨，則必變，雖夜必興，衣服冠而坐。"

［7］【李賢注】《詩·大雅》曰"敬天之怒，無敢戲豫，敬天之渝，無敢馳驅（馳驅，大德本、殿本作'驅馳'）"，與此文稍異也。【今注】案，袁宏《後漢紀·孝桓皇帝紀》作："敬天之怒，不敢驅馳。"

［8］【李賢注】蹕，止行人也。静室謂先使清宫也。《前書音義》曰，漢有静室令也。【今注】静室：又稱"清室"。案，《漢書》卷四《文帝紀》"使太僕嬰、東牟侯興居先清宫"，顔師古注："應劭曰：舊典，天子行幸所至，必遣静室令先案行，清浄殿中，以虞非常。"《漢書》卷四八《賈誼傳》"造請室而請罪"，顔師古注："應劭曰：請室，請罪之室。蘇林曰：音絜清。胡公《漢官》：

車駕出，有請室令在前先驅，此官有別獄也。”王先謙《補注》：“沈欽韓曰：據蘇説，蓋請室令先驅清道，字本當爲清……盧文弨云：如蘇言，則《漢書》請室亦有作清室者；建本新書此文正作清室，知蘇言非謬矣。”《秦會要訂補》案：静室令、静宫令、請室令、清室令四名雖異，職責實同，當是一官。

［9］【李賢注】　《漢官儀》曰“前驅有雲罕，皮軒鑾旗車”也。

［10］【李賢注】《詩·大雅·雲漢》之詞也。郊，祭天也。【今注】案，《詩·雲漢》：“不殄禋祀，自郊徂宫。”徂，到也。宫，廟也。周人祭天在郊，祭祖在廟。

［11］【李賢注】萃卦詞也。假，至也。假音格。【今注】有：語助詞，無義。　享：舉行享祭。

［12］【今注】如：到，往。事指齊莊公到崔杼家，後爲崔杼所殺。事見《左傳》襄公二十五年。

［13］【李賢注】《左傳》，齊莊公如崔杼之家，爲杼所殺也。

［14］【李賢注】法服謂天子服，日、月、星辰、山、龍、華蟲、藻、火、粉、米十一（大德本、殿本“米”字後有“黼黻”二字；一，紹興本、大德本、殿本皆作“二”）章。【今注】槃游：亦作“盤游”，游樂。張衡《歸田賦》：“極盤游之至樂，雖日夕而忘劬。”

［15］【李賢注】等威謂威儀有等差也。《左傳》曰“貴有常尊，賤有等威”也。【今注】案，《左傳》宣公十二年：“貴有常尊，賤有等威，禮不逆矣。”

［16］【今注】紱：古代繫印紐的細繩，這裏指官印。

［17］【今注】設：假如。　非常之變：突如其來的事變。這裏指出現危害皇帝或社稷的事變。

［18］【李賢注】《前書》曰，代郡太守任宣坐謀反誅，宣子章爲公車丞，亡在渭城界中，夜玄服入廟，居郎間（郎，大德本、

殿本作“廊”），執戟立於廟門，待上至，欲爲逆，發覺伏誅也。【今注】案，任宣乃霍氏之婿，宣帝時坐霍氏黨羽被誅，任章即霍氏外孫。事見《漢書》卷八八《儒林傳》。又，諆，大德本作“諆”。

［19］【今注】靡及：趕不上；來不及。《詩·大雅·烝民》：“征夫捷捷，每懷靡及。”

［20］【李賢注】奕猶重也。【今注】奕世：累世；代代。

［21］【李賢注】納言，尚書。【今注】納言：官名。負責向上傳遞進言，對下傳達王命。《尚書·舜典》：“命汝作納言，夙夜出納朕命，惟允。”孔安國云：“納言，喉舌之官也。聽下言納於上，受上言宣於下，必信也。”又本書《輿服志下》：“尚書幘收，方三寸，名曰納言，示以忠正，顯進職也。”故這裏以“納言”代指“尚書”。

［22］【今注】哀識：憐愛賞識。

［23］【今注】日月：喻指帝后。《禮記·昏義》：“故天子之與后，猶日之與月。”

［24］【今注】敢：副詞，用於反問。豈敢。

［25］【今注】右扶風：官名。三輔長官之一。亦指政區名，西漢武帝太初元年（前104）改主爵都尉置，轄右内史西半部，職同郡太守，爲三輔之一。

［26］【今注】黄瓊：字世英，江夏安陸（今湖北雲夢縣）人。東漢名臣，尚書令黄香之子。傳見本書卷六一。　案，庭，大德本、殿本作“廷”。

［27］【今注】帷幄：室内懸掛的帳幕，借指皇帝近側。

［28］【今注】光禄大夫：官名。戰國時置中大夫，秦因之。西漢武帝太初元年改中大夫爲光禄大夫，掌顧問應對。東漢時多用以案行州郡，拜假賵贈之使，及監護諸國嗣喪事。

［29］【今注】梁冀：字伯卓，安定烏氏（今寧夏固原市東南）

人。東漢外戚梁商之子，順烈皇后兄長。傳見本書卷三四。

延熹三年，[1]白馬令李雲以諫受罪，[2]秉争之不能得，坐免官，[3]歸田里。[4]其年冬，復徵拜河南尹。[5]先是中常侍單超弟匡爲濟陰太守，[6]以臧罪爲刺史弟五種所劾，[7]窘急，乃賂客任方刺兖州從事衞羽。[8]事已見《種傳》。及捕得方，囚繫洛陽，匡慮秉當窮竟其事，[9]密令方等得突獄亡走。[10]尚書召秉詰責，秉對曰："《春秋》不誅黎比而魯多盜，[11]方等無狀，[12]釁由單匡。[13]刺執法之吏，害奉公之臣，復令逃竄，寬縱罪身，元惡大憝，[14]終爲國害。乞檻車徵匡考覈其事，[15]則姦慝蹤緒，[16]必可立得。"而秉竟坐輸作左校，[17]以久旱赦出。

［1］【今注】延熹：東漢桓帝劉志年號（158—167）。

［2］【今注】案，白馬令李雲上書，有"帝欲不諦"之語，桓帝得奏震怒，逮雲下黄門北寺獄。白馬，縣名。治所在今河南滑縣東。

［3］【今注】案，本書卷五七《李雲傳》："太常楊秉、洛陽市長沐茂、郎中上官資並上疏請雲。帝恚甚，有司奏以爲大不敬。詔切責蕃、秉，免歸田里；茂、資貶秩二等。"

［4］【李賢注】《謝承書》曰："秉免歸，雅素清儉，家至貧窶，并日而食。任城故孝廉景慮齎錢百餘萬，就以餉秉，秉閉門距絶不受。"

［5］【今注】河南尹：官名。東漢建都洛陽，屬河南郡，故其最高長官不稱"太守"，而稱"河南尹"。

［6］【今注】濟陰：郡名。治定陶縣（今山東菏澤市定陶區西

北)。

[7]【今注】弟五種：字興先，東漢第五倫曾孫，官至兗州刺史。弟，紹興本、大德本、殿本皆作“第”。　劾：揭發罪行。

[8]【今注】從事：官名。又稱“從事史”，漢三公府至州郡自辟僚屬，多以從事爲稱。州府有别駕從事史、治中從事史、簿曹從事史、兵曹從事史、部郡國從事史，秩百石。

[9]【今注】窮竟：追查到底。

[10]【今注】突獄：越獄。

[11]【李賢注】《左傳》曰：“邾庶其以漆閭丘來奔，於是魯多盜。”臣賢案：黎比，莒國之君，恐引有所據也（引，紹興本、大德本、殿本皆作“别”）。【今注】誅：責讓。

[12]【今注】無狀：罪大不可言狀。

[13]【今注】釁：罪過。

[14]【今注】慝：奸惡。

[15]【今注】檻車：用栅欄封閉的囚車。　考覈：考實覈驗。

[16]【今注】蹤緒：踪迹，頭緒。

[17]【今注】輸作：因犯罪罰作勞役。　左校：官名。屬將作大匠，掌工徒勞役等事。

會日食，太山太守皇甫規等訟秉忠正，[1]不宜久抑不用。有詔公車徵秉及處士韋著，[2]二人各稱疾不至。有司並劾秉、著大不敬，[3]請下所屬正其罪。[4]尚書令周景與尚書邊韶議奏：“秉儒學侍講，常在謙虚；著隱居行義，以退讓爲節。俱徵不至，誠違側席之望，[5]然逶迤退食，[6]足抑苟進之風。[7]夫明王之世，[8]必有不召之臣，[9]聖朝弘養，[10]宜用優游之禮。[11]可告在所屬，喻以朝庭恩意。[12]如遂不至，詳議其罰。”於是重徵，乃到，拜太常。

［1］【今注】太山：即泰山，郡名。治奉高縣（今山東泰安市東北）。　皇甫規：字威明，安定朝那（今寧夏彭陽縣東）人。東漢名將，屢破羌亂，官至護羌校尉。傳見本書卷六五。

［2］【今注】處士：有才德而隱居不仕之人。　韋著：字休明，扶風平陵（今陝西咸陽市）人，韋彪之孫。

［3］【今注】大不敬：古代罪名之一。範圍較廣，具體有"刺探尚書事""誣枉""漏泄省中語""驚動鬼神""上書紀匿其名""對悍使者無人臣者"等，見於傳世文獻及《長沙尚德街東漢簡》。又張斐《律注》云："虧禮廢節，謂之不敬。"

［4］【今注】正：正法。

［5］【今注】側席：謂不正坐，指謙恭以待賢者。參見本書卷三《章帝紀》李賢注。

［6］【今注】逶迤退食：從容謙退，公正廉潔。

［7］【李賢注】《詩·國風·羔羊詩》曰："退食自公，委蛇委蛇。"退食謂減膳也。從於公謂正直順於事也。委蛇，委曲自得之貌（大德本、殿本句末有"也"字）。【今注】苟進之風：苟且進取，以求爵禄之風。《晏子春秋·内篇問下》："事君苟進不道忠，交友苟合不道行。"

［8］【今注】明王：聖明的君主。

［9］【李賢注】堯時許由，禹時伯成子高，湯時務光等。【今注】不召之臣：不能召喚的臣子，指德高望重應前往就教之人。《孟子·公孫丑章句下》："故將大有爲之君，必有所不召之臣，欲有謀焉則就之，其尊德樂道，不如是不足與有爲也。"

［10］【今注】弘養：廣泛滋養。

［11］【今注】優游之禮：優容、寬待的禮節。

［12］【今注】案，庭，大德本、殿本作"廷"。

五年冬，代劉矩爲太尉。[1]是時宦官方熾，[2]任人及子弟爲官，[3]布滿天下，競爲貪淫，朝野嗟怨。秉與司空周景上言：[4]"内外吏職，多非其人，自頃所徵，[5]皆特拜不試，[6]致盜竊縱恣，[7]怨訟紛錯。舊典，中臣子弟不得居位秉埶，[8]而今枝葉賓客布列職署，[9]或年少庸人，[10]典據守宰，[11]上下忿患，[12]四方愁毒。[13]可遵用舊章，退貪殘，塞災謗。請下司隸校尉、中二千石、二千石、城門五營校尉、北軍中候，[14]各實覈所部，應當斥罷，[15]自以狀言，三府廉察有遺漏，續上。"帝從之。於是秉條奏牧守以下匈奴中郎將燕瑗、青州刺史羊亮、遼東太守孫諠等五十餘人，[16]或死或免，天下莫不肅然。

[1]【今注】劉矩：字叔方，沛國蕭（今安徽蕭縣西北）人。傳見本書卷七六。

[2]【今注】方熾：正值旺盛。

[3]【李賢注】任謂保任。【今注】案，古代有任官迴避制度，官吏任用需避籍、避親、避近等原則，出土尹灣漢墓簡牘顯示，西漢任官需迴避本籍，刺史郡國守相不用本郡人，縣令長丞尉不用本縣人。東漢桓帝時頒布"三互法"，規定凡婚姻之家及幽、冀兩州人士不得交互爲官。

[4]【今注】司空：官名。漢代三公之一。本書《百官志一》："掌水土事。凡營城起邑、浚溝洫、修墳防之事，則議其利，建其功。凡四方水土功課，歲盡則奏其殿最而行賞罰。凡郊祀之事，掌掃除樂器，大喪則掌將校復土。凡國有大造大疑，諫争，與太尉同。世祖即位，爲大司空，建武二十七年，去'大'。"此外，秦漢時期還有各種被稱作"某某司空"的官職，秩級不同。除"掌

水土事”外，還包括刑徒等勞役人員的分配、管理。　周景：字仲饗，廬江舒（今安徽廬江縣西南）人。東漢名臣，山陽太守周榮之孫，尚書郎周興之子。傳見本書卷四五。

［5］【今注】頃：近來。

［6］【今注】特拜：特授官職。

［7］【今注】縱恣：肆意放縱。《韓非子·五蠹》："士民縱恣於内，言談者爲勢於外。"

［8］【今注】中臣：宦官。　秉埶：掌握權勢。

［9］【今注】枝葉：比喻臣僚、部屬。　賓客：貴族勢家的門客及依附者。

［10］【今注】庸人：没有作爲之人。

［11］【今注】典據：掌管。

［12］【今注】忿患：憤怒、憂患。

［13］【今注】愁毒：愁苦怨恨。

［14］【今注】司隸校尉：官名。西漢武帝征和四年（前89）初置。持節，從中都官徒千二百人，捕巫蠱，督大奸猾。後罷其兵。察三輔、三河、弘農。元帝初元四年（前45）去節。成帝元延四年（前9）省。哀帝綏和二年（前7）復置，但稱司隸，冠進賢冠，屬大司空，比司直。東漢時復爲司隸校尉，所部河南尹、河内、右扶風、左馮翊、京兆尹、河東、弘農凡七郡，治河南洛陽。無所不糾，唯不察三公。廷議處九卿上，朝賀處公卿下。　中二千石：官秩名。《漢書》卷八《宣帝紀》顔師古注："漢制，秩二千石者，一歲得一千四百四十石，實不滿二千石也。其云中二千石者，一歲得二千一百六十石，舉成數言之，故曰中二千石。中者，滿也。"漢制九卿秩皆中二千石，故多以代稱九卿。　二千石：官秩名。月俸百二十斛。漢制郡守、諸侯相皆二千石。大德本、殿本此處無"二千石"三字。　城門五營校尉：城門校尉、北軍五營校尉。城門校尉，掌京師城門屯兵，隸南軍。有司馬，十二城門候。《漢書》卷六六《劉屈氂傳》："（武帝征和二年）以太子在外，始

置屯兵長安諸城門。”北軍五營校尉，屯騎校尉、越騎校尉、步兵校尉、長水校尉、射聲校尉，隸北軍。　北軍中候：官名。東漢置，秩六百石，掌監屯騎校尉、越騎校尉、步兵校尉、長水校尉、射聲校尉所領北軍五營。

［15］【今注】斥罷：斥退罷免。

［16］【今注】匈奴中郎將：又稱“使匈奴中郎將”，西漢武帝至東漢初，均有以中郎將出使匈奴，無領護職權，具有臨時的性質。東漢光武帝建武二十六年（50），正式設置使匈奴中郎將一職，掌領護南匈奴，並協防北匈奴、烏桓及鮮卑等，屬吏有副中郎將、副校尉、司馬、從事、掾史等，幕府治所在西河美稷（今内蒙古准格爾旗西北，靈帝中平年間移至今山西汾陽西北）。　青州：西漢武帝時所置十三刺史部之一。治臨淄縣（今山東淄博市臨淄區北）。　遼東：郡名。治襄平縣（今遼寧沈陽市）。

時郡國計吏多留拜爲郎，[1]秉上言三署見郎七百餘人，[2]帑臧空虚，[3]浮食者衆，[4]而不良守相，欲因國爲池，澆濯釁穢。[5]宜絶横拜，[6]以塞覬覦之端。[7]自此終桓帝世，計吏無復留拜者。

［1］【今注】計吏：漢代州郡掌簿籍，負責上計的官員。

［2］【李賢注】三署郎，解見《安帝紀》。【今注】案，三署郎，東漢光禄勳所轄五官、左、右三中郎將署所掌郎官合稱，即五官署郎、左署郎、右署郎。《漢官儀》：“郡國舉孝廉以補三署郎，年五十以上屬五官，其次分在左、右署。”

［3］【今注】帑臧：指國庫。

［4］【今注】浮食者：不勞而食者。

［5］【今注】澆濯：洗濯。　釁穢：過失，穢行。

［6］【今注】横拜：放縱授官。

［7］【李賢注】《左傳》曰："下無覬覦。"杜預注曰："無冀望上位。"【今注】覬覦：非分的企圖。

七年，南巡園陵，[1]特詔秉從。南陽太守張彪與帝微時有舊恩，[2]以車駕當至，[3]因傍發調，[4]多以入私。秉聞之，下書責讓荆州刺史，以狀副言公府。[5]及行至南陽，左右並通姦利，詔書多所除拜。[6]秉復上疏諫曰："臣聞先王建國，順天制官。[7]太微積星，[8]名爲郎位，[9]入奉宿衛，出牧百姓。[10]臯陶誡虞，[11]在於官人。[12]頃者道路拜除，恩加豎隸，[13]爵以貨成，[14]化由此敗，[15]所以俗夫巷議，[16]白駒遠逝，[17]穆穆清朝，[18]遠近莫觀。宜割不忍之恩，以斷求欲之路。"於是詔除乃止。

［1］【今注】園陵：這裏指章陵（故舂陵）園廟。

［2］【今注】微時：微賤而不顯達的時候。

［3］【今注】車駕：天子至尊，不敢渫瀆言之，故託言"車駕"或"乘輿"。

［4］【今注】傍：依附，依託。　發調：徵調物資或人員。

［5］【李賢注】南陽郡，荆州所部也。【今注】狀副：狀牒的副本。　公府：三公之府。

［6］【今注】除拜：授官。

［7］【李賢注】《尚書》曰："明王奉若天道，建邦設都。"孔安國注云："天有日、月、北斗、五星、二十八宿，皆有尊卑相正之法。明王奉順此道，建國設都（國，大德本、殿本作'邦'）。"【今注】案，《尚書·臯陶謨》曰："無曠庶官，天工人其代之。"孔安國注："言人代天理官，不可以天官私非其才。"即

卷五四　列傳第四十四

要求順應天道，制定官職。

［8］【今注】太微：古代星官名。三垣之一。位於北斗之南，軫、翼之北，大角之西，軒轅之東。

［9］【李賢注】《史記·天官書》曰，太微宫五帝坐（太，大德本作“大”），後聚二十五星蔚然（《史記·天官書》與《漢書·天文志》皆稱“一十五”），曰郎位。積，聚也。【今注】郎位：星座名。太微宫五帝座後相聚的一十五顆星。

［10］【今注】牧：統治、駕馭。

［11］【今注】皋陶：上古傳説時期虞舜的司法官。

［12］【李賢注】《尚書》皋陶誡舜曰“在知人，在官人”也。【今注】在於官人：意指治理社會全賴所任官吏。《尚書·皋陶謨》皋陶曰：“都！在知人，在安民。”

［13］【今注】豎隸：童僕、小吏。《周禮·叙官》鄭玄注：“豎，未冠者之官名。”

［14］【今注】貨：賄賂，買通。《左傳》僖公二十八年：“曹伯之豎侯獳貨筮史。”

［15］【今注】化：社會風化、風氣。《漢書》卷九一《貨殖傳》：“傷化敗俗，大亂之道也。”

［16］【今注】巷議：里巷中議論是非。據俗語，直爲街，曲爲巷；大者爲街，小者爲巷。

［17］【李賢注】孔子曰：“天下有道，庶人不議。”《詩·小雅》曰：“皎皎白駒，食我場苗（場，大德本作‘楊’），所謂伊人，於焉逍遥。”言宣王官失其人，賢者乘白駒而去之。【今注】白駒：喻賢者。　逝：往也。

［18］【今注】穆穆：端莊恭敬。　清朝：清明、太平的朝廷。

時中常侍侯覽弟參爲益州刺史，[1]累有臧罪，[2]暴虐一州。明年，秉劾奏參，[3]檻車徵詣廷尉。[4]參惶恐，道自殺。[5]秉因奏覽及中常侍具瑗曰："臣案國舊典，宦豎之官，[6]本在給使省闥，[7]司昏守夜，[8]而今猥受過寵，[9]執政操權。其阿諛取容者，則因公褒舉，[10]以報私惠；有忤逆於心者，[11]必求事中傷，[12]肆其凶忿。[13]居法王公，[14]富擬國家，飲食極肴饍，僕妾盈紈素，[15]雖季氏專魯，穰侯擅秦，何以尚玆！[16]案中常侍侯覽弟參，貪殘元惡，自取禍滅，覽顧知釁重，[17]必有自疑之意，臣愚以爲不宜復見親近。昔懿公刑邴歜之父，[18]奪閻職之妻，[19]而使二人參乘，卒有竹中之難，《春秋》書之，以爲至戒。[20]蓋鄭詹來而國亂，四佞放而衆服。[21]以此觀之，容可近乎？覽宜急屏斥，[22]投畀有虎。[23]若斯之人，非恩所宥，請免官送歸本郡。"書奏，尚書召對秉掾屬曰：[24]"公府外職，[25]而奏劾近官，[26]經典漢制有故事乎？"秉使對曰："春秋趙鞅以晉陽之甲，逐君側之惡。[27]《傳》曰：'除君之惡，唯力是視。'[28]鄧通懈慢，申屠嘉召通詰責，文帝從而請之。[29]漢世故事，三公之職無所不統。"尚書不能詰。帝不得已，竟免覽官，而削瑗國。每朝庭有得失，[30]輒盡忠規諫，多見納用。

［1］【今注】益州：西漢武帝時所置十三刺史部之一，治成都縣（今四川成都市）。

［2］【今注】累：連續、多次。　臧罪：貪污受賄等罪。

［3］【今注】劾奏：舉劾、上書。

［4］【今注】廷尉：官名。秦置，掌刑辟，有正、左右監，秩皆千石。西漢景帝中元六年（前144）更名大理，武帝建元四年

（前 137）復爲廷尉。宣帝地節三年（前 67）初置左右平，秩皆六百石。哀帝元壽二年（前 1）復爲大理。王莽改曰作士。東漢以後，或稱廷尉，或稱大理，或稱廷尉卿。省右平、右監。重大案件由御史中丞、司隸校尉、廷尉會審。秩中二千石。

［5］【李賢注】《謝承書》曰："秉奏'參取受罪臧累億。牂柯男子張攸，居爲富室，參横加非罪，云造訛言，殺攸家八人，没入廬宅。又與同郡諸生李元之官，共飲酒，醉飽之後，戲故相犯，誣言有淫慝之罪，應時捶殺。以人臣之勢，行桀紂之態，傷和逆理，痛感天地，宜當糾持，以謝一州'。又曰'京兆尹袁逢於長安客舍中得參重車三百餘乘，金銀珍玩，不可稱紀'。"

［6］【今注】宦豎：古代宦官的鄙稱。

［7］【今注】給使：供人驅使。　省闥：又稱"禁闥"，泛指宫禁，又特指後宫。省，禁中也。闥，宫中門也。

［8］【今注】司：主管，掌管。

［9］【今注】猥：衆多。

［10］【今注】褒舉：褒獎，舉薦。

［11］【今注】忤逆：抵觸，違抗。

［12］【今注】中傷：誣蔑他人使之損傷。

［13］【今注】肆：恣縱、放肆。

［14］【今注】法：仿效。

［15］【今注】紈（wán）素：潔白精緻的細絹。

［16］【李賢注】季氏，魯卿，世專魯政。孔子曰："季氏富於周公。"《史記》曰，穰侯魏冉者，秦昭王母宣太后弟也，爲秦相國，侈富於王室。尚猶加也。【今注】季氏：季孫氏，魯國三桓之一，起於魯桓公之子季友。　穰侯：魏冉，秦國權臣，宣太后同母異父之長弟。

［17］【今注】案，顧，大德本、殿本作"固"。　釁：過失，罪過。

[18]【今注】懿公：姜姓吕氏，名商人。齊桓公之子，昭公弟。昭公卒，商人殺昭公子舍，自立爲君。　邴歜：春秋齊國人，邴原之子。齊懿公爲公子時，曾與邴原一同田獵，争獲不勝。即位後，爲報宿怨，掘邴原尸，斷其足。

[19]【今注】閻職：《史記》作“庸職”，《説苑》作“庸織”，《國語》及《左傳》作“閻職”。《史記》卷三二《齊太公世家》司馬貞《索隱》曰：“《左傳》作‘閻職’，此言‘庸職’。不同者，《傳》所云‘閻’，姓；‘職’，名也。此言‘庸職’，庸非姓，蓋謂受顧織之妻，史意不同，字則異耳。”

[20]【李賢注】《左傳》曰“齊懿公之爲公子也，與邴歜之父争田弗勝。及即位，乃掘而刖之，而使歜僕。納閻職之妻，而使職驂乘。夏五月，公游于申池。歜以扑抶職，職怒，歜曰：‘人奪汝妻而不怒，一抶汝，庸何傷？’職曰：‘與刖其父而弗能病者何如？’乃謀殺懿公，納諸竹中，歸，舍爵而行”也。

[21]【李賢注】《公羊傳》曰：“鄭詹自齊逃來，何以書？甚佞也，曰佞人來矣。”後魯莊公取齊淫女，卒爲後敗。四佞即四凶也。【今注】鄭詹：春秋時期鄭國大夫叔詹，爲當時鄭國的執政大臣（或云“鄭之卑微者”“鄭之佞人也”）。　四佞：即《尚書》所載共工、驩兜、三苗與鮌。

[22]【今注】屏斥：斥退，除去。

[23]【李賢注】畀，與也。《詩·小雅》曰：“取彼譖人，投畀豺虎（豺，紹興本作‘射’）。”【今注】案，《詩·小雅·巷伯》：“取彼譖人，投畀豺虎；豺虎不食，投畀有北；有北不受，投畀有昊！”鄭注：此其惡惡欲其死亡之甚也。

[24]【李賢注】召秉掾屬問之。【今注】掾屬：這裏指太尉府佐官。其與大將軍府掾屬、司徒府掾屬、司空府掾屬合稱“四府掾屬”。

[25]【今注】外職：漢代三公府、九卿府及地方官府組成的

外職機構。這裏指京官外職。

［26］【今注】近官：漢代大將軍、尚書、宦皇帝者等組成的內官臣僚。

［27］【李賢注】《公羊傳》曰："趙鞅取晉陽之甲，以逐荀寅、士吉射。曷爲此？逐君側之惡人也。"【今注】案，晉定公十五年（前497），晉國大夫荀寅、士吉射攻趙鞅，趙鞅戰敗，歸封邑晉陽（今山西太原市西南），發動晉陽甲兵以逐君側之荀寅、士吉射。趙鞅，又稱"趙簡子"，春秋時期晉國正卿，執政晉國二十餘年，文治武功，頗多建樹，鑄刑鼎，勵精改革，爲後來趙國的建立奠定了基礎。

［28］【李賢注】《左傳》曰晉寺人披言也。【今注】案，《左傳》僖公二十四年載，晉公子重耳回晉國即位，是爲文公。吕甥、郤芮作爲晉惠公的親信舊臣擔心遭到文公迫害，準備焚燒宫殿，殺害晉文公。寺人披請求覲見，提到"除君之惡，唯力是視"，意思是除去國君所憎惡的人，一定要盡全力而爲。文公聽取了寺人披的勸諫，采取了相應的防備，避免了一場災禍。

［29］【李賢注】《前書》鄧通，文帝幸臣，爲太中大夫，居上傍怠慢。丞相申屠嘉罷朝，坐府中，召通至，不爲禮，責曰："通小臣，戲殿上，大不敬，當斬。"通頓首，首盡出血（大德本無"首"字）。上使使持節召通而謝丞相："此吾弄臣，君釋之。"【今注】鄧通：蜀郡南安（今四川樂山市）人，西漢文帝寵臣，官至上大夫。文帝賜鄧通蜀郡嚴道銅山，制"鄧氏錢"，富甲天下。景帝即位，免官居家，後因罪没入家財，窮困而死。傳見《漢書》卷九三。　申屠嘉：西漢梁國睢陽（今河南商丘市）人。高帝時，以勇健有材力，隨高祖擊項羽，任隊長，後因功任都尉。文帝時，任御史大夫，官至丞相。傳見《漢書》卷四二。

［30］【今注】案，庭，紹興本、大德本、殿本皆作"廷"。

秉性不飲酒，又早喪夫人，遂不復娶，所在以淳白稱。[1]嘗從容言曰："我有三不惑：酒，色，財也。"八年薨，[2]時年七十四，賜塋陪陵。[3]子賜。

[1]【今注】淳白：淳樸、清白。

[2]【今注】薨：死。古代公侯死曰"薨"，後世有封爵的大官之死也稱"薨"。《禮記·曲禮下》："天子曰崩，諸侯曰薨。"

[3]【今注】賜塋：賞賜墳塋。 陪陵：漢代公卿大臣列將有功者，死後葬在皇帝墳墓近旁。

賜字伯獻。少傳家學，篤志博聞。常退居隱約，[1]教授門徒，不答州郡禮命。[2]後辟大將軍梁冀府，非其好也。出除陳倉令，[3]因病不行。公車徵不至，連辭三公之命。後以司空高弟，[4]再遷侍中、越騎校尉。[5]

[1]【今注】隱約：隱身守約。

[2]【今注】禮命：禮聘與任命。

[3]【今注】陳倉：縣名。治所在今陝西寶雞市東。

[4]【今注】高弟：高第。經考核而成績優異。弟，大德本、殿本作"第"。

[5]【今注】越騎校尉：官名。西漢武帝始置，北軍八校尉之一，領内附越人騎士，戍衛京師，兼任征伐。東漢初罷，光武帝建武十五年（39）改青巾左校尉置，爲五校尉之一，秩比二千石，隸北軍中候，掌宿衛兵，有司馬一人，秩千石。

建寧初，[1]靈帝當受學，詔太傅、三公選通《尚書》桓君章句宿有重名者，[2]三公舉賜，乃侍講于華光殿中。[3]遷少府、光禄勳。[4]

[1]【今注】建寧：東漢靈帝劉宏年號（168—172）。

[2]【今注】太傅：官名。古三公之一，周置。西漢高后元年（前187）置太傅，後省。哀帝元壽二年（前1）復置。掌以善導，無常職。　桓君：桓榮，字春卿，沛郡龍亢（今安徽懷遠縣西北）人。傳見本書卷三七。　章句：離章辨句，經學家解經義的一種方式，即分析經傳的章節句讀。　宿：平素。　重名：盛名。

[3]【李賢注】《洛陽宫殿名》曰："華光殿在崇光殿北。"【今注】華光殿：華光殿在華林園内，位於漢魏洛陽故城北部。

[4]【今注】少府：官名。戰國三晉和秦均有設置，漢因之。掌山林池澤收入及宫中御物，西漢武帝時將少府部分山澤陂池之税移交大司農，打破了少府收入爲皇室專用的常規。東漢少府職屬進一步精簡，掌宫中服御諸物、寶貨珍膳的供給和服務。《漢書·百官公卿表上》顔師古注："應劭曰：'名曰禁錢，以給私養，自别爲藏。少者小也，故稱少府。'師古曰：'大司農供軍國之用，少府以養天子也。'"　光禄勳：官名。秦置郎中令，漢因之。武帝太初元年（前104）更名光禄勳，王莽改爲司中，東漢時仍稱光禄勳。掌宿衛宫殿門户，典謁署郎更直執戟，考其德行而進退之。郊祀之事，掌三獻。《漢書·百官公卿表上》顔師古注："應劭曰：'光者，明也。禄者，爵也。勳，功也。'如淳曰：'胡公曰勳之言閽也。閽者，古主門官也。光禄主宫門。'"

熹平元年，[1]青蛇見御坐，帝以問賜，賜上封事曰：[2]"臣聞和氣致祥，[3]乖氣致灾，[4]休徵則五福應，[5]咎徵則六極至。[6]夫善不妄來，灾不空發。王者心有所惟，[7]意有所想，雖未形顔色，[8]而五星以之推移，[9]陰陽爲其變度。[10]以此而觀，天之與人，豈不符哉？[11]《尚書》曰：‘天齊乎人，假我一日。’[12]是其明徵也。夫皇極不建，[13]則有蛇龍之孽。[14]《詩》云：‘惟虺惟蛇，女子之祥。’[15]故《春秋》兩蛇鬬於鄭門，昭公殆以女敗；[16]康王一朝晏起，[17]《關雎》見幾而作。[18]夫女謁行則讒夫昌，[19]讒夫昌則苞苴通，[20]故殷湯以之自戒，終濟亢旱之災。[21]惟陛下思乾剛之道，[22]別内外之宜，崇帝乙之制，受元吉之祉，[23]抑皇甫之權，割艶妻之愛，[24]則蛇變可消，禎祥立應。[25]殷戊、宋景，其事甚明。”[26]

[1]【今注】熹平：東漢靈帝劉宏年號（172—178）。

[2]【今注】封事：密封的奏章。古代臣子奏事，以皁囊封板，防止泄漏，稱謂“封事”。

[3]【今注】和氣：陰陽調和之氣。

[4]【今注】乖氣：邪惡之氣。

[5]【李賢注】休，美也。徵，驗也。五福：一曰壽，二曰富，三曰康寧，四曰逌好德（逌，大德本作“攸”），五曰考終命。【今注】案，語見《尚書·周書·洪範》。

[6]【李賢注】咎，惡也。六極：一曰凶短折，二曰疾，三曰憂，四曰貧，五曰惡，六曰弱。並見《尚書》。

[7]【今注】惟：想，思考。

[8]【今注】顔色：面容，面色。

[9]【今注】五星：指水、火、金、木、土五大行星，古代術士以人的生辰所值五星之位推算命運。

[10]【今注】變度：猶變化。

[11]【今注】符：相應，相合。

[12]【李賢注】我謂君也。天意欲整齊于人，必假於君也。

今《尚書》文“假”作“俾”。俾，使也。義亦通。【今注】案，語見《尚書·周書·吕刑》。齊，整齊，戒飭。假，借助。

［13］【今注】皇極：帝王統治天下的準則。

［14］【李賢注】《洪範五行傳》曰。皇，大也。極，中也。建，立也。孽，災也。君不合大中，是謂不立。蛇龍，陰類也。【今注】案，《後漢紀》卷二三《孝靈皇帝紀》：“蛇者，於《洪範》鱗蟲之象，思心不逮之所致也。不逮之效，時則有龍蛇之孽。”

［15］【李賢注】《詩·小雅》也。虺蛇，穴居，陰之類，故爲女子之祥也。【今注】虺：蝮蛇一類的毒蛇。　案，本書卷五七《謝弼傳》：“時青蛇見前殿，大風拔木，詔公卿以下陳得失。(謝)弼上封事。”

［16］【李賢注】《洪範五行傳》曰：“初，鄭厲公劫相祭仲而篡兄昭公，立爲鄭君。後雍糾之難，厲公出奔，鄭人立昭公。既立，内蛇與外蛇鬭鄭南門中。内蛇死。是時傅瑕仕於鄭，欲内厲公，故内蛇死者，昭公將敗，厲公將勝之象也。是時昭公宜布恩施惠（惠，紹興本作‘志’），以撫百姓，舉賢崇德，以厲群臣，觀察左右，以省姦謀，則内變不得生，外謀無由起矣。昭公不覺，果殺於傅瑕，二子死而厲公入，此其效也。《詩》云：‘惟虺惟蛇，女子之祥。’鄭昭公殆以女子敗矣。”【今注】昭公：姬姓，名忽，鄭莊公長子，鄭厲公姬突的兄長。

［17］【今注】康王：即周康王，在位時期，重用召公、畢公，繼續推行成王政策，平定東夷叛亂，加强統治，史稱“成康之治”。晏：遲，晚。

［18］【李賢注】《前書》曰：“佩玉晏鳴，《關雎》歎之。”《音義》曰：“后夫人，雞鳴佩玉去君所。周康王后不然，故詩人歎而傷之。此事見《魯詩》，今亡失也。”【今注】案，有關《關雎》詩旨的認識，歷來大致有幾種觀點。一是孔子“樂而不淫，哀而不傷”的觀點，認爲“《關雎》以色喻於禮”。二是漢代“刺詩”

説。如《史記·十二諸侯年表》："周道缺，詩人本之衽席，《關雎》作。"《論衡·謝短篇》曰："周衰而詩作，蓋康王時也，康王德缺於房，大臣刺晏，故《詩》作。"三是《毛詩序》的"后妃之德"説。如《序》云："樂得淑女以配君子，憂在進賢，不淫其色，哀窈窕、思賢才，而無傷善之心焉，是《關雎》之義也。"四是匡衡的后妃"情操之正"説。《詩集傳》卷一引漢匡衡曰："窈窕淑女，君子好逑，言能致其貞淑，不貳其操；情欲之感，無介乎容儀；宴私之意，不形乎動静。夫然後可以配至尊而爲宗廟主。此綱紀之首，王化之端也。"

［19］【今注】女謁：通過嬖人、女寵干求請託。　讒夫：即讒人，説壞話陷害别人之人。

［20］【今注】苞苴：賄賂。

［21］【李賢注】《説宛》曰："湯自伐桀後（桀，大德本作'紂'，誤），大旱七年，洛川竭，使人持三足鼎祝於山川曰：'政不節邪？使人疾邪？苞苴行邪？讒夫昌邪？宫室榮邪？女謁行邪？何不雨之極！'言未已而天大雨。"【今注】殷湯：即商湯，姓子，名履，又稱武湯、天乙、成湯等。甲骨文稱唐大乙、高祖乙。商王朝開國君主，古代三王之一。　案，《尚書大傳·湯誓》："湯伐桀之後，大旱七年。史卜曰：'當以人爲禱。'湯乃剪髮斷爪，自以爲牲，而禱於桑林之社，而雨大至，方數千里。"疏證："《尸子》曰：'湯之救旱，素車白馬，布衣身嬰白茅，以身爲牲。當此之時，絃歌舞者禁之。'《吕氏春秋·季秋紀》曰：'昔殷克夏而天下大旱，五年不收。湯乃以身禱於桑林，曰："余一人有罪，無及萬方。萬方有罪，在余一人。無以一人之不敏，使上帝鬼神傷民之命。"於是翦其髮，麗其手，自以爲牲，用祈福於帝。民悦，雨乃大至。'《淮南子》曰：'湯爲旱，以身禱於桑林之下。'公孫弘對策曰：'湯之旱，則桀之餘烈也。'京房列對災異曰：'若夏大旱，則雩祠之，以素車白馬布衣，以身爲牲。'……《論衡·感虚》篇曰：'傳

《書》言：“湯遭旱七年，以身禱於桑林，自責以六過，天乃雨。”或言五年。’《帝王世紀》曰：‘湯自伐桀後，大旱七年，洛川竭。使人持三足鼎，祝於山川曰：“慾不節耶？使民疾耶？苞苴行耶？讒夫昌耶？宮室營耶？女謁行耶？何不雨之極也！”殷史卜曰：“當以人禱。”湯曰：“吾所請雨者，民也。若必以人禱，吾請自當。”遂齋戒，翦髮斷爪，以己爲牲，禱於桑林之社，曰：“唯予小子履，敢用玄牡，告於上天后土曰：‘萬方有罪，罪在朕躬；朕躬有罪，無及萬方。無以一人之不敏，使上帝鬼神傷民之命。”言未已而大雨至，方數千里。’”

［22］【今注】乾剛：天道剛健，又借指帝王剛健決斷。

［23］【李賢注】《易·泰卦·六五》曰“帝乙歸妹，以祉元吉”也。【今注】案，帝乙之制，元吉之祉，指“帝乙歸妹，以祉元吉”。晁福林將這句話讀作“帝乙歸妹以祉（沚），元吉”，沚，方國之名，這句話是説帝乙嫁女給沚國乃大吉之事。帝乙試圖加强殷與諸方國的關係，重新恢復商初與方國的聯姻政策，因此《易·泰卦》纔把“帝乙歸妹”視爲“元吉”的象徵（參見晁福林《説“帝乙歸妹”》，《中華文史論叢》1986年第1期）。帝乙，姓子，名羨，商紂王（帝辛）之父。

［24］【李賢注】艷妻，周幽王后褒姒也。皇甫卿士等皆后之黨，用后嬖寵而居位也。《詩》曰（曰，大德本、殿本作“云”）“皇甫卿士，艷妻煽方處”也。【今注】皇甫：又作“皇父”，周幽王時期的寵臣。

［25］【今注】案，禎，紹興本、大德本、殿本皆作“禎”。

［26］【李賢注】殷王太戊時，桑穀共生於朝，修德而桑穀死。景公時，熒惑守心，修德而星退舍。並見《史記》。【今注】殷戊：即商王太戊，名伷，在位時期，重用伊陟、巫咸輔佐朝政，修德撫民，使得商朝再度興盛。　宋景：即宋景公，名欒，在位時期，熒惑守心（火星居於心宿）對宋國不利，景公修德，使熒惑

退去。

二年，代唐珍爲司空，[1]以灾異免。[2]復拜光禄大夫，秩中二千石。五年，代袁隗爲司徒。[3]是時朝廷爵授，多不以次，[4]而帝好微行，[5]遊幸外苑。賜復上疏曰："臣聞天生蒸民，[6]不能自理，[7]故立君長使司牧之，[8]是以唐虞兢兢業業，[9]周文日昃不暇，[10]明慎庶官，[11]俊乂在職，[12]三載考績，[13]以觀厥成。[14]而今所序用無佗德，[15]有形埶者，[16]旬日累遷，守真之徒，[17]歷載不轉，勞逸無別，善惡同流，《北山》之詩，[18]所爲訓作。[19]又聞數微行出幸苑囿，觀鷹犬之埶，極槃遊之荒，[20]政事日墮，[21]大化陵遲。[22]陛下不顧二祖之勤止，[23]追慕五宗之美蹤，[24]而欲以望太平，是由曲表而欲直景，[25]卻行而求及前人也。[26]宜絶慢傲之戲，[27]念官人之重，[28]割用板之恩，慎貫魚之次，[29]無令醜女有四殆之歎，[30]遐邇有憤怨之聲。[31]臣受恩偏特，[32]忝任師傅，[33]不敢自同凡臣，括囊避咎。[34]謹自手書密上。"

[1]【今注】唐珍：字惠伯，潁川（今河南禹州市）人。歷任司隸校尉、太常、司空等官。

[2]【今注】案，《資治通鑑》卷四九《漢紀》孝安皇帝永安元年云："秋，九月，庚午，太尉徐防以災異、寇賊策免。三公以災異免，自防始。"

[3]【今注】袁隗：字次陽，汝南汝陽（今河南商水縣）人。東漢太傅，袁紹、袁術之叔。

［4］【今注】次：爵次，爵位等級。

［5］【今注】微行：易服出行或私訪。

［6］【今注】蒸民：衆民、百姓。

［7］【李賢注】蒸，衆也。【今注】自理：自然治理。

［8］【李賢注】司，主也。牧，養也。

［9］【李賢注】兢兢，誡慎（誡，大德本、殿本作“戒”）。業業，危懼。《尚書·皋陶謨》曰：“兢兢業業，一日二日萬機。”【今注】唐虞：唐堯和虞舜的合稱。　兢兢業業：謹慎戒懼。

［10］【李賢注】《尚書》曰：“文王自朝至於日中仄（仄，大德本、殿本作‘昃’），弗遑暇食。”【今注】日昃：太陽西斜，約下午兩點左右。

［11］【今注】明慎：明察審慎。　庶官：衆官。

［12］【今注】俊乂：又作“俊艾”，指俊德治能之人。

［13］【李賢注】《尚書》曰“三載考績，黜陟幽明”也。

［14］【今注】厥：代詞，其。

［15］【今注】佗：别的，其他的。大德本、殿本作“他”。

［16］【今注】形埶：權勢，權位。

［17］【今注】守真：保持本性。

［18］【今注】案，《詩·小雅·北山》講述了小臣獨自奔波勞苦，而士大夫間勞役不均的怨憤之作。

［19］【李賢注】《詩·小雅》曰：“陟彼北山，言採其杞。偕偕士子，朝夕從事。大夫不均，我從事獨賢。”

［20］【李賢注】槃，樂也。《詩》曰（曰，大德本、殿本作“云”）：“槃于遊田。”《書》曰：“内作色荒，外作禽荒。”【今注】荒：放縱、迷亂。

［21］【李賢注】許規反（反，大德本、殿本作“切”）。【今注】隳：荒廢。

［22］【今注】大化：廣大深遠的教化。　陵遲：敗壞，衰敗。

［23］【李賢注】二祖，高祖、光武也。《詩》曰："文王既勤止。"【今注】勤止：勤勞。止，語氣助詞。

［24］【李賢注】文帝太宗、武帝世宗、宣帝中宗、明帝顯宗、章帝肅宗也。【今注】蹤：足迹。

［25］【今注】曲表：彎曲的標杆。　景：通"影"。

［26］【李賢注】《孫卿子》曰："猶立枉木而求其影之直也。"《韓詩外傳》曰："夫明鏡所以照形也，往古所以知今也。夫知惡往古之惡而不知修今之善，惡往古之所以危亡而不知襲積其所以安存，則無以異乎卻行而求逮於前人也。"【今注】卻行：倒退而行。

［27］【今注】慢傲：輕慢，驕傲。　戲：戲謔。

［28］【今注】官人：做官的人，群吏。

［29］【李賢注】板謂詔書也。《易·剥卦》曰："貫魚，以宫人寵。"言王者御宫人，如貫魚之有次序也。【今注】用板：使用詔書。　貫魚之次：案，高亨《周易大傳今注》曰："貫，穿也。貫魚者個個相次，不得相越，以喻人有排定之順序。以，用也。宫人，統治者之嬪妾之總稱。寵，愛也。爻辭言：統治者如貫魚之排定順序，用宫人而寵愛之，輪流當夕，則宫人不致争寵吃醋，相妒相軋，乃無不利。"（齊魯書社2015年版，第198頁）

［30］【李賢注】劉向《列女傳》曰："鍾離春者，齊無鹽邑之女，齊宣王之正后也。其爲人也，極醜無雙，臼頭深目，長壯大節，卬鼻結喉，肥項少髮，折腰出匈（出匈，大德本、殿本作'凸胷'），皮膚若漆。年四十，行嫁不售，自謁宣王，舉手拊膝曰：'殆哉！殆哉！'曰：'今王之國，西有衡秦之患，南有强楚之讎，外有二國之難，一旦山陵崩弛，社稷不安，此一殆也。漸臺五重，萬人罷極，此二殆也。賢者伏匿於山林，諂諛者强於左右（者，大德本、殿本作"被"），此三殆也。飲酒沈湎，以夜繼晝，外不脩諸侯之禮，内不秉國家之政，此四殆也。'"【今注】

四殆：四件危險的事。殆，危也。

［31］【今注】遐邇：遠近。

［32］【今注】偏特：獨特，非同一般。

［33］【今注】忝：謙辭，表示慚愧。

［34］【李賢注】括，結也。《易》曰："括囊無咎無譽。"【今注】括囊：結扎口袋，比喻緘口不言。

後坐辟黨人免。[1]復拜光禄大夫。光和元年，[2]有虹蜺晝降於嘉德殿前，[3]帝惡之，引賜及議郎蔡邕等入金商門崇德署，[4]使中常待曹節、王甫問以祥異禍福所在。[5]賜仰天而歎，謂節等曰："吾每讀《張禹傳》，未嘗不憤恚歎息，既不能竭忠盡情，極言其要，而反留意少子，乞還女壻。[6]朱游欲得尚方斬馬劍以理之，固其宜也。[7]吾以微薄之學，充先師之末，累世見寵，無以報國。猥當大問，[8]死而後已。"乃書對曰："臣聞之經傳，或得神以昌，或得神以亡。[9]國家休明，[10]則鑒其德；邪辟昏亂，[11]則視其禍。今殿前之氣，應爲虹蜺，皆妖邪所生，不正之象，詩人所謂蝃蝀者也。[12]於《中孚經》曰：'蜺之比，無德以色親。'[13]方今内多嬖倖，外任小臣，[14]上下並怨，諠譁盈路，是以灾異屢見，前後丁寧。[15]今復投蜺，可謂孰矣。[16]案《春秋讖》曰：'天投蜺，天下怨，海内亂。'[17]加四百之期，亦復垂及。[18]昔虹貫牛山，管仲諫桓公無近妃宫。[19]《易》曰：'天垂象，見吉凶，聖人則之。'[20]今妾媵嬖人閹尹之徒，[21]共專國朝，欺罔日月。[22]又鴻都門下，[23]招會群小，造作賦説，以蟲篆小技見寵於時，[24]如驩兜、共工更相薦説，[25]旬月之間，並各拔擢，樂松處常伯，[26]任芝居納言。郄儉、梁鵠俱以便辟之性，[27]佞辯之心，[28]各受豐爵不次之寵，[29]而令搢紳之徒委伏畎畝，[30]口誦堯舜之言，身蹈絶俗之行，棄捐溝壑，不見逮及。[31]冠履倒易，陵谷代處，[32]從小人之邪意，順無知之私欲，不念《板》《蕩》之作，虺蜴之誡。[33]殆哉之危，莫過於今。[34]幸賴皇天垂象譴告。[35]《周書》曰：'天子見怪則修德，諸侯見怪則修政，卿大夫見怪則修職，士庶人見怪則修身。'[36]惟陛下慎經典之誡，[37]圖變復之道，[38]斥遠佞巧之臣，速徵鶴鳴之士，[39]内親張仲，外任山甫，[40]斷絶尺一，[41]抑止槃游，留思庶政，[42]無敢怠遑。[43]冀上天還威，衆變可弭。[44]老臣過受師傅之任，數蒙寵異之恩，豈敢愛惜垂没之年，而不盡其慺慺之心哉！"[45]書奏，[46]甚忤曹節等。[47]蔡邕坐直對抵罪，[48]徙朔方。[49]賜以師傅之恩，故得免咎。

[1]【今注】黨人：東漢桓靈時期，以李膺等人爲首的反對、抨擊宦官的士大夫、太學生集團。

[2]【今注】光和：東漢靈帝劉宏年號（178—184）。

[3]【李賢注】《洛陽記》，殿在九龍門内。郭景純注《爾雅》曰："雙出，色鮮盛者爲雄，曰虹；闇者爲雌，曰蜺。"【今注】虹蜺：雨後或日出、日落之際天空中出現的七色圓弧。虹蜺有内外二環，内環稱虹，也稱正虹、雄虹；外環稱蜺，也稱副虹、雌虹。嘉德殿：位於東漢洛陽南宫，靈帝駕崩於此。

[4]【李賢注】戴延之《西征記》曰："太極殿西有金商門。"

【今注】議郎：官名。秦置，兩漢沿置，秩比六百石，侍從皇帝左右，掌顧問應對，無常事，唯詔令所使。漢代議郎特徵賢良方正敦朴有道第者。　蔡邕：字伯喈，陳留圉（今河南杞縣）人。東漢名臣、文學家，蔡文姬之父。傳見本書卷六〇下。　金商門：位於南宮太極殿西。西爲金，主義，音爲商，若秋氣之殺萬物，抗天子德義之聲。故立金商門於西。　崇德署：即崇德殿署内。惠棟《後漢書補注》引《蔡邕集》云："光和元年七月十日，詔書尺一，召光禄大夫楊賜，諫議大夫馬日磾，議郎張華、蔡邕，太史令單颺詣金商門，引入崇德殿署門内南辟幃中爲都坐，漏入未盡三刻，中常侍育陽侯曹節、冠軍侯王甫從東省出就都坐。"

［5］【今注】曹節：字漢豐，南陽新野（今河南新野縣）人。因擁戴漢靈帝有功，封長安鄉侯。後因誅殺竇武、陳蕃等人，進封育陽縣侯。傳見本書卷七八。

［6］【李賢注】張禹，成帝時爲丞相，以師傅恩，禹每疾，輒以起居聞，車駕日臨問之，拜禹牀下。禹頓首謝恩，言"老臣有四男一女，愛女甚於男，遠嫁爲張掖太守蕭咸妻，不勝父子私情，思與女相近"。上即時徙咸爲弘農太守。又禹（禹，大德本、殿本作"屬"）少子未有官，上臨候禹，禹數視其少子，上即禹牀下拜爲黄門給事中也。【今注】張禹：字子文，河内軹（今河南濟源市）人，西漢成帝師傅，官至丞相。傳見《漢書》卷八一。　憤恚：怨恨。

［7］【李賢注】朱雲字游。張禹以帝師尊重，雲上書求見，公卿在前，雲曰："今朝廷大臣不能匡主，臣願得尚方斬馬劍，斷佞臣一人頭，以厲其餘。"上問："誰也?"對曰："安昌侯張禹。"尚方，少府之屬官也，作供御器物，故有斬馬劍，利可以斬馬也。並見《前書》。【今注】朱游：即朱雲，字游，魯人，爲人狂直，敢直諫，當廷彈劾帝師張禹爲佞臣，因左將軍辛慶忌死争獲赦，留下"折檻"典故。自後不復仕，晚年教授生徒，卒於家。傳見

《漢書》卷六七。　尚方：秦置，漢因之，主作禁器物，即皇室所用刀劍兵器及玩好之物。西漢武帝時分置中、左、右三令。東漢時置一尚方。

［8］【今注】猥：謙辭，表示微賤。　大問：指帝王的垂詢。大，大德本作“犬”。

［9］【李賢注】《左傳》曰：“有神降于莘，周内史過曰：‘國之將興，明神降之，監其德也。將亡，神又降之，觀其惡也。故有得神以興，亦有以亡。’”《國語》曰“昔夏之興也，祝融降於崇山；其亡也，回禄信於黔遂。商之興也，檮杌次於平山；其亡也，夷羊在牧。周之興也，鸑鷟鳴於岐山；其衰也，杜伯射王於鄗”也。

［10］【今注】休明：美好清明。

［11］【今注】邪辟：又作“邪僻”，指乖謬不正。

［12］【李賢注】《韓詩序》曰：“蝃蝀，刺奔女也。蝃蝀在東，莫之敢指，詩人言蝃蝀在東者，邪色乘陽，人君淫佚之徵。臣子爲君父隱臧（臧，大德本、殿本作‘藏’），故言莫之敢指。”蝃音帝。蝀音董。【今注】蝃蝀：虹的别稱。見於《詩·鄘風·蝃蝀》，詩人藉此諷刺女子私奔。

［13］【李賢注】《易稽覽圖·中孚經》之文也。比，類也。鄭玄注曰：“霓（霓，大德本、殿本作‘蜺’），邪氣也。陰無德，以好色得親幸於陽也。”【今注】案，《逸周書·時訓篇》：“虹不見，婦人苞亂……虹不藏，婦不專一。”《毛詩》曰：“夫婦過禮則虹氣盛。”《春秋潛潭巴》：“虹蜺主内淫。”京房《易傳》：“蜺，旁氣也，其占云，妻乘夫則見之，陰勝陽之表也。”

［14］【今注】小臣：這裏指宦官。

［15］【今注】丁寧：告誡。

［16］【李賢注】孰，成也。

［17］【李賢注】《春秋演孔圖》曰：“霓者，斗之亂精也。失

度投霓見。”宋均注曰：“投霓，投應也。”【今注】案，《吕氏春秋・節喪篇》高誘注：“虹，陰陽交氣也。”

［18］【李賢注】漢終于四百年，解見《獻帝紀》。【今注】垂及：將至。

［19］【李賢注】《春秋文曜鉤》曰：“白虹貫牛山，管仲諫曰：‘無近妃宫，君恐失權。’齊侯大懼，退去色黨，更立賢輔，使后出望，上牛山四面聽之，以厭神。”宋均注曰：“山，君位也。虹蜺，陰氣也。陰氣貫之，君惑於妻黨之象也。望謂祭以謝過也。”流俗本“山”作“升”者，誤也。【今注】牛山：位於今山東淄博市。　管仲：名夷吾，字仲，潁上人。春秋時期齊國國相，輔佐齊桓公，助齊稱霸。傳見《史記》卷六二。　桓公：齊桓公，姓吕，名小白，姜氏。春秋時期齊國國君，春秋五霸之首，與晉文公並稱“齊桓晉文”。

［20］【李賢注】上繫之詞。則，效也。【今注】案，《周易・繫辭上》：“天垂象，見吉凶，聖人象之；河出圖，洛出書，聖人則之。”

［21］【今注】媵：古代嫁女必姪娣從，謂之媵。《公羊傳》莊公十九年：“媵謂何？諸侯娶一國，則二國往媵之，以姪娣從。”　嬖人：愛幸小人也。　閹尹：宫官之長。《吕氏春秋・仲冬》高誘注：“閹，宫官；尹，正也。”

［22］【今注】日月：借指皇帝和皇后。《禮記・昏義》：“故天子與后，猶日之與月。”

［23］【今注】鴻都門下：東漢靈帝光和元年（178）設在鴻都門的學校，專習辭賦書畫，拜授官爵。本書卷六〇下《蔡邕傳》：“光和元年，遂置鴻都門學，畫孔子及七十二弟子像。其諸生皆勑州郡三公舉用辟召，或出爲刺史、太守，入爲尚書、侍中，乃有封侯賜爵者，士君子皆恥與爲列焉。”

［24］【李賢注】《法言》曰“賦者，童子彫蟲篆刻，壯夫不

爲”也。【今注】賦説：皆古文體之一。賦，指韻文和散文的綜合文體。　蟲篆小技：猶“雕蟲小技”，比喻微不足道的技能。

［25］【李賢注】《尚書·驩兜》曰：“都，共工方鳩僝功。”【今注】驩兜共工：皆堯舜時期部落首領，與三苗、鮌合稱“四凶”（或“四佞”），均被流放。

［26］【今注】常伯：周官名。輔佐君主管理民事的大臣。後因以稱皇帝的近臣，這裏指侍中。

［27］【今注】便辟：諂媚逢迎。

［28］【今注】佞辯：諂媚、巧言善辯。

［29］【今注】豐爵：尊顯、高大的爵位。　不次：不按正常次序，猶言破格。《漢書》卷六五《東方朔傳》顔師古注：“不拘常次，言超擢也。”

［30］【今注】搢紳：將笏版插於腰帶。古代仕宦者冠帶搢紳，故以“搢紳”指代士大夫。　委伏：委棄埋没。　畎畝：田畝。

［31］【今注】逮及：追上、趕上。

［32］【李賢注】《楚詞》曰：“冠履兮雜處。”《詩》曰“高岸爲谷，深谷爲陵”也。

［33］【李賢注】《詩大雅序》曰：“板，凡伯刺厲王也。”其詩曰：“上帝板板，下人卒癉。”“蕩，邵穆公傷周室大壞也（邵，大德本、殿本作‘召’）。”其詩曰：“蕩蕩上帝，下人之辟。”又云：“哀今之人，胡爲虺蜴。”注云：“蜴，蠑螈也。虺蜴之性，見人則走。哀哉，今之人何爲如是！傷時政也。”【今注】板：即《詩·大雅·板》。這是借批評同僚之名來勸告厲王的詩。本書卷六三《李固傳》：“刺周王變祖法度，故使下民將盡病也。”　蕩：即《詩·大雅·蕩》。這是詩人哀傷厲王無道，周室將亡的詩。《毛序》：“蕩，召穆公傷周室大壞也。厲王無道，天下蕩蕩然無綱紀文章，故作是詩也。”　虺（huǐ）蜴：毒蛇和蜥蜴。

［34］【李賢注】無鹽之詞也（殿本“鹽”字後有“女”字

且句末無“也”字)，解見上。

［35］【今注】垂象：垂示徵兆。

［36］【今注】案，王應麟《玉海》卷三七謂：“漢小説家《虞初周説》，應劭謂以《周書》爲本。《説文》《爾雅》注引《逸周書》，楊賜‘修德修政’之言，《馮衍傳》注‘小開篇’，《馬相如傳》注‘王季宅程’，唐《大衍曆議》‘維元祀二月丙辰朔，武王訪于周公’，又‘《竹書》：十一年庚寅，周始伐商’，《文選》注‘周史梓闕之夢’，皆是書也。”

［37］【今注】案，惟，大德本、殿本作“唯”。

［38］【李賢注】謂變改而銷復之。【今注】案，王輝《論衡校釋》卷五指出，“章懷於《顗傳》注謂‘明于變異銷復之術’，於《賜傳》注謂‘變改而修復’。二注不同，由不知變復爲陰陽五行家之一術耳”。（中華書局 2006 年版，第 241 頁）今案，王充《論衡·明雩》：“旱久不雨，禱祭求福，若人之疾病，祭神解禍矣，此變復也。”

［39］【今注】鶴鳴之士：隱居荒野、脩身自守的賢能之士。《資治通鑑》卷五七《漢紀》孝靈皇帝光和元年胡三省注：“鶴鳴之士，言士之脩身踐言，爲時所稱者也。”

［40］【李賢注】《詩》曰：“張仲孝友。”又曰：“衮職有闕，仲山甫補之。”皆周宣王賢臣也。【今注】張仲：周宣王賢臣，以孝友爲人稱道。《毛傳》：“張仲，賢臣也。善父母爲孝，善兄弟爲友。使文武之臣征伐，與孝友之臣處内。”　山甫：即仲山甫。封地在樊，爲樊國之君，周宣王賢臣。

［41］【今注】尺一：又稱“尺一牘”“尺一板”。古時詔板一尺一寸，故天子詔書爲“尺一”。

［42］【今注】庶政：各種政務。

［43］【今注】怠遑：懈怠而寬暇。

［44］【今注】案，弭，大德本、殿本作“彌”。

[45]【李賢注】慺慺猶勤勤也（後一“勤”字大德本作“勁”）。音力侯反。【今注】慺慺：勤懇貌。

[46]【今注】案，書，大德本作“曹”。

[47]【今注】案，甚，大德本作“其”。

[48]【今注】案，本書《蔡邕傳》：“有詔減死一等，與家屬髡鉗徙朔方，不得以赦令除。”

[49]【今注】朔方：郡名。西漢武帝元朔二年（前127）置，治朔方縣（今内蒙古杭錦旗東北什拉召古城），東漢時治所遷至臨戎縣（今内蒙古磴口縣北），順帝永和五年（140）徙治五原縣（今内蒙古烏拉特前旗東南）。

其冬，行辟雍禮，[1]引賜爲三老。[2]復拜少府、光禄勳，代劉郃爲司徒。[3]帝欲造畢圭靈琨苑，[4]賜復上疏諫曰：“竊聞使者並出，規度城南人田，[5]欲以爲苑。昔先王造囿，裁足以脩三驅之禮，[6]薪萊芻牧，[7]皆悉往焉。先帝之制，左開鴻池，右作上林，[8]不奢不約，[9]以合禮中。[10]今猥規郊城之地，以爲苑囿，壞沃衍，[11]廢田園，驅居人，畜禽獸，殆非所謂‘若保赤子’之義。[12]今城外之苑已有五六，[13]可以逞情意，順四節也，[14]宜惟夏禹卑宫，[15]太宗露臺之意，[16]以尉下民之勞。”[17]書奏，帝欲止，以問侍中任芝、中常侍樂松。[18]松等曰：“昔文王之囿百里，[19]人以爲小；齊宣五里，人以爲大。[20]今與百姓共之，[21]無害於政也。”帝悦，遂令築苑。

[1]【今注】辟雍：周代天子教育子弟設立的學堂。漢代作爲尊儒學、行典禮的場所。《漢官儀》：“辟雍去明堂三百步。車駕臨

辟雍，從北門入。三月、九月，皆於中行鄉射禮。”

［2］【今注】三老：掌教化，以德行、年耆高者爲之。東漢有國三老、郡三老、縣三老、鄉三老。案，本書《禮儀志上》：“養三老、五更之儀，先吉日，司徒上太傅若講師故三公人名，用其德行年耆高者一人爲老，次一人爲更也。皆服都紵大袍單衣，皁緣領袖中衣，冠進賢，扶王杖。五更亦如之，不杖。皆齋于太學講堂。其日，乘輿先到辟雍禮殿，御坐東廂，遣使者安車迎三老、五更。天子迎于門屏，交禮，道自阼階，三老升自賓階。至階，天子揖如禮。三老升，東面，三公設几，九卿正履，天子親袒割牲，執醬而饋，執爵而酳，祝鯁在前，祝饐在後。五更南面，公進供禮，亦如之。明日皆詣闕謝恩，以見禮遇大尊顯故也。”

［3］【今注】劉郃：字季承，東漢河間王宗室，光禄大夫劉儵之弟，中常侍程璜女婿。

［4］【今注】畢圭：即蓽閨苑，位於洛陽宣平門外。今上海博物館藏瓦鈕方形銅印見“蓽閨苑監”印章，爲管理本苑官員的官印。　靈琨苑：或作“靈昆苑”，位於洛陽城南。東漢靈帝光和三年（180）作。

［5］【今注】規度：規劃，測量。

［6］【今注】裁：通“才”。僅僅。　三驅之禮：古代天子圍獵，三方驅圍，開一面之罔，來者不拒，去者不追。

［7］【今注】萊：動詞，割草。　芻：即芻稿，乾草，可作飼料。

［8］【李賢注】鴻池在洛陽東，上林在西。【今注】鴻池：位於漢魏洛陽故城東二十里。　上林：在今河南洛陽市東，漢魏洛陽故城西。

［9］【今注】約：猶少也，簡約。

［10］【今注】禮中：謂切合禮節，儀節得體。

［11］【李賢注】杜預注《左傳》曰：“衍沃，平美之地也。”

【今注】沃衍：平坦肥美的土地。

［12］【李賢注】《書》曰“若保赤子，唯人其康乂”也。【今注】赤子：比喻百姓。

［13］【李賢注】陽嘉元年起西苑，延熹二年造顯陽苑。洛陽宫殿名有平樂苑、上林苑。桓帝延熹元年置鴻德苑也。

［14］【李賢注】逞，快也。四節謂春蒐、夏苗、秋獮、冬狩也。

［15］【李賢注】孔子曰“禹惡衣服，卑宫室”也。【今注】夏禹：又稱“大禹”，夏后氏首領，夏朝第一位君主。　卑宫：使宫室簡陋。

［16］【李賢注】文帝欲作露臺，召匠計之，直百金。帝曰“百金，中人十家之産。吾奉先帝宫室，常恐羞之，何以臺爲”也。【今注】露臺：露天之臺，其上無所遮蔽，多用於演奏，後世神廟亦多設露臺。

［17］【今注】尉：通“慰”。

［18］【今注】樂松：見中常侍、侍中、侍中祭酒、奉車都尉、鴻都文學等身份，錢大昕《廿二史考異》卷一二《後漢書三》按：“中常侍惟宦者爲之，樂松初爲鴻都文學，見《酷吏·陽球傳》。繼爲侍中祭酒，見《蔡邕傳》。又爲奉車都尉，見《劉陶傳》。皆非宦者之職。賜前上書言‘樂松處常伯’，漢人稱侍中爲常伯，則松官侍中明矣。此云‘中常侍’，誤也。”

［19］【今注】文王：姬昌，又稱“西伯昌”，史稱“周文王”，周朝的奠基者。

［20］【李賢注】《孟子》齊宣王問曰：“文王之囿方七十里，人猶以爲小；寡人之囿方四十里，人猶以爲大。何也？”曰：“文王之囿方七十里，芻蕘者往焉，雉菟者往焉（菟，殿本作‘兔’），與人同之，人以爲小，不亦宜乎？”此云文王百里，齊宣五里，與《孟子》不同也（與，大德本作“爲”）。【今注】齊

宣：齊宣王，田氏，齊威王之子，戰國時齊國國君。　案，《春秋公羊傳解詁》何注云："天子囿方百里，公侯十里，伯七里，子男五里，皆取一也。"

［21］【今注】共：相同，一樣。

四年，賜以病罷。[1]居無何，[2]拜太常，詔賜御府衣一襲，[3]自所服冠幘綬，[4]玉壺革帶，[5]金錯鉤佩。[6]

［1］【今注】罷：免去。案，秦漢時期，病滿三月當免。

［2］【今注】無何：不多時，不久。

［3］【李賢注】衣單複具曰襲。【今注】御府：天子的府庫，所藏皆御用器物。

［4］【今注】幘：古人包扎髮髻的頭巾。　綬：絲帶，古代用以繫佩玉、官印。

［5］【今注】玉壺：玉製的壺型佩飾。　革帶：皮做的束帶。《晉書·輿服志》："革帶，古之鞶帶也，謂之鞶革，文武衆官牧守丞令下及騶寺皆服之。其有囊綬，則以綴於革帶，其戎服則以皮絡帶代之。"

［6］【李賢注】金錯，以金間錯其文。【今注】鉤佩：帶鈎佩飾。于省吾《雙劍誃諸子新證·墨子一》："鉤謂帶鉤。近世出土之晚周帶鉤習見，其花紋多錯金銀以爲飾。"（于省吾：《雙劍誃諸子新證》，上海書店出版社 1999 年版，第 263 頁）

五年冬，復拜太尉。中平元年，[1]黄巾賊起，[2]賜被召會議詣省閤，[3]切諫忤旨，[4]因以寇賊免。

［1］【今注】中平：東漢靈帝劉宏年號（184—189）。

[2]【今注】黄巾賊：東漢末年，以張角爲首的農民軍起義，因起義者頭綁黄巾，以爲記號，故稱“黄巾”或“蛾賊”。

[3]【今注】省閣：這裏指中樞機構。省指省中、禁中，閣指宫中便道。

[4]【今注】忤旨：忤逆聖旨。

先是黄巾帥張角等執左道，[1]稱大賢，[2]以誑燿百姓，[3]天下繦負歸之。[4]賜時在司徒，召掾劉陶告曰：“張角等遭赦不悔，[5]而稍益滋蔓，[6]今若下州郡捕討，恐更騷擾，速成其患。且欲切勑刺史、二千石，[7]簡别流人，[8]各護歸本郡，以孤弱其黨，然後誅其渠帥，[9]可不勞而定，何如?”陶對曰：“此孫子所謂不戰而屈人之兵，廟勝之術也。”[10]賜遂上書言之。會去位，[11]事留中。[12]後帝徙南宫，閲録故事，[13]得賜所上張角奏及前侍講注籍，[14]乃感悟，下詔封賜臨晉侯，邑千五百户。[15]初，賜與太尉劉寬、司空張濟[16]並入侍講，自以不宜獨受封賞，上書願分户邑於寬、濟。帝嘉歎，復封寬及濟子，拜賜尚書令。數日出爲廷尉，賜自以代非法家，[17]言曰：“三后成功，[18]惟殷于民，皋陶不與焉，蓋吝之也。”[19]遂固辭，以特進就弟。[20]

[1]【今注】張角：巨鹿（今河北平鄉縣）人，東漢太平道創始人、黄巾起義首領。　左道：旁門邪道。《禮記·王制》：“執左道以亂政，殺。”鄭玄注：“左道，若巫蠱及俗禁。”孔穎達疏：“盧（盧植）云：左道謂邪道。地道尊右，右爲貴，故《漢書》云‘右賢左愚’‘右貴左賤’。故正道爲右，不正道爲左。”

[2]【今注】大賢：才能和德行均超凡脱衆。

［3］【今注】誑燿：欺騙、迷惑。

［4］【今注】繦負：用布包裹小兒而負於背。繦，通“襁”。《説文》：“襁，負兒衣。”

［5］【今注】案，本書卷八《靈帝紀》：“壬子，大赦天下黨人，還諸徙者，唯張角不赦。”李賢注：“時中常侍吕彊言於帝曰：‘黨錮久積，若與黄巾合謀，悔之無救。’帝懼，皆赦之。”

［6］【今注】滋蔓：滋生蔓延。

［7］【今注】切勑：嚴令。

［8］【今注】簡别：辨别、區分。　流人：即流民，謂脱離户籍，流食於外地之人。

［9］【今注】渠帥：這裏指起義軍首領。

［10］【李賢注】孫子曰：“未戰而廟勝，得筭多也。未戰而廟不勝，得筭少也。”【今注】孫子：這裏指孫武。《孫子兵法·謀攻》：“上兵伐謀，其次伐交，其次伐兵，其下攻城。攻城之法爲不得已。”又曰：“故善用兵者，屈人之兵而非戰也，拔人之城而非攻也，毁人之國而非久也。”　廟勝：指朝廷預先制定的克敵制勝的謀略。

［11］【今注】案，這裏指“切諫忤旨，因以寇賊免”。

［12］【李賢注】謂所論事留在禁中，未施用之。

［13］【今注】案，東漢時期，東觀作爲主要藏書機構，位於南宫。

［14］【李賢注】所注之籍録。【今注】注籍：用作記録之簿册。

［15］【李賢注】臨晉，縣，屬馮翊，故城在今同州朝邑縣西南。【今注】臨晉：縣名。治所在今陝西大荔縣東朝邑鎮東南。

［16］【李賢注】濟字元江，細陽人也（大德本、殿本無“也”字），張輔曾孫（大德本、殿本“張”前有“濟”字）。

［17］【今注】法家：古代思想流派之一，這裏指並非精通於

“峻文決理”的法家。

[18]【今注】三后：指伯夷、禹、稷。

[19]【李賢注】吝，恥也。殷，盛也。《尚書》曰：“伯夷降典，折人惟刑，禹平水土，主名山川，稷降播種，農殖嘉穀，三后成功，惟殷於人。”言皋陶不預其數者，蓋恥之。【今注】皋陶：上古時期華夏部落首領。堯舜時期，長期擔任職掌刑法的“士師”，“明於五刑，以弼五教”，被後世尊爲“司法始祖”。

[20]【今注】案，弟，大德本、殿本作“第”。

二年九月，復代張温爲司空。[1]其月薨。天子素服，[2]三日不臨朝，贈東園梓器襚服，[3]賜錢三百萬，布五百匹。[4]策曰：[5]“故司空臨晉侯賜，華嶽所挺，[6]九德純備，[7]三葉宰相，[8]輔國以忠。朕昔初載，授道帷幄，[9]遂階成勳，[10]以陟大猷。[11]師範之功，昭于内外，庶官之務，勞亦勤止。[12]七在卿校，[13]殊位特進，五登衮職，[14]弭難乂寧。[15]雖受茅土，[16]未答厥勳，[17]哲人其萎，[18]將誰諮度！[19]朕甚懼焉。[20]禮設殊等，[21]物有服章。[22]今使左中郎將郭儀持節追位特進，[23]贈司空驃騎將軍印綬。”[24]及葬，又使侍御史持節送喪，蘭臺令史十人發羽林騎輕車介士，[25]前後部鼓吹，[26]又勑驃騎將軍官屬司空法駕，[27]送至舊塋。[28]公卿已下會葬。[29]謚文烈侯。及小祥，又會焉。子彪嗣。[30]

[1]【今注】張温：字伯慎，南陽穰（今河南鄧州市）人。位至三公，封玄鄉侯。

［2］【今注】素服：本色或白色的衣服，居喪時所穿。《禮記·郊特牲》："皮弁素服"，鄭玄注："素服，衣裳皆素。"

［3］【今注】東園：少府官署，掌陵墓内器物、葬具的製造與供應。　梓器：棺槨，常以梓木製作。　襚服：贈送給死人穿的衣服。

［4］【今注】案，五，大德本作"三"。

［5］【今注】策：天子下發的文書。蔡邕《獨斷》卷上："天子之言曰制詔，其命令，一曰策書，二曰制書，三曰詔書，四曰戒書。"

［6］【今注】華嶽：華山。

［7］【李賢注】挺，生也。九德即《皋陶謨》九德。【今注】九德：謂寬而栗，柔而立，愿而恭，亂而敬，擾而毅，直而温，簡而廉，剛而塞，强而義。

［8］【今注】三葉：三世。楊震、楊秉、楊賜三世三公。

［9］【李賢注】《詩·大雅》曰："文王初載。"毛萇注云："載，識也。"【今注】初載：初期。《詩·大雅·大明》孔穎達疏："文王初載，謂其幼小始有識知，故以載爲識也。"

［10］【今注】階：憑借。　成勳：成就功勳。

［11］【今注】陟：登也。　大猷：大道。

［12］【今注】案，《詩·周頌·賚》："文王既勤止，我應受之。"

［13］【今注】案，楊賜歷任侍中、越騎校尉、少府、光禄勳、光禄大夫、太常、廷尉等職。

［14］【今注】衮職：王職。這裏指太尉、司徒、司空之職，皆宰相之任。《詩·大雅·烝民》："衮職有闕，惟仲山甫補之。"鄭箋："衮職者，不敢斥王之言也。王之職有闕，輒能補之者，仲山甫也。"

［15］【今注】弭難：消除災難。弭，大德本、殿本作"彌"。

乂寧：太平安寧。

［16］【今注】茅土：指王侯的封爵。

［17］【今注】答：當也。　厥：代詞，其。

［18］【今注】哲人：智慧卓越的人。這裏指楊賜。《詩·大雅·抑》："其維哲人，告之話言。"　萎：凋謝。指死亡。

［19］【今注】諮度：咨詢、商議。

［20］【李賢注】《禮記》曰："孔子負手曳杖，消揺於門，歌曰：'太山其積乎，梁木其壞乎，哲人其萎乎！'"

［21］【今注】殊等：不同等級、地位。

［22］【今注】服章：這裏指官階服章，指不同官階身份的服飾。《左傳》宣公十五年："君子小人，物有服章。"杜預注："尊卑别也。"

［23］【李賢注】《前書》，張禹爲丞相，以老罷就弟（弟，大德本、殿本作"第"），以列侯朝朔望，位特進，見禮如丞相。《漢雜事》曰："諸侯功德優盛，朝廷所敬異，賜位特進，在三公下。"【今注】持節：古代使臣出行，持符節爲憑證，節長一尺二寸。　特進：漢代加官頭銜，位在三公下，可自辟僚屬。

［24］【今注】驃騎將軍：武官名。西漢武帝元狩二年（前121）始置，秩比大將軍，位同三公。

［25］【李賢注】《續漢志》："輕車，古之戰車也，洞朱輪輿（洞，大德本作'同'，殿本作'彤'），不巾不蓋，菑矛戟幢麾。"菑音側事反。菑謂插也。【今注】蘭臺令史：漢代御史中丞居殿中蘭臺，下設令史，是爲蘭臺令史，職掌書奏及印工文書，兼職從事"典校秘書"。《論衡·别通篇》曰："（蘭臺）令史雖微，典國道藏，通人所由進，猶博士之官，儒生所由興也。"今山東青州出土"蘭臺令史殘碑"。　羽林騎：西漢武帝太初元年（前104）初置，名曰建章營騎，後更名羽林騎。掌送從，次期門。又取從軍死事之子孫養羽林，官教以五兵，號曰羽林孤兒。羽林有令丞。宣

帝令中郎將、騎都尉監羽林，秩比二千石。　介士：即甲兵、兵士。

［26］【今注】鼓吹：古代樂器合奏，用於朝會、行路及軍中儀仗。四川成都東鄉青杠坡三號墓及揚子山一號墓出土見漢代“騎吹畫像磚”。

［27］【今注】法駕：天子車駕之一種。《史記》卷九《吕太后本紀》裴駰《集解》引蔡邕曰：“天子有大駕、小駕、法駕。法駕上所乘，曰金根車，駕六馬，有五時副車，皆駕四馬，侍中參乘，屬車三十六乘。”

［28］【李賢注】《續漢志》“三公、列侯車，倚鹿，伏熊，黑轓，朱班輪，鹿文飛軨（軨，大德本、殿本作‘軫’），九游降龍（游，大德本、殿本作‘斿’）。騎吏四人，皆帶劍持棨戟爲前列，三百石長導從，置門下五吏，賊曹、功曹皆帶劍車道，主簿、主記兩車爲從”也。

［29］【今注】會葬：會和送葬。

［30］【李賢注】禮“朞而小祥”，“又朞而大祥”。鄭玄注曰（曰，大德本、殿本作“云”）：“祥，吉也，言其漸即吉也。”【今注】小祥：去世一周年的祭名。《禮記·間傳》：“父母之喪，既虞卒哭，疏食水飲，不食菜果。期而小祥，食菜果。”

彪字文先，少傳家學。初舉孝廉，[1]州舉茂才，辟公府，皆不應。熹平中，以博習舊聞，[2]公車徵拜議郎，[3]遷侍中、京兆尹。[4]光和中，黄門令王甫使門生於郡界辜搉官財物七千餘萬，[5]彪發其姦，言之司隸。司隸校尉陽球因此奏誅甫，[6]天下莫不愜心。[7]徵還爲侍中、五官中郎將，[8]遷潁川、南陽太守，[9]復拜侍中，三遷永樂少府、太僕、衛尉。[10]

［1］【今注】孝廉：漢代察舉科目之一。孝指孝悌，廉指清廉。《漢書》卷六《武帝紀》“元光元年冬十一月，初令郡國舉孝廉各一人”。顔師古注：“孝謂善事父母者，廉謂清潔有廉隅者。”

［2］【今注】舊聞：過往的典籍和傳聞。

［3］【李賢注】《華嶠書》曰：“與馬日磾、盧植、蔡邕等著作東觀。”

［4］【今注】京兆尹：官名。秦置内史，掌治京師。漢初沿置，景帝二年（前 155）分左、右内史，武帝太初元年（前 104）改右内史爲京兆尹，與左馮翊、右扶風合稱三輔。《説文》：“尹，治也，握事者也。”其長官亦稱“京兆尹”。

［5］【李賢注】《華嶠書》曰：“甫使門生王翹辜攉。”解見《靈帝紀》。【今注】黄門令：西漢掌宫中乘輿狗馬倡優鼓吹等事的宦官。平帝元始元年（1），黄門令爲太師於省中施坐置几。東漢黄門令主省中諸宦者，又本書《輿服志上》：“東都唯大行乃大駕。大駕，太僕校駕；法駕，黄門令校駕。”　辜攉：當作“辜榷”。搜刮，聚斂。本書卷八《靈帝紀》“豪右辜搉”李賢注引《前書音義》：“辜，障也。搉，專也。謂障餘人賣買而自取其利。”攉，紹興本、殿本作“榷”，大德本作“搉”。

［6］【今注】陽球：字方正，漁陽泉州（今天津市武清區西南）人。東漢酷吏，官至司隸校尉、衛尉。傳見本書卷七七。陽，大德本、殿本作“楊”。

［7］【今注】愜心：快意、高興。

［8］【今注】五官中郎將：官名。秦置，漢時屬光禄勳，主五官署郎，掌宫禁宿衛。東漢時，或參與征戰，或共典選舉，或將副監喪，或承制問難，或持節奉策。章帝建初元年（76），復以五官中郎將行長樂衛尉事。但事實上，東漢中後期，虎賁、羽林郎更多承擔宫禁宿衛職能，五官中郎將的宿衛作用較弱。

［9］【今注】潁川：郡名。治陽翟縣（今河南禹州市）。潁，

大德本作“潁”。　南陽：郡名。治宛縣（今河南南陽市卧龍區）。

[10]【今注】永樂少府：東漢太后屬官，掌太后服御諸物及衣服寶貨珍膳之屬。秩中二千石。

中平六年，代董卓爲司空，[1]其冬，代黄琬爲司徒。[2]明年，關東兵起，[3]董卓懼，欲遷都以違其難。[4]乃大會公卿議曰：“高祖都關中十有一世，光武宫洛陽，於今亦十世矣。案《石包讖》，[5]宜徙都長安，以應天人之意。”百官無敢言者。彪曰：“移都改制，天下大事，故般庚五遷，殷民胥怨。[6]昔關中遭王莽變亂，[7]宫室焚蕩，[8]民庶塗炭，百不一在。光武受命，更都洛邑。[9]今天下無虞，[10]百姓樂安，明公建立聖主，[11]光隆漢祚，無故捐宗廟，[12]棄園陵，恐百姓驚動，必有糜沸之亂。[13]《石包室讖》，妖邪之書，豈可信用？”卓曰：“關中肥饒，故秦得并吞六國。且隴右材木自出，[14]致之甚易。又杜陵南山下有武帝故瓦陶竈數千所，[15]并功營之，[16]可使一朝而辦。[17]百姓何足與議！若有前却，[18]我以大兵驅之，可令詣滄海。”[19]彪曰：“天下動之至易，安之甚難，惟明公慮焉。”卓作色曰：[20]“公欲沮國計邪？”[21]太尉黄琬曰：“此國之大事，楊公之言得無可思？”卓不答。司空荀爽見卓意壯，恐害彪等，因從容言曰：“相國豈樂此邪？[22]山東兵起，非一日可禁，故當遷以圖之，此秦、漢之執也。”卓意小解。[23]爽私謂彪曰：“諸君堅争不止，禍必有歸，故吾不爲也。”議罷，卓使司隸校尉宣播以灾異奏免琬、彪等，詣闕謝，[24]即拜光禄大夫。

十餘日，遷大鴻臚。從入關，轉少府、太常，以病免。復爲京兆尹、光禄勳，再遷光禄大夫。三年秋，代淳于嘉爲司空，以地震免。復拜太常。興平元年，[25]代朱儁爲太尉，録尚書事。[26]及李傕、郭汜之亂，[27]彪盡節衛主，崎嶇危難之間，幾不免於害。語在《董卓傳》。及車駕還洛陽，復守尚書令。

［1］【今注】董卓：字仲潁，隴西臨洮（今甘肅岷縣）人。東漢末年權臣。傳見本書卷七二。

［2］【今注】黄琬：字子琰，江夏安陸（今湖北雲夢縣）人。太尉黄瓊之孫，官至三公。傳見本書卷六一。

［3］【今注】關東兵：指冀州牧韓馥、兖州刺史劉岱、豫州刺史孔伷、南陽太守張咨、渤海太守袁紹等爲首的討伐董卓的關東聯軍。

［4］【李賢注】違，避也。

［5］【今注】石包讖：漢代的一種讖書。讖，符命之書，作爲吉凶的符驗、隱語，常用爲王者受命之徵兆。《説文》："讖者，驗也。"

［6］【李賢注】般庚（般，紹興本、殿本作"盤"，本注下同），殷王之名也。胥，相也。遷都於亳，殷人相與怨恨。湯遷亳，仲丁遷囂，河亶甲居相，祖乙居耿，并般庚五也（殿本"五"字後有"遷"字）。【今注】般庚：般，紹興本、殿本作"盤"。盤庚，商朝國君，商湯十世孫，祖乙之曾孫，盤庚即位時，商朝經歷了"九世之亂"，遂先後將都城遷往亳（今河南商丘市）、殷（今河南安陽市），盤庚遷殷後，推行商湯時的政令，百姓安寧，殷商得以振興。

［7］【今注】案，紹興本無"昔"字。　王莽：字巨君，西漢孝元皇后王政君之侄，公元8年王莽代漢，改國號爲新，建立新莽

政權。新朝建立後，王莽進行一系列的改制活動，不得民心，公元23年新朝在赤眉、緑林起義軍的打擊下崩潰，王莽被殺。傳見《漢書》卷九九。

［8］【今注】案，蕩，大德本、殿本作“燒”。

［9］【今注】洛邑：又稱“雒邑”，古都邑名。周成王時爲鞏固東方的統治，在周公的主持下興建。周王城故址在今河南洛陽市王城公園一帶。成周故址在今河南洛陽市白馬寺東的漢魏故城附近。曹魏時期，根據陰陽五行相生相克之理，改“雒”爲“洛”。

［10］【李賢注】虞，度也。言無可度之事也。《書》曰：“四方無虞。”【今注】無虞：没有憂患，太平無事。

［11］【今注】聖主：指東漢獻帝劉協。中平六年（189），董卓廢少帝劉辯，立陳留王劉協。

［12］【今注】捐：捨棄，拋棄。

［13］【李賢注】如糜粥之沸也。《詩》曰：“如沸如羹。”【今注】案，《詩·大雅·蕩》：“如蜩如螗，如沸如羹。”比喻民怨沸騰、人心浮動，喧鬧不寧。糜，通“糜”，粥。

［14］【今注】隴右材木：指渭河上游林木。

［15］【今注】杜陵：西漢宣帝劉詢陵墓，位於今陝西西安市雁塔區曲江新區三兆村南。　瓦陶竈：燒製磚瓦陶器的爐竈。

［16］【今注】并功：合力。

［17］【今注】辨：通“辦”。

［18］【今注】前却：指畏足不前，推辭退却。

［19］【李賢注】言不敢避險難也。

［20］【今注】作色：臉上變色，指發怒。

［21］【李賢注】沮，止也。

［22］【今注】相國：春秋戰國始設，原稱“相邦”，漢代避高祖諱改稱“相國”，爲百官之長，職位高於丞相。

［23］【今注】小解：稍稍緩解。

［24］【今注】詣闕謝：赴朝廷謝罪。

［25］【今注】興平：東漢獻帝劉協年號（194—195）。

［26］【今注】録尚書事：初稱“領尚書事”，即以他官兼職總領尚書事。

［27］【今注】案，僱，紹興本、大德本、殿本作“傕”，是。

建安元年，[1]從東都許。[2]時天子新遷，大會公卿，兖州刺史曹操上殿，[3]見彪色不悦，恐於此圖之，未得讌設，[4]託疾如廁，因出還營。彪以疾罷。時袁術僭亂，[5]操託彪與術婚姻，[6]誣以欲圖廢置，[7]奏收下獄，[8]劾以大逆。[9]將作大匠孔融聞之，[10]不及朝服，往見操曰：“楊公四世清德，海内所瞻。[11]《周書》父子兄弟罪不相及，[12]況以袁氏歸罪楊公。《易》稱‘積善餘慶’，徒欺人耳。”[13]操曰：“此國家之意。”融曰：“假使成王殺邵公，[14]周公可得言不知邪？[15]今天下纓緌搢紳[16]所以瞻仰明公者，以公聰明仁智，輔相漢朝，舉直厝枉，[17]致之雍熙也。[18]今横殺無辜，則海内觀聽，[19]誰不解體！[20]孔融魯國男子，明日便當拂衣而去，不復朝矣。”[21]操不得已，遂理出彪。[22]

［1］【今注】建安：東漢獻帝劉協年號（196—220）。

［2］【今注】許：縣名。秦置，屬潁川郡。建安元年（196）八月，東漢獻帝遷都許縣（今河南許昌市張潘故城），魏黄初二年（221）曹丕以“漢亡於許，魏基昌於許”，改許縣爲許昌。

［3］【今注】曹操：字孟德，沛國譙縣（今安徽亳州市）人。三國曹魏政權的奠基者。紀見《三國志》卷一。

［4］【今注】讌設：宴席。

［5］【今注】僭亂：犯上作亂。案，東漢獻帝建安二年，袁術稱帝壽春，建號仲氏。僭，大德本作“潛”。

［6］【今注】託：憑借。　案，楊彪取袁術之妹爲妻。

［7］【今注】廢置：廢帝立新。

［8］【今注】奏收：奏請收繫。

［9］【李賢注】《獻帝春秋》曰：“操刑之不濫，君之明也。楊彪獲罪，懼者甚衆。”【今注】大逆：危害皇帝、宗廟、宫闕等罪行。漢律大逆不道者，腰斬。

［10］【今注】孔融：字文舉，魯國（今山東曲阜市）人。東漢末年文學家，善詩文，“建安七子”之一。曾任北海相，時稱“孔北海”。傳見本書卷七〇。

［11］【今注】瞻：敬仰。

［12］【李賢注】《左傳》云：“《康誥》曰：‘父不慈，子不祗，兄不友，弟不恭，不相及也。’”【今注】案，張舜徽《學林脞録》：“《左傳》載苑何忌引《康誥》曰：‘父子兄弟，罪不相及。’今《康誥》無此文，蓋當日但用其意，非原文也。可知連坐之罪，春秋以前無之。”（張舜徽：《學林脞録》，南開大學出版社2018年版，第239頁）

［13］【李賢注】《易·文言》曰：“積善之家，必有餘慶。”【今注】積善餘慶：指積德行善之家，必恩澤於子孫。

［14］【今注】成王：即周成王，周武王之子，姓姬，名誦。執政時期，周公輔政，平定三監之亂，營建雒邑，社會穩定。成王與其子康王統治時期，被譽爲“成康之治”。　邵公：又稱“召公”“邵伯”“召公奭”，西周宗室，輔佐成王、康王，開創“成康之治”。

［15］【今注】周公：周武王之弟，輔佐武王伐紂，又輔佐成王攝政。攝政時期，平定三監之亂，營建成周，制禮作樂，完善宗法分封制度。

［16］【李賢注】《説文》曰："纓，冠索也。"鄭玄注《禮記》曰："緌，冠飾也。紳，帶也。搢，插也，插笏於紳也。"或作"縉"者，淺赤，言帶之色。【今注】纓緌搢紳：均指代儒者、士大夫。纓緌，冠帶與冠飾。

［17］【今注】舉直厝枉：選拔正直的人，廢置邪枉的人。《論語·顔淵》孔子曰："舉直錯諸枉，能使枉者直。"《論語·爲政》："舉直錯諸枉，則民服；舉枉錯諸直，則民不服。"

［18］【今注】雍熙：和樂升平。

［19］【今注】觀聽：看到和聽到。

［20］【李賢注】《左傳》曰，季文子謂晉韓穿曰："四方諸侯，誰不解體！"杜預注曰："言不復肅敬也。"

［21］【李賢注】若以非罪殺彪，融則還爲魯國男子（紹興本、大德本、殿本"國"後有"一"字），不復更來朝也。

［22］【今注】理：申訴，辯白。

四年，復拜太常，十年免。十一年，諸以恩澤爲侯者皆奪封。[1]彪見漢祚將終，遂稱脚攣不復行，[2]積十年。後子脩爲曹操所殺，[3]操見彪問曰："公何瘦之甚？"對曰："愧無日磾先見之明，[4]猶懷老牛舐犢之愛。"[5]操爲之改容。

［1］【李賢注】彪父賜，以師傅封臨晉侯。【今注】恩澤：天子或朝廷給予臣子的恩惠。

［2］【今注】攣：抽搐，痙攣。

［3］【今注】後子：嫡嗣，一般指長子。

［4］【今注】日磾：金日磾，字翁叔，涼州武威（今甘肅武威市）人。原匈奴休屠部太子，武帝賜姓爲金。傳見《漢書》卷六八。

［5］【李賢注】《前書》曰，金日磾子二人，武帝所愛，以爲弄兒。其後弄兒壯大，不謹，自殿下與宫人戲，日磾適見之，惡其淫亂，遂殺弄兒。【今注】舐犢：老牛以舌舔牛犢，比喻人之愛其子女。

脩字德祖，好學，有俊才，爲丞相曹操主簿，[1]用事曹氏。及操自平漢中，[2]欲因討劉備而不得進，[3]欲守之又難爲功，護軍不知進止何依。[4]操於是出教，[5]唯曰"雞肋"而已。[6]外曹莫能曉，脩獨曰："夫雞肋，食之則無所得，棄之則如可惜，公歸計決矣。"乃令外白稍嚴，[7]操於此迴師。脩之幾決，[8]多有此類。脩又嘗出行，[9]籌操有問外事，[10]乃逆爲答記，[11]勑守舍兒：[12]"若有令出，依次通之。"既而果然。如是者三，操怪其速，使廉之，知狀，[13]於此忌脩。且以袁術之甥，[14]慮爲後患，遂因事殺之。[15]

［1］【李賢注】《典略》曰："脩，建安中舉孝廉，除郎中，丞相請署倉曹屬主簿。是時軍國多事，脩總知内外事，皆稱意。自魏太子以下（太，大德本作'之'），並爭與交好。"【今注】主簿：官名。漢代中央及地方官署多置，主管文書、檔案、賬簿等。

［2］【今注】漢中：郡名。秦置，治南鄭縣（今陝西漢中市），西漢時移治西城縣（今陝西安康市漢濱區漢江北岸），東漢復舊治。

［3］【今注】劉備：字玄德，涿郡涿縣（今河北涿州市）人。漢中山靖王劉勝後代，三國蜀漢開國皇帝。傳見《三國志》卷三二。

［4］【今注】護軍：禁軍長官，典武官選舉，屬領軍。

［5］【今注】教：君教，官府或君長的告喻。今見於長沙五一廣場東漢簡及走馬樓吴簡“君教”文書。

［6］【今注】雞肋：雞的肋骨。食之無味，棄之可惜。比喻無多大意義，但又不忍捨棄之事物。

［7］【今注】外白：對外通報。

［8］【今注】幾決：觀察細微而決斷。

［9］【今注】案，嘗，大德本、殿本作“常”。

［10］【今注】籌：籌劃、算計。

［11］【今注】逆：預先、事先。　答記：用以答復的文書。

［12］【今注】守舍兒：或稱“兒守舍”，看守官舍的小童。

［13］【李賢注】廉，察也。【今注】廉：訪查，廉問。　狀：情狀，情由。

［14］【今注】甥：外甥。

［15］【李賢注】《續漢書》曰：“人有白脩與臨淄侯曹植飲醉共載，從司馬門出，謗訕鄢陵侯章。太祖聞之大怒，故遂收殺之，時年四十五矣。”

脩所著賦、頌、碑、讚、詩、哀辭、表、記、書凡十五篇。[1]

［1］【今注】頌：文體名。以頌揚爲宗旨的詩文。《文選》陸機《文賦》：“頌優遊以彬蔚，論精微而郎暢。”李善注：“頌以褒述功美，以辭爲主，故優游彬蔚。”　碑：碑文，文體名。《文心雕龍·誄碑》：“夫屬碑之體，資乎史才，其序則傳，其文則銘。標序盛德，必見清風之華；昭紀鴻懿，必見峻偉之烈，此碑之制也。”　讚：文體名。以頌揚人物爲主旨，多爲四言韻語。《文心雕龍·祝盟》：“太史所讀之讚，固周之祝文也。”　哀辭：文體名。用以哀悼童殤夭折，不以壽終之人。摯虞《文章流别論》：“哀辭者，誄

之流也，崔媛、蘇順、馬融等爲之，率以施於童殤夭折，不以壽終者。建安中，文帝與臨淄侯各失稚子，命徐幹、劉楨等爲之哀辭。哀辭之體，以哀痛爲主，緣以歎息之辭。"　表：奏章的一種，多用於陳情謝賀。蔡邕《獨斷》："凡群臣上書於天子者有四名，一曰章，二曰奏，三曰表，四曰駁議……表者不需頭，上言'臣某言'，下言'臣某誠惶誠恐，頓首頓首，死罪死罪'，左方下附曰'某官臣某甲上'。文多用編兩行，文少以五行。"後世，表的形式已多有變化，詳見明代吳訥《文章辨體序説·表》。　記：文體名。以叙事爲主，兼及議論抒情和山川景觀的描寫。吳訥《文章辨體序説·記》："《金石例》云：'記者，記事之文也。'西山曰：'記以善敍事爲主，《禹貢》《顧命》，乃記之祖。後人作記，未免雜以議論。'"

及魏文帝受禪，[1]欲以彪爲太尉，先遣使示旨。[2]彪辭曰："彪備漢三公，遭世傾亂，不能有所補益。耄年被病，[3]豈可贊惟新之朝？"[4]遂固辭。乃授光禄大夫，賜几杖衣袍，[5]因朝會引見，令彪著布單衣、鹿皮冠，[6]杖而入，待以賓客之禮。年八十四，黄初六年卒于家。[7]自震至彪，四世太尉，德業相繼，與袁氏俱爲東京名族云。[8]

［1］【今注】魏文帝：曹丕，曹魏開國皇帝，公元220年至226年在位。紀見《三國志》卷二。

［2］【今注】案，使，大德本、殿本作"吏"。

［3］【今注】耄年：老年。

［4］【今注】贊：輔佐。　惟新：更新。《詩·大雅·文王》："周雖舊邦，其命惟新。"

［5］【李賢注】《續漢書》曰"魏文帝詔曰'先王制几杖之

賜，所以賓禮黄耇。太尉楊彪（大德本無“楊”字），乃祖以來世著名績，其賜公延年杖。延請之日便使杖入’”也。

［6］【今注】單衣：單層無裏子的衣服。　鹿皮冠：古代隱士所戴的帽子。

［7］【今注】黄初：魏文帝曹丕年號（220—226）。

［8］【李賢注】《華嶠書》曰：“東京楊氏、袁氏，累世宰相，爲漢名族。然袁氏車馬衣服極爲奢僭；能守家風，爲世所貴，不及楊氏也。”【今注】袁氏：汝南袁氏，東漢名族，號稱“四世三公”。　東京：代指東漢。東漢都洛陽，因在西漢故都長安之東，故稱東京。

論曰：孔子稱“危而不持，顛而不扶，則將焉用彼相矣”。[1]誠以負荷之寄，不可以虚冒，[2]崇高之位，憂重責深也。延光之間，[3]震爲上相，[4]抗直方以臨權枉，[5]先公道而後身名，[6]可謂懷王臣之節，[7]識所任之體矣。[8]遂累葉載德，[9]繼踵宰相。[10]信哉，“積善之家，必有餘慶”。先世韋、平，方之蔑矣。[11]

［1］【李賢注】《論語》載孔子之言也。相扶工者（工，大德本、殿本作“持”），諭臣當輔君也。

［2］【李賢注】負荷之寄，周公、霍光之儔。【今注】負荷：背負承擔。　寄：託付，寄託。　虚冒：虚僞假冒。

［3］【今注】延光：東漢安帝劉祜年號（122—125）。

［4］【今注】上相：對宰輔的尊稱。

［5］【李賢注】《坤六二》曰“直方大不習無不利”也。【今注】直方：公正端方。　權枉：有權勢而行邪惡者。

［6］【今注】身名：聲譽，名望。

［7］【李賢注】《易》曰："王臣蹇蹇，匪躬之故。"

［8］【今注】識：認識，了解。

［9］【李賢注】《易》曰："德積載。"載，重也。【今注】累葉：累世。葉，大德本作"業"。

［10］【今注】繼踵：接踵，指前後相繼。

［11］【李賢注】韋賢、平當父子並相繼爲丞相。【今注】韋：韋賢，字長孺，魯國鄒（今山東鄒城市）人。西漢大儒，官至丞相。其四子韋玄成又以明經入仕，元帝永光二年（前42），接替于定國擔任丞相。傳見《漢書》卷七三。　平：平當，字子思，梁國下邑（今安徽碭山縣）人。哀帝時期官至丞相。其子平晏以明經歷位大司徒。傳見《漢書》卷七一。　蔑：微細，不足稱道。

贊曰：楊氏載德，仍世柱國。[1]震畏四知，[2]秉去三惑。[3]賜亦無諱，[4]彪誠匪忒。[5]脩雖才子，渝我淳則。[6]

［1］【李賢注】言世爲國柱臣也。【今注】柱國：官名。戰國楚國設置，地位僅次於令尹，爲楚國最高武官。這裏代指肩負國家重任的大臣。

［2］【今注】四知：天知、神知、我知、子知。

［3］【今注】三惑：酒、色、財。

［4］【今注】無諱：没有顧忌，没有隱諱。

［5］【李賢注】忒，差也。【今注】匪：同"非"。　忒：惡也。

［6］【李賢注】渝，變也。【今注】渝：變更，改變。　淳則：質樸的規範。